Klaus Harpprecht

Arletty und ihr deutscher Offizier

Eine Liebe in Zeiten des Krieges

S. Fischer

Satz: Druckerei C. H. Beck, Nördlingen
Druck und Bindung: CPI – Clausen & Bosse, Leck
Printed in Germany
ISBN 978-3-10-030062-1

Für Renate

Für ein halbes Jahrhundert
und mehr

Inhalt

A Garance

Ihr Blick für die Merkwürdigkeiten von Gesicht und Charakter war rasch und genau, in den Jahrzehnten ihrer Theater- und Filmerfahrung geübt, früh geweckt durch das latente Misstrauen des Kindes armer Leute, geschärft durch die ironische Distanz zur Gesellschaft der Reichen und Schönen, zu der sie nun selber zählte. Sie hätte keinen Augenblick gezögert, den eleganten deutschen Offizier, der ihr in einer Konzertpause vorgestellt wurde, einen schönen Mann zu nennen: klare, klassisch geformte, ausgeprägt maskuline Züge, die sie faszinierten. Doch unverzüglich nahm sie an Hans Jürgen Soehring auch eine Besonderheit wahr, die dem harmonischen Bild widersprach: seine spitzen Ohren. Ihr fielen – gleich oder später? – die Bilder der mythischen Faune in den Künsten der Antike ein: jener lüsternen Geschöpfe, halb Mann und halb Ziegenbock, die sämtlich spitze Ohren hatten wie ihr griechischer Ahnherr Pan.

Erkannte sie in dem weltläufigen Bediensteten der Besatzungsmacht gleich von dieser ersten Begegnung an ihren ganz persönlichen Faun? Soviel ist gewiss (wie sie hernach in vertrauten Gesprächen erkennen ließ): der Austausch von Blicken, von Gesten, von Worten war für sie ein »coup du foudre«, der erotische Blitzschlag, wie die Franzosen die »Liebe auf den ersten Blick« beschreiben. Sie kannte sich in amourösen Verhältnissen aus, doch eine Anziehung von solch fast schmerzhafter Heftigkeit war ihr selten, wenn denn je, widerfahren. Sie empfand den Offizier nicht als Fremden. Er drückte sich in ihrer Sprache mit einer Selbstverständlichkeit aus, an der nichts aufgesetzt war. Nur durch den Hauch eines Akzentes gab er sich manchmal als Nicht-Franzose zu erkennen – zumal, wenn er Zivil trug, was er der Uniform vorzog, und sie erst recht, die alle Uniformen hasste.

Wer von den beiden hatte den Einfall, sie »biche« zu nennen, das Reh, das sanfte, großäugige, graziöse, stets fluchtbereite? Von ihren Filmen und von den Theater- und Revuebühnen kannte das Publikum – nicht anders als die Kollegen und Freunde – ihre provokante Modernität, ihren Witz, ihre Eigenwilligkeit, ihren offen ausgespielten Sexappeal; sie waren mit jener Mischung von Härte und Hingabe vertraut, die ihre Persönlichkeit bestimmte, vielleicht auch mit dem Schatten der Melancholie, der sie gelegentlich streifte, auch wenn sie lachte. Aber das »Reh«? Das sollte sie sein, die Aufsässige, die Unangepasste, oft Trotzige?

Alle Briefe, die sie an ihren »Faun« schrieb, unterzeichnete sie »Biche«. Ihr schien die Rolle zu gefallen. Vielleicht weil sie witterte, dass sich in der Beziehung zu diesem so männlichen Mann eine Sehnsucht erfüllen könnte, der sie niemals völlig nachgegeben hatte? So brennend diese und jene Leidenschaften in ihrer bisherigen Existenz gewesen sein mochten – sie hatte stets ihre Unabhängigkeit behauptet, selbst in den frühen Jahren, in denen sie auf die Generosität ihrer Partner angewiesen war, um ohne tägliche Sorge überleben zu können. Sie zeigte sich dankbar, wenngleich niemals unterwürfig. Von ihrer Freiheit ließ sie nicht. Nun gab es dafür erst recht keinen Anlass, denn sie war von 1937 oder 1938 an (bis zur Befreiung im Sommer 1944) die höchst bezahlte Schauspielerin des französischen Films. Nun hätte sie, wäre es notwendig gewesen, ihre Liebhaber aushalten können. Ohnehin betonte sie stets, bis ins Alter, dass sie es gewesen sei, die sich ihre *lover* gesucht und die Liebe kontrolliert habe – niemals umgekehrt.

Verhielt es sich mit dem Deutschen so anders? War nicht sie es, die sich ihn als »amant« gewünscht hatte, ehe er davon zu träumen wagte: der »Faun«, der immer und überall liebesbereite Frauen und Mädchen zu finden schien, obwohl er sich des öfteren einredete, er habe in der Liebe kein Glück? In

Wahrheit sagte man ihm nicht zu unrecht nach, er sei ein »homme à femmes« – ein »Mann der Frauen«, »ein Mann, der für die Frauen lebt« – Formeln, an die man im Deutschen nicht gewohnt war. Unter Soehrings Landsleuten sprach man eher täppisch von »Weiberhelden«, von »Schürzenjägern«, von »Herzensbrechern«, heutzutage in banalem Amerikanisch von »womenizer«.

Die Zurückhaltung, die Arletty sich auferlegte, wenn sie einander in den folgenden Wochen über den Weg liefen, tarnte ihren diskreten Eroberungswillen, dem Soehring zunächst mit einer seltsamen Schüchternheit begegnete, die so gar nicht der Mentalität eines Faunes entsprach. Beeindruckte es ihn bis zur Erstarrung, dass die First Lady des französischen Films ihm solch freundliche Beachtung zu schenken schien? Schließlich bot sich der Liebe ganz von selber und ohne kompliziertes Arrangement die Chance, die beide willig und ohne weiteren Umstand wahrnahmen. Davon wird später zu erzählen sein.

Der Autor dieser Zeilen sah die Arletty zum ersten Mal – es muss 1947 gewesen sein – auf der Leinwand eines Stuttgarter Kinos: in ihrem großen Film *Les enfants du Paradis,* der noch immer zu den Klassikern der siebten Muse zählt. Von den *Kindern des Olymp* wurde der Schreiber überwältigt wie niemals zuvor und selten danach von einem Werk der Filmkunst. Der Titel verwies im Französischen wie im Deutschen (nach der Gewohnheit des neunzehnten Jahrhunderts) auf das Publikum des letzten Ranges im Theater, auf die armen Schlucker, die Studenten, die Dienstmädchen, die Lehrlinge, die Ladengehilfen, die sich unter dem Dachboden zusammendrängten, da sie sich nur die Stehplätze dort droben leisten konnten, allesamt passionierte Theater-Schwärmer (sofern sie nicht gekaufte Claqueure waren), die mit ihren donnernden Bravos, aber auch mit ihren röhrenden Buhs über das Geschick eines Stückes schon bei der Premiere entscheiden konnten.

Dem Film von Marcel Carné, 1945 in zwei Pariser Kinos uraufgeführt, ging ein legendärer Ruf voraus, der auch in der amerikanisch oder britisch lizenzierten Presse der westlichen Zonen Deutschlands und Berlins ein Echo fand. Die Legende bestätigte sich. Wie alle Welt war der Autor dieser Zeilen hingerissen von der Qualität, der Vitalität, der Virtuosität des Spektakels aus der Pariser Theater- und Halbwelt, von dem bunten, ja phantastischen Treiben am »Boulevard du Temple«, den man damals, in den dreißiger und vierziger Jahren des vorvergangenen Jahrhunderts »Boulevard du Crime« genannt hat. Der junge deutsche Zuschauer in der Trümmerlandschaft war verführt von der schwelgerischen Eleganz der aristokratischen Residenzen. Doch vor allem fasziniert von der hohen Kunst der Akteure, zumal von der melancholischen Komik des Mimen Baptiste, den Jean-Louis Barrault auf so bewegende Weise spielte, von Fréderick Lemaitre, dem genialen Theaterstar jener Tage, den Pierre Brasseur mit einem überschäumenden, ja ruchlosen Temperament und funkelndem Witz auferstehen ließ (er selber der Gründer einer Schauspieler-Dynastie, die nun in der dritten Generation in der Pariser Szene zu Hause ist). Die konzentrierte Aufmerksamkeit des jungen Mannes richtete sich freilich auf Arletty, die schöne Garance, deren beunruhigende Passionen die komplexe Handlung aufzusprengen drohten – und sie in Wahrheit mit sanfter Unerbittlichkeit zusammenhielten. Sie wurde seine unsterbliche Kinoliebe, niemals aus der Erinnerung gelöscht, in mehr als sechs Jahrzehnten nicht blass geworden, noch immer eine Lockung für unverwelkte Sehnsüchte und Phantasien: die großen dunklen Augen, die am liebsten lachten und sich dennoch in Traurigkeiten verlieren konnten, die schimmernde Haut der Schultern und des Décolletés, das amüsierte Spiel der Mundwinkel, wenn sie aus ihrer Loge die Freunde und Flirts aus den eigenen Jahren im Gewerbe der Schausteller beobachtete, die kleinen Gesten der Kameraderie, die gelassene Anmut, die natürliche Noblesse der Bewegungen dieser Courtisane hohen Ranges, zur Maitresse ihres unbeirrbaren Verehrers, des Grafen Edouard de Montray aufgestiegen.

Der französische Film der Nachkriegsepoche genoss eine hohe Reputation, die später von dem internationalen Applaus für die Produktionen des italienischen »Neoverismo« beiseitegedrängt wurde. Damals, in den ersten Jahren nach der deutschen Kapitulation, schien die französische Militärverwaltung in ihrem Okkupations-Gebiet eine Strategie zu verfolgen, die mit der deutschen im besetzten Frankreich das eine gemein hatte: dass sie die politische Kontrolle und die Ausbeutung der Wirtschaft von Beginn an mit einer höchst aktiven Kulturpolitik überspielte. In der Tat war die Tinte unter dem Waffenstillstandsabkommen mit den Trümmerkommandeuren des Dritten Reiches noch kaum getrocknet, als die erste Pariser Theatertruppe in dem Universitätsstädtchen Tübingen auftrat (vermutlich auch in Freiburg, in Mainz und in Mannheim), vielleicht dank der Vermittlung des erzbürgerlichen Sozialdemokraten Carlo Schmid, hernach Kulturminister des alemannischen Kunstländchens Südwürttemberg-Hohenzollern-Südbaden, der durch die Mutter ein halber Franzose war. In den Jahren der Okkupation hatte er als Kriegsrichter in Lille ohne Fehl und Tadel agiert.

Konsequenter noch als die Amerikaner, vor allem sehr viel früher, bedienten sich die französischen Kommandeure der Kulturpolitik als eines Instrumentes der Umerziehung. Vielleicht war es das wirksamste und wichtigste. Überdies lenkten die kulturellen Verwöhnungen von den Hungerrationen ab. Es war töricht, aber die französischen Offiziere sagten uns nicht, dass auch ihre Familien in Paris und anderswo partiell noch immer darbten, sich von mageren Rationen nährten, natürlich auch vom Schwarzmarkt, der üppiger blühte denn je und den Bürgern das letzte Geld aus der Tasche zog. Sie sagten auch nicht, dass viele Bürger in den großen Städten ihres Landes noch immer froren. Sie sprachen kaum davon, mit welcher Brutalität und mit welcher Systematik die Deutschen ihr Land geplündert und welche Verheerungen die amerikanischen Bombergeschwader und die Rückzugsschlachten der Wehrmacht auch in ihren Städten angerichtet hatten. Was Wunder, dass sie den Grimm der Besiegten über den sogenannten Kahlschlag im Schwarzwald als wehleidige Heuchelei betrachteten. –

Schon einmal war der Autor dem Geist Frankreichs mit einer Intensität begegnet, die ihn niemals mehr aus ihrem Bann entließ: er war vierzehn Jahre alt, vielleicht auch fünfzehn, als der Bruder seiner Klavierlehrerin, der in Paris gelebt hatte (sozusagen in erotischer Emigration), ihm Stendhals *Rot und Schwarz* schenkte. Er entdeckte eine Qualität des Erzählens, die er aus seiner deutschen Lektüre nicht kannte, damals nicht, als seine literarische Neugier gerade wach zu werden begann. Die schlanken Sätze, ihre verdichtete Poesie, Stendhals psychologische Sensibilität, dem Stefan Zweig (wie er später las) »kluge Nerven« attestierte, die nur halb verborgenen erotischen Lockungen – sie sorgten für eine lebenslange Liebe zu dem schwierigen Dichter, dessen hohen Rang der alte Goethe nach der Lektüre von *Le Rouge et le Noir* mit bewundernswerter Wachheit bestätigt hatte. Nietzsche war der nächste große Leser des Schriftstellers Henri Beyle, der sein Pseudonym von dem deutschen Städtchen lieh, das er als Verwaltungsoffizier der napoleonischen Armee flüchtig kennengelernt hatte.

Der Arletty-Film war das zweite Frankreich-Erlebnis, das den Autor prägte (und ihm vermutlich den Weg in das Land wies, das seine zweite Heimat werden sollte). Anders als die französischen Kulturoffiziere wusste der dankbare junge Zuschauer damals nicht das geringste von den deutschen Anfälligkeiten der Diva. Hätte ihn das davon abgehalten, sich Hals über Kopf in die Aktrice zu verlieben? Kaum. Heute, mehr als ein halbes Jahrhundert danach, darf er feststellen, dass sie die passionierteste seiner Kinolieben war – und es bis auf diesen Tag geblieben ist.

Nein, er wusste damals nichts von den deutschen Bindungen der Schauspielerin, die ihr nach der Befreiung so böses Ungemach bereiteten, nichts von der Existenz des Luftwaffen-Feldrichters Hans Jürgen Soehring. Er kannte auch keinen der literarischen Versuche Soehrings, der 1947 schon diese und jene kleinen Texte publiziert hatte. Im Zusammenhang mit der »Gruppe 47«, damals noch in einer Art präpubertärem Stadium, wurde sein Name nicht genannt, obschon er – schierer Zufall – zu den Gründungsmitgliedern zählte. Man hörte erst recht nichts von ihm, als dieser merkwürdige Club der unterschiedlichsten Talente (und Halbtalente) den ersten Rang in der deutschen Nachkriegsliteratur zu besetzen schien, unter Hans-Werner Richters strengem Regiment, umstritten und umjubelt, oft überschätzt, seltener unterschätzt (aber auch das kam vor). Lange Jahre danach las er, dass sich Soehring bemüht hatte, Gespräche zwischen seinen deutschen Freunden und französischen Intellektuellen zu vermitteln. Die erste Garde der Literaten Frankreichs war für ihn unerreichbar, und die deutschen Schriftsteller interessierten sich für Frankreich nur am Rande. Die Vereinigung Europas, muss bilanzierend gesagt werden, fand im Wesentlichen ohne die Intellektuellen statt. Zumal die Gruppe 47 verstand sich, trotz gelegentlicher Ausflüge in andere Länder, als nationale Institution.

Von Soehring und der Arletty darf behauptet werden, dass sie ihr privates Europa vorauslebten. Sie hätten es am liebsten von jeder Politik ferngehalten und gegen die Zeitgeschichte abgeschottet. Das ging nicht an. Vor allem Arletty erfuhr es auf bittere Weise – als ein Opfer des dramatischen Wandels, den ihr Land durchlebte und durchlitt.

Dennoch: sie war La France in seiner schönsten Gestalt. Die attraktivste, aufregendste, zugleich die herzlichste Verkörperung der femininen Genialität des Landes. Sie wusste es. Aber das hätte sie kaum dazu verführt, ihr Gesicht für die Büsten der »Marianne« auszuleihen, wie es in der fünften, der gaullistischen Republik üblich wurde, in der sich die Bürgermeistereien mit den Nationaldamen Brigitte Bardot und Catherine Deneuve schmücken durften, die jener vaterländischen Pflicht mit Entzücken gehorchten, um für die Schönheit des Landes der Freiheit, der Gleichheit, der Brüderlichkeit (vielmehr: der Geschwisterlichkeit) zu zeugen. Arletty hätte sich keine phrygische Mütze aufs Haupt gestülpt (ein Erkennungsmerkmal der revolutionären Geheimgesellschaften) wie die Barrikaden-Stürmerin von Delacroix. An den nackten Brüsten der revolutionären Kämpferin hätte sie sich nicht aufgehalten. Sie selber mit ihrer knabenhaften Figur wies freilich nicht die üppige Pracht auf, die es gebraucht hätte, um mit der schwelgerischen Patriotin konkurrieren zu können. Zum anderen machte sie sich nichts aus geschwungenen Fahnen. Sie hätte sich auch nicht – es sei denn auf der Bühne und in parodistischer Absicht – den Helm der Jeanne d'Arc auf die Ohren gesetzt. Ihre patriotischen Wallungen waren (um es vorsichtig zu sagen) eher gezügelt. Für Charles de Gaulle, den Befreier, brachte sie keine allzu herzlichen Gefühle auf, doch es gefiel ihr, dass Frankreich für den General nicht nur »eine gewisse Idee« war, wie er sich in einer seiner hochtönenden, nichts- und allessagenden Sentenzen ausdrückte, sondern La France gelegentlich als eine Prinzessin herbeiträumte, die aus der teutonischen Gefangenschaft zu befreien und aus der Abhängigkeit von den Supermächten zu lösen sein gottgewollter Auftrag war.

Indes, auch dieser majestätische Repräsentant der Nation und ihrer Souveränität diente schließlich – ob er sich dessen bewusst war oder auch nicht – der »List der Geschichte«, von der Hegel gesprochen und geschrieben hat. Wäre es ihm im August 1945, als er durch das befreite Paris schritt, in den Sinn gekommen, eine französisch-deutsche Gemeinschaft vorauszudenken, die der Kern einer europäischen Union sein würde? Hatte er sich nicht weit von seinem einstigen Weggenossen Jean Monnet entfernt, der in Washington mit einigen jungen amerikanischen Gehilfen die Grundrisse eines vereinten Europa entwarf, das seine Identität und seine friedenstiftende, friedensichernde Macht nur durch den schrittweisen Verzicht auf jene sakrosankte, in Wahrheit längst fiktive Souveränität gewinnen konnte, auf die sich der Generalpräsident so oft berief? Beugte sich de Gaulle beim Abschluss des Elysée-Vertrages über die deutsch-französische Kooperation, der seit fast einem halben Jahrhundert Bestand hat, nicht entschlossen jener historischen Logik, der er lang genug den Weg zu verstellen versucht hatte?

Nein, keiner, der sich im Mai 1945 als Überlebender wiederfand, hätte es gewagt, öffentlich vom Traum einer Versöhnung zwischen Deutschen und Franzosen zu reden. (Im privaten Zirkel mochte Konrad Adenauer, der einstige und künftige Bürgermeister von Köln, solch kühne Visionen vielleicht in Stichworten andeuten. Er hatte diesem Ziel schon in der ersten Republik entgegengestrebt, im Zeichen der Strategie des Ausgleichs, die der französische Außenminister Aristide Briand und sein deutscher Partner Gustav Stresemann miteinander verfolgten.) Der Wandel, der von den Mutigen trotz des Vernichtungskrieges der nazistischen Diktatur im Geheimen noch immer erhofft wurde, setzte Freiheit voraus: die Freiheit der Gedanken, die Freiheit der Debatte, schließlich die Freiheit der Entscheidung, die Freiheit des Handelns.

Freiheit. Als am achten Mai 1945 dem großen Morden und dem großen Sterben (partiell) Einhalt geboten wurde, erreichte auch die Deutschen im Elend der zerschlagenen Städte, der Flüchtlingszüge, der Notlager, des Hungers und der Schuld ein erster Hauch von Freiheit (den sie in der Regel nicht wahrnahmen). Mit der Kapitulation, die auch für die Deutschen in Wahrheit ein Tag der Befreiung war – erst vier Jahrzehnte später von Bundespräsident von Weizsäcker beim Namen genannt –, mit diesem Tag der Götzendämmerung begann sich die Tür zur Welt einen Spalt weit zu öffnen. Der Autor, damals kaum achtzehn Jahre alt, schleppte sich an jenem Morgen im Mai ans Fenster eines Notlazaretts in Bayern, in dem er seine nicht allzu schwere Verwundung auskurieren sollte. Drunten hockten auf ihren Fersen drei amerikanische Infanteristen, die Helme nach hinten geschoben, Zigarette im Mundwinkel baumelnd, die Maschinenpistole lässig über die Schenkel gelegt. Die GIs schauten mit einem schrägen Lächeln herauf. Hinter ihnen eine rotschwarze Klinkermauer, auf der mit Kreide geschrieben stand: »Hitler dead«.

Der kleine Soldat begriff sehr wohl, dass dies die Stunde der Befreiung war, die seine Familie (was von ihr übrig war) so sehnlich, oft fast verzweifelt herbeigefleht hatte; das Ende des abertausendfachen gewaltsamen Sterbens an den Fronten und noch viehischer in den Lagern, Tag um Tag und Nacht um Nacht, das Ende des Terrors, der Bedrohung, der Angst. Er begriff, dass er befreit und zugleich gefangen war. Die Soldaten dort unten, auch das verstand er, waren die Boten der Welt, einer fremden, lockenden Welt, von der wir – die Freunde, die Brüder (die es nicht mehr gab) und er selber – durch Bücher, durch einige Filme, vor allem aber durch ihre Musik (manche der Kameraden hörten heimlich Jazz) eine ferne Ahnung zu haben glaubten.

Es gingen lange, harte Jahre in das zerstörte Land, ehe sich die Tore zur Welt ganz geöffnet hatten. Im Fortgang der Nachkriegsepoche schlossen sie sich, manchmal zunächst kaum wahrnehmbar, immer weiter auf, zum Beispiel durch die Bibliothek des Amerika-Hauses (eine der schönsten jungen Frauen der Stadt saß, Neugierige lockend, am Empfangstisch), durch die spärlichen Neuerscheinungen auf grauem Papier, durch Zufallsfunde in den Antiquariaten, in denen unversehens manche der verbotenen Bücher aus der ersten Republik zum Vorschein kamen, die Bücher von jüdischen, linken, kommunistischen, emigrierten Autoren. Dann erschienen – es war eine Art Kultur-Erdbeben – Rowohlts Rotations-Romane auf Zeitungspapier. Die geistigen Landschaften der westlichen Welt (aber auch jene des Ostens, dank der besseren sowjetischen Autoren) vermittelten ihren Reichtum durchs Radio, das unter der Aufsicht der Besatzungsmächte in der Tat eine Institution der Kultur war, von keinen Parteifunktionären kontrolliert und belästigt. Das Theater überwältigte uns mit den Stücken von Thornton Wilder und Tennessee Williams, von Jean-Paul Sartre und Albert Camus, von Jean Giraudoux und vor allem mit Jean Anouilhs *Antigone*.

Der Autor zählte zwanzig, einundzwanzig Jahre, und er genoss das Abenteuer der Welt, das er im Theater, in Filmen, in Büchern mitleben konnte, in vollen Zügen. Die Freiheit, die sich ihm durch die Künste, die Literatur, die Musik (ob Klassik, ob Moderne, ob Jazz), durch politische Diskussion und vor allem durch die Liebe öffnete, zähmte den Hunger. Sie erlaubte keine Depression, trotz der Trauer um die Verluste, trotz der Ruinen, in denen wir hausten, trotz der rationalen Einsicht, dass uns wenigstens ein Jahrzehnt im Elend bevorstehe. Wir froren. Wir krochen durch die Fenster in die berstend überfüllten Züge, hockten auch auf den Dächern, wenn wir reisen wollten. Wir saßen in unseren stinkenden Soldatenmänteln in den (meist todlangweiligen) Kollegs. Der Autor fand – dank eines Freundes seines Vaters, der den Widerstand überlebt hatte – als Volontär einen Platz in der einstigen Flakbaracke, in der sich die Redaktion des Wochenblattes *Christ und Welt* mit angemessener Bescheidenheit eingerichtet hatte. Wir waren noch immer auf die Glückstreffer am Schwarzmarkt angewiesen, ohne die der Schreiber, die Freundinnen, die Schwester und vor allem die Eltern im braven Pfarrhaus kaum über die Zeiten gekommen wären. Das Leben war dürftig und unendlich reich, wir liebten es, das Leben, wir liebten die Liebe, und es war das schiere Vergnügen, wie sich die jungen Frauen auch in ihren aufgetragenen Fetzen hübsch zu machen wussten, mit erstaunlichem Geschick.

Wir bewunderten natürlich auch die Damen von Hollywood, allen voran die rotmähnige Rita Hayworth, die in Wahrheit mexikanischer Herkunft und pechschwarzhaarig war, die hochblonde, blitzsauber gewaschene, dennoch keineswegs unerotische Doris Day, die so schmelzende, manchmal auch frivole Schlager trällerte, in Wirklichkeit ein Fräulein aus deutschem Kleinadel. Die Hildegard Knef begann sich zu rackern, um die neue Marlene Dietrich zu werden (was ihr nicht gelang). Wir zogen die Marlene der amerikanischen Filme vor, trotz der sacht nagenden Jahre. Sonst? Verwehte Namen. Die sympathisch-spröde Brigitte Horney, Tochter der emigrierten Psychoanalytikerin Karen Horney, Marianne Hoppe, die dem genialischen Gustaf Gründgens in einer nützlichen, anregenden und wohl auch harmonischen Scheinehe verbunden war, eine begabte Schauspielerin mit einer gewissen Magie. Beide zusammen hatten manchen ihrer jüdischen Kollegen und Freunde das Leben gerettet.

Wir flüchteten nicht aus der Zeit. Wir vergaßen nicht, dass das Dritte Reich erst wenige Jahre zuvor über den brennenden Städten und den Millionen Toten zusammengestürzt war. Es hatte seine Verbrechen nicht unter sich begraben. Der Nazismus wurde von uns, den Kindern der »Skeptischen Generation«, nicht hinter eine Mauer des Schweigens verbannt. Das Erbe zwang uns nächtelange Debatten auf, in denen keine Illusionen über den Vernichtungswillen des Regimes Bestand hatten. Wir gruben in unseren Gesprächen nach den Wurzeln in der deutschen, in der europäischen Geschichte. Nein, die sogenannte jüngste Vergangenheit wurde in unserem Umkreis nicht beschwiegen, und es wurde nichts verschwiegen, freilich auch nicht die neue totalitäre Bedrohung, der Stalinismus, mit dem wir Tür an Tür hausten.

Man wäre der Politik gern entkommen. Aber das wäre nur die Wiederholung einer bürgerlich-deutschen Grundsünde gewesen, eine der Ursachen des Scheiterns der ersten Republik. Dennoch, ohne schlechtes Gewissen überließen wir uns dank der aufregend neuen Filme und Theaterstücke für Stunden, für Tage, nein vor allem für Nächte der Erfahrung anderer Welten. Die *Kinder des Olymp* zum Beispiel luden mit ihrem unwiderstehlichen Charme zur Flucht in die Verzauberung durch die Romantik der Epoche ein, die in Frankreich nach dem Bürgerkönig Louis-Philippe, in Deutschland (nach einem erst später gebrauchten Pseudonym zweier eher gemütlicher als genialer Dichter in den »Fliegenden Blättern«) »Biedermeier« genannt wird. (»Vormärz« ist die historisch exaktere Zuordnung.)

Wirkte die Magierin Arletty jemals an einem politischen Film mit? Kaum denkbar. Doch, in der Neige ihrer Karriere konnte sie dem Angebot nicht widerstehen, neben dem Freund Jean-Louis Barrault in dem gigantischen Film *Der längste Tag* über die Invasion im Juni 1944, eine kleine Rolle zu übernehmen. Der Dollar hatte seinen eigenen Zauber. In Wahrheit hielt sich Arletty, mit bürgerlichem Namen Léonie Bathiat, Zeit ihrer Tage mit einer Spur von Hochmut, jedoch unbeirrbar (vielleicht im Geheimen auch ängstlich) von der Politik entfernt. Sie ging niemals zur Wahl, was den Frauen Frankreichs ohnehin erst seit 1944 erlaubt war – fast vier Jahrzehnte später als den Frauen Finnlands, lange nach den Norwegerinnen und Däninnen, lange auch nach den Deutschen (seit 1918), den Amerikanerinnen (1920), den Bürgerinnen Großbritanniens (1928). Sie sagte von sich selber mit ihrer üblichen Ironie (und ohne Scheu vor den billigeren »Calembours«, die man im Deutschen in einer kessen Variante Kalauer nennt), nein, sie sei keine Gaullistin, sondern eine »Gauloise« – gleichviel ob sie die Zigaretten oder die Gallierinnen meinte. Der Erste Weltkrieg und seine horrenden Opfer imprägnierten sie fürs ganze Leben mit einem tiefen Unbehagen an jeder Art von Politik, das auch in Hass umschlagen konnte. Die Schlächtereien von Verdun und an der Somme tränkten sie mit einer unheilbaren Abneigung gegen das Militär. Den Staatsleuten ging sie in der Regel aus dem Weg (bis auf Pierre Laval, den Vater ihrer engsten Freundin). Sie zeigte einige Sympathie für Giscard d'Estaing, die sich vor allem mit seiner Herkunft aus der Auvergne erklärt, der Region, aus der ihre väterliche und ihre mütterliche Familie stammte. Wie so viele Franzosen war auch sie von der

Zugehörigkeit zu einer Landschaft geprägt. Die gemeinsame Heimat – »le petit pays« (es gibt keine präzise Übersetzung des grunddeutschen Begriffs) – ließ sie manches verzeihen.

Als blutjunge Tippse, 1917 für einige Monate vom Innenministerium engagiert, beobachtete sie mit Neugier und wohl auch nicht ganz ohne Gefallen Aristide Briand, den stattlichen Herrn des Hauses, und es entging ihr nicht, dass der Minister seinerseits gern ausführliche Blicke auf die jungen Mädchen warf. Immerhin war er Sozialist und legte sich einst – wie ihr Vater – für den vermeintlichen »Verräter« Dreyfus ins Zeug. Er galt Zeit seiner Tage als links und liberal – im Gegensatz zu dem späteren Regenten im Palais Elysée, für den die sozialistische Partei vor allem ein Vehikel für die Eroberung der Präsidentschaft war: François Mitterrand.

Im Jahre 1955, als sie Mitglied der Jury bei den Filmfestspielen in Cannes war (den großen Preis gewann der schwerblütig-geniale Ingmar Bergman), teilte ihr das Protokoll beim festlichen Abschlussdinner den damaligen Justizminister Mitterrand als Tischherrn zu. Der sonst so agile und lebhaft parlierende Routinier der politischen Szene blieb ihr gegenüber merkwürdig schweigsam, obschon ihn kaum eine attraktive Frau jemals gleichgültig ließ.

Vielleicht hatte man ihm geraten, sich vor ihrem losen Mundwerk in Acht zu nehmen. Vielleicht mahnte ihn auch die Erinnerung an die Jahre der Okkupation und des Vichy-Regimes zur Zurückhaltung. Umso genauer studierte sie seine Züge, und sie bemerkte hernach süffisant, Mitterrand habe die Gesellschaft mit der »bouche fine d'un faux croupier« betrachtet: »Rien ne va plus«. Hübsch gesagt: er habe das feine Mündchen eines falschen Croupier im Spielkasino vorgeführt, der Edel-Widerständler, der bis zum Frühjahr 1943 mit einigem Eifer dem alten Marschall an der Spitze des Satelliten-Staates von Vichy gedient hatte. Jenes Kapitel seines Weges durch die Zeitgeschichte hielt der Karrierist damals noch unter Verschluss, mit erstaunlichem Geschick.

Er selber amüsierte sich nicht ungern auf Kosten anderer Leute. Aber dass man sich über ihn lustig machte, war ihm unerträglich, zumal wenn es eine Frau war, die an seiner hoheitlichen Fassade kratzte. Vermutlich fürchtete er in der Tat die Schlagfertigkeit der großen Schauspielerin, die jederzeit den Akzent einer Vorstadtgöre auflegen konnte. Sie unternahm gern kleine Ausflüge in den vulgärsten Argot der *banlieu*. Die Schockwirkung in der Gesellschaft blieb selten aus.

Ihr junger Bewunderer in Deutschland hätte der Grande Dame in Marcel Carnés und Jacques Préverts genialem Film das Spiel mit dem ordinärsten Jargon kaum zugetraut. Ihrem Talent waren offensichtlich keine Grenzen gesetzt. Sie konnte, wie er später lernte, in nahezu jeder Rolle brillieren, auch unter den widrigsten Bedingungen.

Es hatte sich damals in Deutschland noch nicht herumgesprochen, dass *Les Enfants du Paradis* 1943 und 1944 gedreht worden war, in der Zeit der deutschen Besatzung, zunächst unter Aufsicht des Vichy-Regimes in einem Studio in Nizza, dann – nach langer Unterbrechung – in Paris. Niemand klärte uns darüber auf, dass die Dreharbeiten zunächst jäh beendet werden mussten, weil die Alliierten in Italien gelandet waren und der italienische Hauptinvestor plötzlich absprang. Dass es beim Neuanfang in Paris fast unmöglich war, das Material für die aufwendigen Kulissen zu beschaffen, dass sich der Szenenbildner Alexandre Trauner – der nur aus dem Schatten mitwirken konnte, weil er Jude war – mit absurden Tricks behelfen musste (die man dem fertigen Werk nicht ansah). Trauner und der Komponist Joseph Kosma, auch er Jude, riskierten durch ihre Mitarbeit aus dem Untergrund Freiheit und Leben. Wären sie von einem Mitwisser – und das war jeder der engagierten Stars – verraten, wären auch nur die Namen im Suff oder im Puff ausgeplaudert worden, hätten die Vichy-Miliz oder die Gestapo sofort zugegriffen. Carné konnte nicht daran zweifeln, dass die Dreharbeiten unverzüglich verboten würden, käme der Verstoß gegen die Judengesetze auf (wenn ihm nicht Schlimmeres drohte). Immerhin war dies der teuerste Film, der jemals in Frankreich gedreht wurde. Alle hielten dicht. Vielleicht drückte auch manches Mitglied der deutschen oder der vichy-französischen Kontrollinstanzen beide Augen zu.

Indes, keiner verletzte das Gebot der Solidarität, das sich im besetzten Frankreich so oft bewährte (an die drei Viertel der jüdischen Bürger konnten gerettet werden). Womöglich war der Schutzinstinkt öfter am Werk als die Bereitschaft zur Denunziation, mit der die eingefleischten Antisemiten, die es zuhauf gab, die Opportunisten, die sich den Nazis andienen wollten, aber auch die Neider, die Diebe und Hehler selten zögerten. Die Denunziation war die wirksamste Methode, sich jüdische Häuser oder wenigstens den Hausrat, zumal aber die teuren Bilder und Skulpturen anzueignen – wie in Deutschland auch.

Als endlich, nach immer neuen Aufenthalten, die Dreharbeiten von März 1944 an in einem Studio am Rande der Hauptstadt fortgesetzt werden konnten, war eine tragende Rolle neu zu besetzen: Robert Le

Vigan, Arlettys Gefährte aus den Tagen gemeinsamer Auftritte in Variétes, hatte sich plötzlich im Gefolge des genialen Romanciers Louis-Ferdinand Céline, der ein pathologischer Judenhasser war, noch vor der Landung der Alliierten in der Normandie Richtung Reich davongemacht, ohne sich um das Geschick des Filmes und seiner Kollegen zu kümmern. Er hatte sich den Besatzern etwas zu stürmisch an den Hals geworfen. Nun fürchtete er die Rache der Résistance und der Alliierten, an deren Sieg nicht länger zu zweifeln war.

Von solchen Komplikationen berichteten die Zeitungen nichts, als das Werk die deutschen Kinos erreichte. Erst recht vermittelten sie uns nicht die geringste Ahnung, dass Arletty während der Endfertigung des Filmes am Schneidetisch als angebliche Kollaborateurin im Lager Drancy saß. Als die Premiere nahte, im April 1945, war sie vom Präfekten, der für die »Säuberung«, die *épuration* (gleich Entnazifizierung) sorgte, in eine überwachte Residenz verbannt worden, mehr als fünfzig Kilometer von der Hauptstadt entfernt. Dies kam einem Berufsverbot gleich. Sie lebte, nicht unbequem, als Gast in einem Schloss auf dem Lande, dessen Besitzer und seine liebenswürdige Frau ihr zuvor schon eine sichere Unterkunft angeboten hatten. Einmal in der Woche musste sie sich beim nächstgelegenen Polizei-Revier melden. Für den Weg von fünf oder sechs Kilometern lieh sie sich ein Fahrrad, mit dem sie unverdrossen über die Landstraße holperte – die große Arletty, wenige Monate vorher noch der höchst bezahlte Star des französischen Filmes, mit gut einhunderttausend Francs pro Arbeitswoche honoriert.

Erst Jahrzehnte später wurde der Autor gewahr, dass Arletty für ihre Liaison mit einem Offizier der Besatzungsmacht hart bestraft worden war. Sie hatte kein Verbrechen begangen, das gewiss nicht, noch nicht einmal ein strafbares Vergehen, doch in den Augen der Repräsentanten der Résistance hatte sie sich einer Verletzung der nationalen und republikanischen Moral schuldig gemacht, Liebe hin oder her. Die Versündigung musste geahndet werden.

Die Premiere der *Kinder des Olymp* fand ohne sie statt. Ohne Garance, zu Deutsch das Krappblümchen, das dunkelrot blüht – in einem besonderen Rot, das in Frankreich geradezu historischen Rang besitzt, denn die Uniformhosen der Infanterie vor dem Ersten Weltkrieg waren rot – man sprach von den »Pantalons garances« (die nach dem Beginn der Kampfhandlungen prompt verschwanden, denn sie boten sich – samt dem kostbaren Inhalt – geradezu provozierend als Ziel für die Scharfschützen an).

Der Film wurde stürmisch gefeiert, die abwesende Hauptdarstellerin wieder und wieder gerufen. Auf den Plakaten prangte ihr Name in dicken Lettern noch vor dem Titel.

Das Mädchen aus der Vorstadt

Arletty hasste den Krieg. Sie hasste ihn seit dem schrecklichen August 1914, als in Europa die Lichter zu verlöschen begannen, in jenen dramatischen Tagen, als die Deutschen – die Mehrheit ihrer Dichter und Denker voran – und nicht anders die Franzosen – auch sie samt ihren Eliten – im patriotischen Rausch zu Hunderttausenden, ja Millionen zu den Waffen eilten, angetrieben von jauchzenden Frauen, die ihre Gewehre mit Blumen schmückten.

Léonie Bathiat, die einige Jahre später Arletty heißen würde, zählte sechzehn Jahre, aufgewachsen in dem grauen Vorort Courbevoie am Ufer der Seine, einem Quartier der Arbeiterschaft, einer »kleinen Welt der Wäscherinnen und Büglerinnen«, wie sie sagte; auch die Mutter wusch ihre Wäsche im Fluss. Sie spielte in den Gärten und im Gesträuch des Nachbargeländes, wo heute die gläsernen Türme der Konzern-Hauptquartiere »La Defense« aufragen, das Manhattan von Paris, nach dem alten Fort und der Kaserne benannt, in der die Schweizer Garden der Könige lagen. Als der Vater, ein gelernter Bergmann, zum technischen Chef des Straßenbahn-Depots avancierte, in dem er seit zwei Jahrzehnten sein Geld verdiente, zog die Familie zunächst ins nahe Puteaux, was eine Stufe des Aufstiegs bedeutete, dann wieder zurück ins heimatliche Courbevoie, in eine größere und hellere Wohnung in einem modernen Klinkerbau, in dem es elektrisches Licht gab – ein Luxus in jenen Zeiten.

Die erste Liebe: ein hübscher junger Mann mit leuchtend blauen Augen, den sie darum »Ciel« nannte, den Himmel. In Courbevoie, sagte sie hernach, ließen die Mädchen sich ihre Unberührtheit nicht abkaufen – sie verschenkten sie. Wurde »Ciel« die Liebesgabe zuteil? Er fiel am fünfzehnten August 1914, der erste im Lebenskreis Léonies und weiß Gott nicht der letzte. Seitdem hasste sie den Krieg. Und sie schwor sich, niemals zu heiraten und niemals Kinder zu haben, denn der nächste Krieg, sagte sie, würde sie zur Witwe machen oder ihre Söhne töten – wie es in Frankreich, in Deutschland, in England, in Russland nun millionenfach geschah. Das sollte ihr nicht widerfahren.

Im September 1914 wurde sie von einer Sekretariatsschule diplomiert. Sie bewarb sich um eine Stelle im Justizministerium unter Aristide Briand, dessen Blick so gern auf den Röcken der Mädchen weilte (wenn er denn weilte) – und sie wurde angenommen. Sie liebte die sonore und so musikalische Stimme des Chefs, den man dank seiner Rhetorik, die den Ohren schmeichelte, »das Cello« genannt hat. Wie lange sie es im Ministerium aushielt, weiß man nicht. Sie wechselte die Positionen oft, ungeduldig und schnell gelangweilt.

Das hübsche Mädchen mit den dunklen Augen, dem leichten Lachen und der raschen Bereitschaft zum Flirt schien von einer merkwürdigen Unruhe getrieben zu sein. Sein Gemüt, ohnedies von schwankenden Stimmungen heimgesucht, verdüsterte sich, als der geliebte Vater am Abend des ersten Dezember 1916 schwer verletzt in die Wohnung geschleppt wurde: Eine Straßenbahn (ausgerechnet) hatte ihn auf der Brücke von Neuilly überfahren. Im Hospital konnte ihm keiner mehr helfen. Er starb in der Nacht gegen zwei Uhr, vierundvierzig Jahre alt, ein stattlicher, männlicher Mann, freundlich, nüchtern, politisch eher zur Linken neigend – ein Vetter assistierte dem großen Sozialistenführer Jean Jaurés, der am Vorabend des Krieges ermordet wurde –, antiklerikal, bekennender Atheist. »Dreyfusiard«, seit Emile Zolas großer Anklage von der Unschuld des jüdischen Offiziers überzeugt – im Gegensatz zu seiner Frau, die zur anderen der beiden Grundparteien gehörte, von denen Frankreichs Gesellschaft geteilt war: eine unbelehrbare »Anti-Dreyfusiarde«, fromm, katholisch, wie die schönen, klaren Züge des Gesichtes vermuten lassen eher streng mit der Tochter, die als kleines Mädchen von plötzlichen Konvulsionen heimgesucht worden war, vielleicht einer Art Epilepsie.

Der Hausarzt riet damals dringend zum Luftwechsel. Also wurde Léonie in die Auvergne, die Heimat der Familie geschickt, zunächst unter die Fittiche des Onkels Abbé Dautreix, der als geistlicher Hirte eines Konvents in Montferrand bei Clermont wirkte. Bei den Nonnen lernte Léonie Lesen und Schreiben – und, das betonte sie wieder und wieder, die Disziplin, die sie im Beruf bewies, auch im Alltag (wenn es ihr behagte). Nach einigen Monaten wurde sie weiter gereicht zur Großmutter in den Bergen. In den nächsten Jahren wechselte das Kind im Sechsmonatsrhythmus von der Stadt aufs Land und zurück.

Erste Kommunion, sie war elf Jahre alt. Für ihren Biographen Denis Demonpion entwarf sie mehr als ein halbes Jahrhundert später ein ironisches Bild der kleinen Katholikin: »Bleiches und ernstes Gesicht, schwarzes Band im Haar, die Augen auf das Messbuch in meinen Händen gesenkt. Nichts ließ meine Ungläubigkeit erraten … Ich bin Atheistin, Gott sei Dank«. Sie war es schon damals unterm Kommunionsschleier. »Gut, Gott hat Himmel und Erde geschaffen, aber wer hat Gott geschaffen?«, fragte sie einen kleinen Freund. Statt einer Antwort verpasste ihr das fromme Bürschchen eine missionarische Ohrfeige. Sie zeigte keine Wirkung. Fröhlich hielt Léonie an ihrem Unglauben fest, unbeirrt auch in Stunden der Not und der Traurigkeit, wenn andere Zuflucht im Gebet suchen.

Geldsorgen nach dem Tod des Vaters. Die Tramway-Gesellschaft zahlte erst nach Jahren eine winzige Rente aus. Die Frau und die Kinder mussten die bequeme Betriebswohnung räumen. Unterschlupf in einer dürftigen, dunklen, engen Behausung. Die Mutter verdingte sich als Granatendreherin in einer Munitionsfabrik, Léonie fand eine Arbeit im gleichen Unternehmen am Kontrollstand. Hastig rettete sie sich drei Monate später aus dem Stumpfsinn der Geschossproduktion in die Stelle einer Stenotypistin, doch nach wenigen Wochen, als der Vorgesetzte ihr krumm kam, rannte sie davon.

Was trieb sie danach? Sie gab darüber niemals präzise Auskunft. Einmal noch, das war ihr zu entlocken, versuchte sie sich im Büro, beim Rüstungskonzern Schneider-Creusot. Nach drei oder vier Monaten beschloss Léonie, sie habe mit der Welt der Underwood-Schreibmaschinen und der Stenographie nach der Methode Prévost-Delaunay nichts mehr zu schaffen. Und dann? Womit vertrieb sie sich die Zeit? Schlenderte sie nur durch die Straßen von Paris, die eleganten Schaufenster musternd?

Ihrem ersten dauerhaften »amant« begegnete sie zwischen der Porte Maillot und der Brücke von Neuilly. Er erwies sich als der geradezu ideale Liebhaber, der ihr die Sorge ums tägliche Brot abnahm. Ein freundlich-höflicher, wohl gekleideter Mann, der etwas dahermachte, dunkle Haare, blaue Augen, ein gutes Stück älter als sie (sie war neunzehn), der weltmännisch gebildete Sohn einer Basler Bankiersfamilie, jüdisch, in Paris weiß der Himmel welche Geschäfte betreibend. Sprach er sie an? Oder sie ihn? Wie immer es gewesen sein mag: M. Lévy erwies sich als ein unterhaltsamer und musischer Mensch, kein ordinärer Kaufmann. Sein Französisch war untadelig, ja elegant, doch es ließ einen leichten deutsch-schweizerischen Akzent erkennen. Seiner helvetischen Herkunft wegen nannte ihn Léonie »Edelweiß«, ein für alle Mal. (Woher hatte sie den Namen? Könnte es sein, dass sie als Kind an die französische Übersetzung von Johanna Spirys *Heidi* geraten war? Oder fand sie ihn in einem Roman von Maupassant, der »die bleiche Blume der Gletscher«, die »Schneeblüten«, die »immortelle des neiges« mit ihrer alpenländischen Bezeichnung beschrieb, die sich so poetisch ausnahm?) »Edelweiß« führte sie in die koscheren Restaurants der rue des Rosiers, nicht weit von den »Folies Bergère«, die eher das Ziel ihrer Neugier waren. Sie lernte bei ihm einige jiddische Worte, zum Beispiel »pill-pull« – ein Begriff, der die haarspalterischen Argumentationen um die rechte Auslegung der Thora in den Yeshiven, den Rabbinatsschulen, bildhaft und drastisch charakterisierte.

Jacques-Georges Lévy bot ihr an, ein Zimmer in seiner Villa in Garges, einem noblen Quartier hinter St. Cloud, zu beziehen, damit sie der häuslichen Enge entkomme. In *La Defense*, ihrer apercuehaft knappen Autobiographie, bemerkte sie über die erste Nacht im Hause »Edelweiß« kurz angebunden: »Ich schlüpfte als Jungfrau ins Bett und verließ es als Frau«. Und in den Jahren davor? War sie das, was die Amerikaner nicht allzu schmeichelhaft eine »tease« nennen, eine Verführerin, die vor dem natürlichen Ziel der Lockungen eisern die Knie zusammenklammert und sich dann eilends davonmacht? Wie auch immer, »Edelweiß« bot ihr eine kurzweilige Existenz. Es störte sie nicht, »ausgehalten« zu werden und als die Maitresse des M. Lévy zu gelten, der im gemeinsamen Alltag und in Gesellschaft Takt und Sensibilität bewies. Als Maitressen fristeten Tausende junger und nicht mehr ganz junger Frauen in Paris ihr Leben. Trotz der materiellen Abhängigkeit sah Léonie ihre innere Freiheit niemals bedroht. Sie äußerte sich weder damals noch später zur Frage der Emanzipation (oder doch nur beiläufig). Das

Thema interessierte sie nicht. Sie *war* emanzipiert. Und was die Liebe, was die amourösen Affären anging: sie betonte immer aufs Neue, dass sie es sei, die den Mann auswähle, nicht der Mann sie. Es war so. Für manchen Herrn schien es eher schmerzhaft zu sein, das zu begreifen.

Als sie die Mutter wissen ließ, dass sie bei ihrem Verehrer wohnen werde, fuhr der heilige katholische Zorn auf sie hernieder. Sie solle sofort verschwinden, zeterte die Mama, es gebe nun kein Zurück mehr. Es verstörte Mme Bathiat tief, dass sich die Tochter mit einem Juden einließ. Sie sprach mit dem Mädchen kein Wort mehr. Erst wenige Stunden vor ihrem Tod ließ sie Léonie rufen. Sie flüsterte, sie habe ihr vergeben. Die sterbende Frau zählte noch keine fünfzig Jahre.

Die Verkrampfung in Vorurteilen teilte die Mutter freilich mit der Familie von »Edelweiß«. Die Eltern und Geschwister ihres *amant* empfingen Léonie mit unterkühlter Freundlichkeit. Als der Sohn später die Möglichkeit einer Ehe andeutete, reagierten sie mit schneidender Klarheit: Es komme nicht in Frage, dass der Kronprinz des Hauses eine Nichtjüdin heirate – andernfalls gäbe er sein Erbe preis. Léonie war damit der Frage enthoben, ob sie ihr Gelöbnis brechen und sich am Ende doch auf eine Ehe einlassen wolle. Eine leise Kränkung blieb in ihrer Seele zurück. Die Freundschaft mit »Edelweiß« nahm daran keinen Schaden (vielleicht aber die Liebe). Sie blieben bis zu seinem Tod eng verbunden. Seine Frau – es fand sich schließlich eine passende höhere Tochter jüdischen Glaubens – und seine Kinder wurden in die Zuneigung einbezogen. Léonie kündigte fast niemals eine Freundschaft auf, die den Namen verdiente. Sie war eine große, auf ihre Weise treue Seele.

»Edelweiß« erwies sich als ein kluger und humaner Pygmalion, sie als eine Eliza Doolittle von hohen Talenten. Das Spiel machte beide glücklich. Oft lud sie der Freund ins Theater ein, nicht nur in leichte Komödien. Wichtiger, er gab ihr Bücher. Sie entdeckte Nietzsche, wie ihr Biograph bezeugt, natürlich las sie auch Stendhal, Balzac, Maupassant, Flaubert. Auf Proust stieß sie später, als sie des öfteren mit einer Kollegin im Haus eines gelehrten Verehrers zu Abend aß, dessen Köchin eine wahre Büchernärrin gewesen sein muss. Sie fand bei ihr Prousts *Du côté de chez Swann* – dort aufgeschlagen, wo die Regentin der Töpfe ihre Lektüre unterbrochen hatte. Erstaunt beobachtete Léonie, dass die unscheinbare Leserin das komplexe Werk in einer Woche hinter sich brachte. Das spornte sie an.

Mit »Edelweiß« erlebte sie ihre ersten Konzerte. Da es sich in der Bildungswelt, mit der sie nun vertraut wurde, so gehörte, nahm sie Klavierstunden, die ihr auch im Theater nützlich sein konnten. Freilich verzweifelte sie rasch an den Forderungen der Fingerfertigkeit. So bat sie die Lehrerin, ihr die Musik der Klassiker vorzuspielen, die ihr die liebsten seien. Sie lernte Bach, Mozart und Beethoven kennen. Sie las die Biographien der Großen. Beethoven, entschied sie, sei der Komponist ihres Herzens, und ihre besondere Liebe gelte der Neunten Symphonie. (Es hätte ihr gefallen, dass die *Hymne an die Freude* als die Erkennungsmusik der Europäischen Union ausgewählt wurde.)

Sie fing an, von »Edelweiß« ermutigt, die Bilder der Impressionisten in den Galerien zu bewundern, deren Welt sie sich besonders nahe fühlte, weil sie sich keiner religiösen Konvention und keiner Schule unterwarfen. »Keine Grablegung Christi, keine Kreuzwege, keine Märtyrer, auch keine Schlachtfelder – nur die Freiheit des Ausdrucks«, notierte sie mit Befriedigung.

Sie wollte sich bilden. Sie dachte damals kaum an ihre Karriere (noch nicht), aber sie war neugierig. »Edelweiß« reiste mit ihr in die französischen Alpen – nach Megève, es versteht sich –, da für sie die Gebirge seiner heimatlichen Schweiz noch verschlossen waren (sie verfügte über keinen Pass). Sie war von der Welt der Hochgebirgsriesen nicht allzu tief beeindruckt; vielmehr erinnerte sie sich voller Heimweh an die sanfteren Berge der Auvergne.

Am elften November 1918 hielten endlich »die Kanonen das Maul« (wie sie schrieb, Céline zitierend). Paris feierte den Frieden, ungeachtet der Verstörung so vieler Gemüter, der Trauer um die Millionen Toten, der zu Krüppeln geschossenen Jammergestalten an jeder Straßenecke. »Edelweiß« schleppte sie nach Deauville, wo die große Welt wieder jeute und tanzte. Später zeigte er ihr Venedig, wo sie im Hotel Danieli abstiegen (wo sonst?) und jene Suite bezogen, in der sich einst George Sand und Alfred Musset ihrer Passion hingeben durften. Er fuhr mit ihr nach Berlin, in den Nachkriegsjahren die Weltkapitale der Dekadenz, die den Fremden alles bot, was die deutschen Bürger seit eh und je in Paris zu suchen pflegten. Im Auftakt der Inflation war alles, auch die sündigste Sensation, für ein Spottgeld zu haben – wenn man Devisen besaß. »Edelweiß« und sie fanden es beschämend, wenn Touristen für eine Handvoll Dollar kostbaren alten Schmuck und wertvolle Bilder an sich brachten.

Die junge Frau aus der *banlieue*, am Rand proletarischer Verhältnisse aufgewachsen, beobachtete die Allüren der Reichen und Schönen mit kühlem Interesse. Es fiel ihr nicht schwer, sich in jenen Kreisen mit einer gewissen Selbstverständlichkeit zu bewegen. Sie lernte es, ihren Vorstadtakzent zu zügeln (ohne ihn jemals ganz zu verdrängen), sie bestand die Konversationen schlagfertig und voller Witz, und sie gewöhnte sich rasch an alles, was gut und nicht billig ist, ob an Kaviar oder an Foie gras oder Hummer, an Jahrgangschampagner und an edle Rotweine sowieso. Eine mit allen möglichen Wassern gewaschene Bühnenkollegin flüsterte ihr Jahre später bei einer splendiden Einladung zum Dinner ins Ohr, sie brauche die Speisekarte nicht zu studieren – sie solle vielmehr die Namen der Gerichte verdecken und sich nur an den Preisen orientieren; mit den teuersten gehe sie nie fehl. Die Arletty bemerkte, mit einer Portion Selbstironie, sie sei für den Luxus geschaffen. (Sie verlernte es trotzdem nicht, klaglos Entbehrungen auf sich nehmen.) Sie war nicht bestechlich. Kaum war sie in der Öffentlichkeit sichtbar geworden, warf Aga Khan ein Auge auf sie. Er lud sie in das Restaurant *Voisin* ein, das teuer, köstlich und diskret war. Sie akzeptierte. Doch nicht einer Mahlzeit in einem der berühmt-berüchtigten »cabinet particulier«, an dessen Tür die Kellner nur erscheinen, wenn ihnen ein Klingelzeichen den Weg freigibt. Der goldschwere Prinz fügte sich. Er nannte sie seine kleine Cousine. Sie amüsierte ihn. Damit gab er sich, es ist erstaunlich, für lange Jahre zufrieden.

Léonie entdeckte, dass sich mit der Vorführung schicker Moden, für die sie ein waches Auge hatte, ein hübsches Sümmchen verdienen lasse (das sich freilich an den Gagen der Starmodells zu Beginn des 21. Jahrhunderts nicht messen ließ). Bald präsentierte sie die Kreationen einiger großen Häuser der Haute Couture vor den Kameras der Fotografen. Als Mannequin (wie man damals sagte) brauchte sie einen Namen, der nicht ganz so bieder, ja altbacken klang wie Léonie Bathiat, einen Namen, der leuchtete, der die Phantasie herausforderte, womöglich Wünsche weckte. In einem Roman von Maupassant, dessen Handlung in der Auvergne angesiedelt war, entdeckte sie die Figur der Arlette. Ohne langes Nachdenken beschlagnahmte sie den Namen. Für die Bühne fügte sie, vermutlich auf den Rat des Managers hörend, ein mondänes angelsächsisches Ypsilon hinzu: Arletty.

Eine zweite Zufallsbegegnung öffnete ihr die Zukunft – ein anderes Mal wieder auf der Straße, in der Nähe des feinen Herrengeschäftes »Old England« im Quartier von Oper und Madeleine, in dem sie ein bescheidenes Hotelzimmer bezogen hatte (ehe sie ein möbliertes Studio fand). Sie wollte sich nicht von »Edelweiß« lösen, doch sie brauchte das Gefühl, allein sein zu können (doch ließ sie den *amant* ohne jeden Anflug eines schlechten Gewissens für die Unterkunft zahlen).

Eines Tages im Sommer des ersten Friedenjahres 1919 bemerkte sie, dass ihr ein Mann folgte. Das war sie gewohnt. Schließlich sprach er sie an, in der rue Scribe. Er stellte sich vor: »Paul Guillaume, ein Kunstfreund«. Ihr sagte der Name, wie sie ihrem Biographen Denis Demonpion sagte, nicht das geringste. Der Herr war ein Glücksfall (aber das begriff sie zunächst nicht): der führende Pariser Kunstkritiker, eine Autorität in der Welt der Moderne, obschon noch keine vierzig, ein Freund von Picasso, von Matisse und Modigliani, Entdecker der abstrakten Russen – sie alle waren in seiner Sammlung zu bewundern, die im Gang der Jahrzehnte ein schweres Vermögen wert wurde. Sein Anzug, sein glattes Gesicht mit dem Bärtchen über der Oberlippe wirkten englisch. Er musterte die hübsche und attraktive junge Frau eindringlich, nicht aufdringlich, mit Kennermiene. Ob sie Mannequin sei, wollte er wissen. Sie war es damals noch nicht. Ob sie sich fürs Theater interessiere? Sie nahm die Frage fast gleichgültig hin. Er kritzelte dennoch die Namen von zwei Theater-Direktoren und ein paar empfehlende Worte auf seine Visitenkarte. Sie möge sich, beschied er knapp, bei einem der Herren oder bei beiden melden: bei M. Armand Berthez, Direktor des Théâtre des Capucines, oder bei M. Paul Gavault, Direktor des Théâtre l'Odeon.

Sie steckte die Karten in ihre Tasche und vergaß sie. Wochen später passierte sie – auf dem Weg wohin? – den Eingang des Théâtre des Capucines. Plötzlich, dank einiger junger Damen, die im Hof ihre Probenpause verschwatzten, entsann sie sich der Empfehlung, kramte sie aus der Handtasche und fragte einen Herrn, der im Begriff war, das Haus zu verlassen, wo sie eine Karte für M. Berthez abgeben könne. Das sei er selbst, bemerkte der Herr, las die Visitenkarte und sagte rasch, sie habe Glück: Das Haus bereite eine Revue vor, es sei noch eine kleine Rolle frei. Ohne Aufenthalt schleppte er sie auf die Bühne, ließ einen Klavierspieler kommen. Léonie trug ein paar Sätze vor. Eine Zeugin berichtete, ihre Stimme habe sich melodisch angehört – doch mit einer kleinen Schärfe. Sie sollte singen. Ihr fiel das populäre Soldatenlied der Tommies ein: »It's a long way to Tipperary ...« M. Berthez unterbrach sie, ehe sie mit der Strophe zuende war. »Sie sind engagiert«, sagte er kurz. Ihre grazile Schönheit, ihr kühler Charme, das Element der Verführung in ihren Bewegungen überzeugten den erfahrenen Theatermann vermutlich mehr als der Hauch künstlerischen Talentes, den er in ihrem Vortrag wahrgenommen haben mochte (oder auch nicht). Eine Revue lebt schließlich vor allem vom Sexappeal der Damen auf der Bühne.

Eine bescheidene Ouvertüre ihrer Karriere. Die Revue sei völlig idiotisch gewesen, bemerkte sie ein halbes Jahrhundert später. Dennoch fand sich die Crême von Paris ein, um das attraktive Ensemble zu bestaunen. Selbst die große, die berühmte Colette saß in einer Loge. Arletty (die sie nun war, der Programmzettel wies es aus) verstand freilich nicht, noch nicht, dass dies der Auftakt eines Lebens mit dem Theater war.

Die Bezahlung war dürftig. Sie verdiente als Mannequin mehr Geld. Sie entsprach – daher ihr Erfolg – ganz dem Typus der Epoche, gertenschlank, fast zierlich, enge Taille, einen kleinen straffen Popo (im Gegensatz zu den ausladenden Hintern der Vorkriegsdamen), auch der Busen klein und fest, die Beine lang, wohlproportioniert, die Augen orientalisch dunkel, das schwarzbraune glatte Haar à la Louise Brooks (der Lulu des großen Filmregisseurs G. W. Pabst) tief in die Stirn fallend, regelmäßige Züge, der Ausdruck ein wenig knabenhaft, zumal wenn sie wie ein Spitzbube lachte, die Erscheinung insgesamt androgyn, dennoch (oder darum) eine latente Laszivität signalisierend, ganz wie es der Geschmack der Zwanziger Jahre wollte. Sie tanzte zwar nicht gern und nach eigenem Zeugnis nicht gut, trotz ihrer Musikalität, doch auf den überlieferten Bildern wirkt sie anders, eher als sei sie jederzeit bereit, einen Charleston aufs Parkett zu legen.

In ihrer ersten Revue sang sie ein anzügliches Couplét im Duo mit einer englischen Schauspielerin, die einen blutroten Badeanzug trug, auch sie ein blutrotes Etwas – ein plakativer Hinweis auf ihre Rollen als kleine Scharfrichterinnen und Folterfrauen, die laut Text nicht davor zurückschreckten, Brüste zu zwacken, Pupillen zu verdrehen, in die intimeren Körperpartien zu stechen – bitterböse Mädchen in der Tat. Arletty vermerkte dankbar, man habe von ihnen nicht die entsprechenden Gesten verlangt. Voller Spott und doppeldeutig fügte sie an: »Das war meine erste Berührung mit der Kunst – eine Karriere, die auf dem Trottoir ihren Anfang nahm.« Wenn sie im Odeon begonnen hätte, fügte sie hinzu, wandelte sie nun mit Phaedra, Berénice, Andromache auf dem Kothurn. Ihr Entdecker, der Kunstexperte Paul Guillaume, hätte sie freilich lieber in Gesellschaft der Klassiker gesehen. Er verbarg eine kleine Enttäuschung nicht. Trotzdem (oder darum) ließen sich die beiden auf eine flüchtige Affäre ein. Vielleicht wollte Arletty ihre Dankbarkeit demonstrieren.

Der Ton unter den Boulevard- und Revuekollegen war entspannter, lebensnäher und deftiger als bei den Interpreten der Klassiker, die in Frankreich, den großen Moliére ausgenommen, noch feierlicher einher schritten als die der Deutschen oder der Briten. Arletty erzählte amüsiert, eines Abends sei ein prominenter Mitspieler, Star des Gewerbes, mit triumphierender Miene in ihre Garderobe gestürzt, und habe jubelnd ein Papier geschwenkt: »Ich habe sie nicht! Ich habe sie nicht!« »Was hast Du nicht?« »Die Syph! Wassermann negativ!« Damals, so setzte Arletty 1971 hinzu, habe das sexuelle Vagabundentum noch Erinnerungen hinterlassen. (Einige Jahre später sollte es wieder so sein.)

Ein gewisser Rip galt in jenen Nachkriegsjahren als der König des Revue- und Boulevardtheaters. Man hätte es ihm auf den ersten und zweiten Blick nach den Schilderungen der Arletty nicht zugetraut: eine eher bürgerliche Erscheinung (in der Tat war er gelernter Bankier), doch nach dem Vortrag seiner Texte, glaubte ihm keine Seele mehr die bürgerliche Vergangenheit im Kontor. Er formulierte bildhaft, spitz und scharf, mit ungezähmtem Witz, wie Arlettys Biograph über ihn schrieb, und damit den Ésprit seiner eigenen Heldin mit knappen Worten charakterisierte: »un humour à froid« – Humor kalt serviert. Nicht erstaunlich, dass Rip in der Debütantin eine kongeniale Interpretin witterte. Er wies ihr zunächst kleine Rollen zu, aber sie schienen ihr auf den Leib geschrieben zu sein, angefangen bei der Komödie *Le Scandale de Deauville* – für die junge Frau kein ganz unvertrautes Gelände. Die Anfängerin erwies sich überdies als vielseitig verwendbar. Im Jahre 1920 trat sie in vier Revuen und Boulevard-Stücken auf, 1922 waren es sechs (und in einem übernahm sie drei kleine Rollen, einschließlich einer Hosenrolle), 1923 war es nur eines, immerhin eine Komödie von Georges Feydeau, der zwei Jahre zuvor gestorben war, schon zu seinen Lebzeiten ein Klassiker der Boulevard-Komödie, dessen Stücke – im Unterschied zu fast allen Produkten seiner Zeitgenossen – auch heute noch gelegentlich gespielt werden. Der Titel der Komödie *Je ne trompe pas mon mari* (Ich betrüge meinen Mann nicht).

Wenngleich sie keine Pariser Nachtigall war, sang sie doch gut genug, um für Operetten engagiert zu werden, zunächst für die stereotypen Soubretten-Rollen der Zofen und Dienstmädchen, auf die nicht nur die Gäste, sondern vor allem der Herr des Hauses begehrliche Blicke warfen, deren Gunst sie mit tenoraler Passion erflehten, meist ebenso ironisch abgewiesen wie herbeigelockt (freilich nicht immer). Rip, der Autor, sagte von ihrer Stimme, sie sei »schön, manchmal bernsteinhaft leuchtend, manchmal canaillenhaft«, und er fügte mit einem Gran Bosheit hinzu: »Sie hat hübsche Beine, und manchmal bringt sie es zuwege, sich ein bisschen ausführlicher zu verhüllen«.

Ihre Reputation stieg, die Zahl ihrer Bewunderer mehrte sich, der Applaus wurde heftiger, wenn sie sich vor dem Vorhang verbeugte, sehr artig, denn sie sah auf die Zuschauer niemals herab, vielmehr begegnete sie ihnen mit einem konspirativen Lächeln, das die Herren und Damen im Saal und in den Logen zu einer kleinen Verschwörung einzuladen schien, doch niemals ohne jenen Respekt, den der große Raimu als die Pflicht jedes Schauspielers bezeichnet hatte.

Zu Beginn der Saison 1928 glänzte sie in einer Operette mit dem schlichten und schlagenden Titel *Yes* in der Rolle einer anarchistischen Mamsell. Die (bedacht vulgäre) Brillanz ihrer Vorstellung trug nicht wenig zum überraschenden Erfolg der Produktion bei, die länger als ein halbes Jahr Abend für Abend ausverkauft war; dabei wurde das Théâtre des Capucines über Nacht noch um eine Galerie erweitert, was für den Ansturm keineswegs genug war; schließlich zog die Truppe in ein größeres Haus um.

Arletty brillierte, sie kokettierte, sie amüsierte sich und damit das Publikum, und sie verbarg nicht, dass sie sich über sich selber lustig machen konnte. Nein, sie war nicht das, was die deutschen Theaterleute in ihrer zarten Sprache eine »Rampensau«

nennen: sie buhlte nicht um den Beifall. Die Kollegen – und, das war wichtig, auch die meisten der Kolleginnen – schätzten ihre Fairness (die sie selber nicht immer bewiesen), die Regisseure und Direktoren ihre Zuverlässigkeit, die Autoren ihre rasche Intelligenz. Sie hatte niemals auch nur eine Stunde Schauspiel- oder Gesangsunterricht absolviert. Dennoch betrachtete sie den Beruf vor allem als ein Handwerk, das es zu beherrschen galt. Sie habe das Wichtigste von klugen Kritikern gelernt, sagte sie, und sie nannte Colette dabei stets als erste. Die große Erzählerin wurde in jenen Jahren nicht nur als Romanautorin, sondern auch als Journalistin gerühmt. Sie schrieb von Arletty – nicht ganz zutreffend, auch nicht völlig entlegen – sie sei eine »kühle Phantastin«, die »sich auf nichts einließ, das sie nicht selbst ausgedacht hat«. Die gegenseitige Bewunderung hielt Arletty ihrerseits nicht davon ab, von Colette zu sagen, sie interessiere sich in Wahrheit »nur fürs Vögeln und Fressen«.

Arlettys Rollen wurden prominenter. Sie verlangten Vielseitigkeit und Wandlungsfähigkeit. Sie spielte die Madame Pompadour und mit gleicher Selbstverständlichkeit eine Salondame des zeitgenössischen Paris, oder eine Vorstadt-Kokotte und wenige Tage danach die Königin Marie-Antoinette mit einer turmhohen Rokoko-Frisur, auf deren Locken ein

Dreimaster mit geblähten Segeln schwebte. Der modische Maler Kees van Dongen (dem sie auch knapper kostümiert Modell saß) hat sie in dieser Drapierung voller Elan portraitiert.

Es ergab sich fast von selbst, dass sie mit den glorreichsten Stars auf der Bühne stand (oder in ihren Stücken agierte): Maurice Chevalier zum Beispiel, noch in seinen Anfängen auf dem Weg zum Operettenidol, der Schützling und Partner der Chansonniére Mistinguett, die damals schon eine Legende war. In *La Defense* sagte Arletty über Chevalier, der stets im Smoking und mit Strohhut auftrat, dass er jedem Menschen im Publikum das Gefühl vermittelt habe, er singe nur für sie, vielleicht auch für ihn – die Stimme dosiert vulgär, ein kalkulierter Kontrast zu seinen blauen Kinderaugen. Bei einem festlichen Mahl im Jahre 1948 saß Arletty neben ihm und der Mistinguett. Sie sprachen von Literatur. Er sei nicht über die antiken Klassiker hinausgekommen, behauptete er – für sie ein Signal, parodistisch über Demosthenes loszuplappern (von dem sie vermutlich nicht allzu viel wusste). Mistinguett hörte mit einem ironischen Lächeln zu. »Und Sie?«, fragte Arletty. »Ich? Ich lese nur Kataloge«.

Chevaliers einziger Rivale in der ambitionierten Konkurrenz um die Königskrone des Boulevard war Sacha Guitry, drei Jahre älter, ein Autor von nie versiegender Produktivität, der hundertunddreißig Komödien, Operetten und Filme schrieb, die meisten Saison-Erfolge, an die sich keine Seele mehr erinnert, obschon seine Couplets noch heute bezaubern können und manche seiner Bonmots auch nach einem Jahrhundert das Lachen verdienen, mit denen sie einst vom Publikum aufgenommen wurden. Er selber war sein bester Interpret – eine elegante Erscheinung, eitel, ein Snob, allzu gewohnt, dass ihm die Frauen zu Füßen lagen. Immerhin brachte er es auf fünf Ehen. Zweimal bedrängte er Arletty, ihn zu heiraten, sie hätte die Frau Nr. drei sein können, auch die fünfte. Sie sagte nein, auch in den Tagen der Heimsuchung 1944, als er sich anbot, den Part des Retters in der Not zu übernehmen. Er war nicht die Sorte Mann, die ihr imponierte. Es ging das Gerücht um, dass sie einmal eine Nacht mit ihm verbracht habe (doch nur eine). Das erotische Fazit sei eher enttäuschend gewesen. Guitry wiederum behauptete, sie hätten sehr wohl eine lustvolle Liaison erlebt. Zu ihrem Biographen Demonpion sagte Arletty nüchtern, sie habe niemals mit ihm geschlafen. Ihrer Wahrhaftigkeit konnte man eher vertrauen als der Suada des Schwadroneurs Sacha Guitry. Erotische Heldensagen imponierten ihr nicht. Sie verachtete die Maulhurerei. So oder so: er insistierte nach dem Ende des Krieges, sie müsse Frau Nr. fünf werden. Als er von seinen herrischen Wünschen nicht abließ, sagte sie schließlich ja – freilich »unter einer Bedingung: dass der Papst persönlich die Trauung vollzieht«.

Erst im Oktober 1933 – sie war nicht länger ein Starlet, sondern fast schon ein Star – trat Arletty in einer seiner Operetten auf: *Ô mon bel inconnu* (O mein schöner Unbekannter) hieß das Stück, verheißungsvoll genug. Sacha Guitry, der selber nicht mitspielte, hatte ihr keineswegs die Hauptrolle anvertraut. Sie durfte, wie früher so oft, das Dienstmädchen geben. Sie beklagte sich nicht. Dies hatte sie gelernt: Professionalität verlangte einen gewissen Stoizismus. Hysterische Szenen, die sich manche der (weiblichen und männlichen) Diven leisteten, schreckten die Produzenten eher ab – es sei denn, der Star sei ein Kassenmagnet. Für Arletty war es wichtiger, dass sie einige Chansons präsentieren konnte, die das Zeug hatten, populär zu werden. Außerdem fühlte sie sich im Ensemble wohl. Das zählte für sie viel.

Manche Kollegen wurden Weggefährten, mit denen sie von Stück zu Stück zu wandern schien, so der grotesk hässliche und grandiose Michel Simon, in der nächsten Operette – *Le Bonheur Mesdames*! – war er zum ersten Mal ihr Partner. Er trug das seine zum Weltruf des französischen Filmes bei, ein

Monster, das ebenso widerwärtig wie sympathisch, ebenso zynisch wie zärtlich sein konnte – in Wirklichkeit ein warmherziger Kamerad.

Seit der Operette *Yes* saß mit erstaunlicher Regelmäßigkeit ein junger Herr im Publikum, der diese Bezeichnung verdiente: ein *good looker,* wie die Amerikaner und die Briten sagen, englisch leger seine Kleidung, englisch entspannt seine Manieren, englisch unangestrengt seine Höflichkeit. »Ein Gentleman«, sagte Arletty später. Der junge Mann hatte nur eine unüberwindliche Schwäche: er war Spieler – eine Sucht, von der sie sagte, anders als die Drogen-, die Alkohol-, die Nikotinsucht sei sie niemals heilbar. Darum blieb ihm – zu seinem Besten – nach dem Tod des Vaters die freie Verfügung über sein Vermögen entzogen. Jeden Monat wurde ihm eine feste Summe zugewiesen. Damit musste er zurechtkommen.

Arletty war niemals vom Spielteufel bedroht. Doch sie berichtete mit gewohntem Freimut, am Anfang ihrer Karriere habe sie sich gern mit einer Prise Opium in eine schwebende Welt des Behagens befördert. Als sie in ihr Studio am Boulevard Berthiez einzog, das der Vormieter eilig geräumt zu haben schien, entdeckte sie unter den Möbeln, die er zurückgelassen hatte, ein Grammophon samt dem dazugehörigen Kästchen mit Platten, darin wiederum ein kleines Lederköfferchen, in dem sie eine Opiumpfeife aus edlem Holz mit einem Elfenbeinstiel und einem kleinen Stopfer fand. Sie erzählte ihrem Biographen, schon in der Nacht hätten diese und jene eleganten Damen und Herren bei ihr geklopft, die nicht wussten, dass eine neue Mieterin eingezogen war. Die fremden Leute aus der sogenannten besseren Gesellschaft suchten einen kleinen »Bambustrip«, wie sie sagten. Vermutlich brachten sie noch genügend Stoff mit, um die attraktive junge Frau in den »Sport der Reichen« einzuführen. Wenn sie Geld hatte, rauchte sie jeden Tag, und es sei ihr nicht schlecht bekommen. »Denken Sie doch an Jean Cocteau! Der rauchte acht Pfeifen pro Tag, und er hat sich nicht umgebracht!«.

Später probierte sie härteren Stoff, Kokain, wohl auch Heroin. Im Leben müsse man alles versuchen, meinte sie, also auch die Zauberpülverchen, auf die so viele ihrer Freunde schworen. Ehe sie sich's versah, war sie »on the hook«: sie hing am Haken. Eines Morgens, gründlich verkatert, prüfte sie ihr Gesicht im Spiegel, und sie erschrak. Die kurze Zeit der Abhängigkeit war genug, sie um zehn Jahre altern zu lassen. Sie hatte Glück. Der Schock hat sie geheilt. Sie rührte den Stoff nie mehr an.

In der Weihnachtsnacht 1928 war ihr der junge Mann, der keinen ihrer Auftritte versäumte, zum ersten Mal über den Weg gelaufen. Ein ausgelassenes Fest unter Kollegen endete, wie damals üblich, an den Hallen (die schon lange, ein schändlicher Frevel, abgerissen worden sind) – jenem Quartier, in dem das Pariser Leben vierundzwanzig Stunden am Tag pulsierte, an den Ständen der Gemüse- und Fischhändler, der Fleischer, in den kleinen Cafés und Restaurants, die niemals zu schließen schienen, in den düsteren Gassen, auf den besser erleuchteten Plätzen. Hier gaben sich die Neugierigen und die Nachtschwärmer, die sogenannte Große Welt, die Halbwelt und die Unterwelt Rendez-vous, hier trafen Élegants und schäbige Nutten, honorige Bürger und verpickelte Strichjungen, renommierte Dichter, Komponisten und schräge Vögel aus dem Gewerbe der Stehler und Hehler aufeinander, nicht immer mit heiterem Ausgang. Arlettys Freundesbande schloss sich jener Gentleman an, der nach ihrer Schilderung auch ein Rugby-Forward hätte sein können, freilich ein in Oxford studierter: Jean-Pierre Dubost.

Er wurde, nach »Edelweiß«, die zweite unerschütterliche Säule ihres Lebens: Sohn eines bedeutenden Clans der »haute Bourgeoisie«, wie ihn Denis Demonpion mit knappen Strichen skizzierte. Jean-Pierre Dubost war damals vierundzwanzig Jahre alt (sechs Jahre jünger als Arletty): der Großneffe eines

Senatspräsidenten, Enkel des Gründers der »Compagnie du Métropolitain«, der dem genialen Architekten Guimard den Auftrag für die Gestaltung der Zugänge zur Untergrundbahn erteilt hatte – eines der schönsten Zeugnisse der Beaux Arts-Epoche. Die Familie wohlbegütert, der Vater ein eher scheuer Geldmensch, die Mutter Jeanne Dubost eine etwas exzentrische Dame, die in ihrem Salon in der Avenue d'Jena alle bedeutenden Persönlichkeiten der französischen Musikwelt empfing – Maurice Ravel, Arthur Honegger, Francis Poulenc, Darius Milhaud. Man sah bei ihr diese und jene prominente Autoren, Dichter vom Rang eines Aragon, der bekennender Kommunist war, man konnte selbst den sowjetischen Botschafter bei ihr treffen – zum Entsetzen von Arletty, die sich – im Sinne ihres Vaters und ihres Bruders Pierre, der ein »Metallo«, ein engagiertes Gewerkschaftsmitglied war – als »Sozialistin« verstand, gemäßigt links gestimmt. Den Kommunisten begegnete sie mit einem unüberwindlichen Misstrauen. Sie glaubte ihren Propagandisten kein Wort. Übrigens meinte sie, in ihrer Kindheit Lenin in der Nachbarschaft ihrer Tante gesehen zu haben. Später sei sie Trotzki des öfteren in einem Restaurant in Barbizon begegnet, wo er regelmäßig zu Mittag aß. Sein Französisch sei sehr gut gewesen und sein Gesicht recht sympathisch.

Zehn Jahre lang hatte sie in dem bescheidenen Studio im Dachgeschoss eines gesichtslosen Miethauses am Boulevard Berthier gewohnt. Dann wurde ihr über Nacht der Mietvertrag gekündigt, weiß der Himmel warum. Sie akzeptierte das Angebot von Jean-Pierre, bei ihm einzuziehen. Natürlich fragte er bald genug, ob sie nicht heiraten sollten. Sie sagte, ein wenig auf Schonung bedacht: »Wir werden sehen.« In Wahrheit dachte sie nicht daran.

Karriere – wie aus dem Revuegirl »Die Arletty« wurde

Die Operette schien Arlettys Bühnenschicksal zu werden. Sie fand daran nichts falsch. Michel Simon, der die Faszination des Hässlichen als Chance seines Talentes nutzte, zog mit ihr von Stück zu Stück. Sie mochte ihn, und sie nahm seine exzentrischen Späße im Allgemeinen gelassen hin, obwohl sie nicht immer leicht zu ertragen waren, zum Beispiel in der Musikkomödie *Les Joies du Capitol,* in der er den Claudius spielte (sie die Agrippina): Unter der Tunika trug er gern einen Damenslip, in den er ein Bündel Geldscheine steckte – ein Anblick, den er den Schönen vom Ballett nicht ersparte. Arletty setzte ihn, als er einmal lästig wurde, nach einem kurzen Handgemenge vor die Tür ihrer Garderobe; doch just in diesem Augenblick drückte ihr der gefeierte Bühnenautor Eduard Bourdet – er wurde einige Monate später zum Direktor der Comédie française ernannt – ein wenig schüchtern das Manuskript eines Boulevard-Stückes in die Hand, das er für sie und Michel Simon geschrieben habe: *Fric-Frac* (Der Einbruch), eine Komödie im Milieu der Pariser Banlieu. Das tumultuöse Stück wurde für Arletty der Durchbruch:

»Eine große Schauspielerin kam zur Welt«, schrieb das wichtigste Theaterblatt, und André Maurois, der Verfasser bedeutender Biographien, bemerkte in der Wochenzeitung *Marianne,* sie sei ganz einfach perfekt – ihr Spiel von einer »unfehlbaren Sicherheit«. Colette bewunderte im *Journal* ihre »kalkulierte und beiläufige Kunst der Verführung«, die keiner Geste bedürfe, ihr »schneidendes Lächeln« und die »Lässigkeit einer bösartigen Göre« genügten. Den Argot der »einfachen Leute«, der Proletarier, der kleinen Halunken und Schlampen kannte Arletty – trotz der strengen Sprachaufsicht der Mama – von Kind auf: das hatte sie von den harten Jungs in Courbevoie gelernt, zumal in der anarchistischen Bande, mit der sie sich zu Anfang des Ersten Weltkrieges herumgetrieben hatte. Für das Publikum aus den »gehobenen Schichten« war dem Programm eine Übersetzung der fremdesten Redensarten beigegeben.

Die komödiantische Studie (samt Musik) aus der vorstädtischen Welt fügte sich fast ideal in die politische Stimmung der »Volksfront«, die der französischen Arbeiterschaft zum ersten Mal einige soziale Grundrechte, darunter – das war fast der Himmel auf Erden – ein paar Wochen bezahlten Urlaub bescherte. Das Theater hatte noch nie so viele Minister, Staatssekretäre, Parteichefs und Abgeordnete gesehen wie bei der Premiere von *Fric-Frac*. Die hohen Herren (und seltenen Damen) gaben sich an der Garderobe der Arletty, wie sie sich amüsiert erinnerte, die Klinke in die Hand. Sie hielt, man weiß es, von der Politik Distanz, und nichts hätte ihr ferner gelegen als ein parteipolitisches Engagement. Sie war Antikommunistin, vermutlich dank des Einflusses ihres Bruders, der die Partei Moskaus im Konkurrenzkampf der Gewerkschaft voller Misstrauen beobachtete. Die Welt der Ideologien war ihr fremd. Dennoch hörte sie sich dann und wann eine der Debatten in der Nationalversammlung an, vielleicht um die Theatralik der Politik kennenzulernen. Dank *Fric-Frac,* das als eine Art Sozialkomödie interpretiert werden konnte, wurde sie nun fast als ein politischer Star gefeiert. Das war sie nicht. Das würde sie niemals sein.

Auch der Ex-Ministerpräsident Pierre Laval hatte sich zur Premiere eingefunden, der Mann mit der weißen Krawatte (oder Fliege) und dem mächtigen Schnauzbart, ein Sohn der Linken, dem es gelungen war, für die gesetzliche Sozialversicherung eine Mehrheit in der Kammer zu gewinnen. Seine Regierung war im Januar 1936 gestürzt worden, und sie wurde nach einer müden Zwischenlösung durch die Volksfront unter der Führung von Léon Blum ersetzt.

Arletty begegnete Laval dann und wann, denn nach dem *Fric-Frac*-Fest hatte sie sich mit seiner Tochter

Josée angefreundet, einer liebenswerten jungen Frau, die den Vater vergötterte, keine Schönheit, doch attraktiv, mit dem Grafen René de Chambrun verheiratet, der ein offenes Haus führte und dessen Einladungen zu bunten, keineswegs klassenkonformen Tischgesellschaften geschätzt wurden. Arletty unterhielt sich in der Regel angeregt mit dem Vater Laval: ein origineller Kopf, ungewöhnlich intelligent, doch vermutlich nicht sehr welt- und lebensklug, ein brillanter Redner, ehrgeizig, eitel, eilig, immer auf dem Sprung, immer nach vorn drängend, doch zugleich auf eine nicht zu beengende Weise provinziell, ja fast bäurisch in seinen Instinkten (und darin urfranzösisch). Sie fühlte sich ihm durch die gemeinsamen Wurzeln in der Auvergne verbunden, eine der prägenden Landschaften Frankreichs. An Laval schätzte Arletty besonders den Friedenswillen, der ihn dazu anhielt, den Ausgleich mit Deutschland zu suchen, auch nachdem sich in Berlin die nazistische Diktatur mit brutalen Mitteln installiert hatte. Sie fragte freilich nicht: Frieden um welchen Preis? Doch für die Verhinderung neuer Schlächtereien à la Verdun schien ihr kein Preis zu hoch zu sein.

Auch wenn sie sich lieber blind gestellt hätte: es blieb ihr – unpolitisch oder nicht – gar nichts anderes, als die fast atemlosen Wechselspiele der Regierungen und des Parlamentes der französischen Republik und die alarmierenden Weltereignisse zur Kenntnis zu nehmen. Die Zeit war stürmisch. Der »Führer« des Dritten Reiches der Deutschen kündigte kurzerhand den Vertrag von Locarno auf. Im März 1936 ließ er seine Truppen ins entmilitarisierte Rheinland einmarschieren. Frankreich, nach Lavals Rücktritt und bis zu den Volksfront-Wahlen im April 1936 von der erwähnten kraft- und autoritätslosen Übergangregierung verwaltet, begnügte sich mit einem laschen Protest, obwohl es mit einer glaubwürdigen Demonstration seiner Entschlusskraft das braune Regime in Berlin zum Rückzug hätte zwingen können. Die deutsche Aufrüstung war keineswegs abgeschlossen und die Armee noch schwach, der latente Widerstand gegen den »österreichischen Abenteurer« in der Generalität jederzeit mobilisierbar. Es hätte wohl gereicht, ein halbes Dutzend französischer Divisionen an die Grenze zu schicken, um dem Großmaul in der Reichskanzlei Einhalt zu gebieten: Vermutlich wäre diese eklatante Niederlage der Anfang vom Ende des Diktators gewesen.

Indes, in Spanien putschte General Franco, vom Duce ermutigt, gegen die Republik, die von den Liberalen und der Linken regiert wurde. Der iberische Bürgerkrieg weitete sich, durch die Entsendung italienischer und deutscher Expeditionscorps zum einen, durch die kommunistisch geführten »Internationalen Brigaden« zum anderen, auch durch den Test neuer Waffen, zu einem Probekrieg der faschistischen Mächte aus. Der »Legion Condor«, Avantgarde der deutschen Luftwaffe, war ein junger Assessor aus der Rechtsabteilung des Ministeriums zugeordnet, der hernach für das Leben Arlettys eine existentielle, ja schicksalhafte Bedeutung hatte: Hans Jürgen Soehring. Es war die erste »Frontbewährung« für den jungen Juristen, der erst wenige Monate zuvor eine Assessorenstelle im Reichsluftfahrtministerium Hermann Görings gefunden hatte. Das Kommando wurde Jahre danach, als nichts mehr verschleiert werden musste, durch die Verleihung des »Spanien-Kreuzes« in Bronze anerkannt. Für die Teilnahme an der »Aktion Rügen« – dies der Tarnnahme des Unternehmens – hatten ihn seine guten Spanischkenntnisse empfohlen. Seine Aufgaben entsprachen den Üblichkeiten der Feldgerichtsbarkeit. Aus den Personalakten (soweit sie noch existieren) ergibt sich nicht, dass er mit dramatischen Problemen konfrontiert war. Oder?

Sah er, als er drei Jahre später nach Paris beordert wurde, Kopien von Picassos Bild, das Guernica gewidmet war, dem »heiligen Städtchen der Basken«, in dem bei einem Angriff der »Legion Condor« mehr als eintausend und sechshundert Menschen im Bombenhagel getötet wurden, Kinder, Frauen,

Männer – der erste Terrorangriff aus der Luft, der wenige Jahre danach aufs Schrecklichste Schule machte, von Coventry bis Dresden? Picasso war von der republikanischen Regierung Spaniens, die der faschistischen Rebellenarmee zu widerstehen versuchte, der Auftrag erteilt worden, den Besuchern der Weltausstellung 1937 den Untergang von Guernica vor Augen zu führen. Das monumentale Gemälde wurde ein Meisterwerk – und ein Symbol, das sich tief ins Bewusstsein der Geschichte des Zwanzigsten Jahrhunderts geprägt hat. Ob Arletty das Bild, das solches Aufsehen erregte, damals wahrgenommen hat? Es ist anzunehmen, dass sie die Weltausstellung besichtigt hat, ihrer stets wachen Neugier folgend, da ganz Paris von der Imponier-Architektur des nazideutschen Hauses und des sowjetischen Tempels sprach, die einander konfrontiert waren – eine propagandistische Ouvertüre des Krieges, der unvermeidlich zu sein schien. Beeindruckten sie die riesenhaften Säulen der Deutschen, in denen die Handschrift Albert Speers zu erkennen war, gekrönt von einem majestätischen Adler, der dort oben thronte, als habe er Paris schon erobert? Blickte sie – wie so viele Pariserinnen – staunend und amüsiert zu dem überlebensgroßen germanischen Krieger des Bildhauers Arno Breker auf, der seinen Helden mit einem so eindrucksvollen Gemächt bestückt hatte, wenngleich in braver Ruhestellung? Breker, ein Künstler von Talent, der lange in Paris studiert und gelebt hatte, Schüler von Aristide Maillol, kehrte während des Krieges in die Stadt zurück, um sich mit einer Ausstellung feiern zu lassen, die den Verrat seiner Kunst an die Gigantonomie des Führerkultes offenbar werden ließ. Die Pariser Gesellschaft freilich zog es vor, die glatte Ästhetik seiner nackten Germaninnen zu bestaunen.

Die Gesellschaft. Arletty betrachtete sie voller Skepsis. Zum andern brauchte sie, um in ihrem Beruf Erfolg zu haben, die Aufmerksamkeit der »Großen Welt«. Im April 1936 hatte sie das Interesse der Theaterkenner und der Snobs mit einem Sketch von Jean Cocteau gewonnen: *L'Ècole des Veuves* (Die Schule der Witwen), ein Stoff, den der so vielseitig begabte und so schillernde Autor den klassischen *Matronen von Ephesus* des Petronius entliehen hatte. Noch nie, erinnerte sie sich, seien so viele Rolls Royce und Daimler und Bentley und Luxus-Peugeot an einem Theater vorgefahren. Sie spielte eine reiche und schöne und noch junge Witwe im schlicht-raffinierten Trauerkleid, das Coco Chanel entworfen hatte. Es war locker geschnitten, umhüllte sie lose und gab ihr sehr wohl Gelegenheit, wie ein Kritiker vermerkte, ihre wohlgeformten Beine »bis ziemlich weit oben« vorzuführen. Im geräumigen Grabmahl ließ sie sich (samt Zofe) vor dem Sarg des Gatten nieder, um des Hungers zu sterben, als Inbegriff der tugendhaften Witwe, ein Vorsatz, der – mit Nachhilfe der Dienerin – rasch zerstob, als sie den Friedhofswärter entdeckte, der ein hübscher Bursche war.

Der Sketch war geistreich, partiell von unwiderstehlicher Komik, doch zugleich substantieller, als es die Kritiker erwartet hatten. Der Erfolg öffnete Arletty den Zugang zu jenem Hochplateau der Kultur, auf dem Cocteau an der Seite seines Lebenspartners, des schönen Jean Marais, einherschritt – wenn er nicht, zu Clownerien aufgelegt wie so oft, hüpfend seinen Hut vor den intellektuellen Gipfeln schwenkte, die ernst und eisig auf die Menschheit herabblickten. Arletty war freilich kaum durch intellektuelle Höhenangst gefährdet. Dank ihres Bildungswillens kannte sie sich auf dem Terrain halbwegs aus. Angestrengte Abstraktionen aber blieben ihr fremd. Scharfsinn und Formulierungskunst hingegen schreckten sie nicht, im Gegenteil. Ihre Repliken waren schnell und meist voller Witz, gelegentlich von einer Prise vorstädtischer Vulgarität gewürzt. Es gab kaum eine Situation, in der sie nicht sich selbst, ihre Tischgenossen oder ein größeres Publikum zum Lachen brachte. Das verband sie mit Cocteau. Von ihrer Beziehung sagte sie, ironisch und selbstironisch, sie sei eine »päderastische Freundschaft« gewesen.

Fric-Frac, die Proletarier- und Ganovenkomödie, spielte und sang sie *en suite,* Abend für Abend, länger als ein halbes Jahr. Dann protestierten ihre überanstrengten Stimmbänder. Die Ärzte forderten eine Pause und drängten zur Operation einiger kleiner Gewächse auf den Stimmbändern. Sie entschied sich für eine Heilkur. Wenigstens ein Jahr wollte sie sich Urlaub von der Bühne gönnen. Der Theaterdirektor war einsichtig und entließ sie aus ihrem Vertrag.

Sie zog sich in ein bequemes Sanatorium im schweizerischen Crans-Montana zurück (im französischen Sprachgebiet, was den Alltag einfacher machte). Blieb sie allein? Leistete ihr eine ihrer eleganten Freundinnen Gesellschaft, eine der Kolleginnen oder der Damen aus der aristokratisch betitelten und der großbürgerlichen Welt, die ihr dem Dutzend nach zu huldigen begannen? Oder vertrieb ihr ein Galan vom Format des reichen David Mdivani die Zeit? Dieser schmucke Sohn eines georgischen Clans, der vor den Sowjets geflüchtet war, echter oder falscher Prinz, schien im Geld zu schwimmen – wie seine Brüder, von denen der eine mit der Woolworth-Erbin Barbara Hutton verheiratet war, angeblich ihr erster Gatte, Vorgänger des deutschen Tennisstars Gottfried von Cramm. Ein anderer der

Brüder hatte, wenigstens für einen »Lebensabschnitt«, das Stummfilmidol Pola Negri geehelicht. Es wurde niemals geklärt, schrieb Denis Demonpion über die Sippe, woher sie den Titel und das viele Geld hatte. Arletty war beides gleichgültig.

Sie hatte den Wundermann in Venedig kennengelernt, bei einer kleinen Lustreise mit Sacha Guitry und dessen dritter Frau. Der schöne Landsmann Stalins schaute ihr nur einmal gründlich in die Augen, und es war um sie geschehen, wie man so sagt: der (erste) »Coup de foudre«, der ihr bis ins Mark fuhr – eine physische und psychische Sensation, die sie einige Jahre später ein anderes Mal erlebte, insgesamt nur zweimal auf ihrem langen Erdenwandel, in dem es an Flirts, Liebeleien, kleinen oder größeren Passionen, an Liaisons, die sie eher bestimmte als geschehen ließ, an amourösen Freundschaften, gelegentlich auch mit Frauen, kurzum: an sogenannten Verhältnissen wahrhaftig nicht mangelte. Prinz David fand sich prompt in Paris ein – zur glanzvollen Premiere von *Fric-Frac*. Von der Leidenschaft überwältigt, zog sie noch in jener Nacht ins Hotel *Crillon*, in dem der Georgier Quartier bezogen hatte.

Den armen Jean-Pierre Dubost ließ sie ohne Erklärungen in der rue Mirabeau allein, in der sie so lange eine Art Heimat gefunden hatte. Er gab sich klaglos seiner Trauer hin. Sie behielt den Schuldschein über sechzigtausend Francs – Geld, das sie ihm zugesteckt hatte (als sie sich's leisten konnte), wenn er dem Sog einer Spielbank nicht länger widerstehen konnte und die eigenen Mittel aufgebraucht waren. Sie aber stürzte sich mit dem georgischen Märchenprinzen ins mondäne Leben, führte ihre Schiaparelli-Kreationen in den teuersten Restaurants und exklusivsten Nightclubs vor, stöckelte lächelnd in den höchsten Stiletto-Schuhchen, die das Gleichgewicht zuließ, übers spiegelnde Parkett, die kleinen Brüste (sie trug niemals einen BH) im generösen Dekolleté kaum verborgen. In *La Defense*, dem Memoiren-Bändchen, in dem sie jedes Abenteuer, jede Episode und jedes wichtige Kapitel ihres Lebens zum Aperçue verkürzte, bemerkte sie trocken, sie sei noch einmal zur Nachtschwärmerin geworden, doch »ohne einen Mann, ohne eine Frau d'esprit an meiner Seite … Die dümmste Epoche meines Lebens.« Im Rückblick fand sie es nur noch lächerlich, dass die Geiger in den Nachtlokalen bei ihrer Ankunft mit dem Prinzen (gegen schweres Trinkgeld des Georgiers, wie sie hinzufügte), die Melodie des Schlagers *Ich habe Dir mein Herz gegeben* voller Schmelz intonierten. Die Brüder Mdivani hätten allesamt nur Don Juan gespielt, sagte sie. Denis Demonpion berichtete in seiner Biographie, Arletty sei gegen Ende der Passion noch schwanger geworden. Sie hielt an ihrem Selbstversprechen fest: kein Kind. Außerdem war sie vierzig Jahre alt (man sah es ihr nicht an), in jener Epoche spät, fast zu spät für eine Geburt. Prinz David aber machte sich beim Ausbruch des Krieges unverzüglich auf den Weg in die Vereinigten Staaten. Er ließ sich in Los Angeles nieder.

Jean-Pierre Dubost, der verlässlich liebende Freund, holte sie eines Morgens einfach zurück. Sie zog die Summe: »In der Liebe kann der Respekt dahinschwinden. In der Freundschaft nicht«. Die Kur im (damals noch) stillen Crans-Montana kürzte sie ab. Ihr zweiter Beruf, das neue und weite Feld der darstellenden Kunst, in dem sie sich einen Namen zu machen begann, forderte ihre Präsenz – der Film.

Sie hatte, zunächst eher beiläufig, die Welt der bewegten Bilder schon lange erkundet; allerdings ließ sie sich erst nach der Installierung des Tonfilmes auf eine Mitwirkung ein. Der Stummfilm interessierte sie nicht. Ihre Nebenkarriere (und zunächst war es nur dies) hatte 1930 begonnen, mit einer kleinen Rolle in einem nicht allzu bedeutenden Werk mit dem eingängigen Titel: *La Douceur d'aimer.* Sie spielte eine Stenographin, spielte sie lebensecht, denn jene Arbeit kannte sie aus eigener Erfahrung. Ein Test, wie sie sagte. Sie wollte sich zunächst einmal selber auf der Leinwand sehen, und sie fand sich abscheulich.

Andere taten das nicht, denn sie wurde prompt für die weibliche Hauptrolle in einer ziemlich albernen Farce engagiert, die immerhin Gelegenheit bot, auch ihr Talent für Situationskomik zu beweisen. Ein knappes Jahr später wurde sie von der UFA eingeladen, in Berlin die französische Version eines deutschen Filmes zu drehen – damals kein unübliches Verfahren, denn die Technik der Synchronisation war noch keineswegs perfekt. Die Produzenten meinten überdies, ihre Filme hätten größeren Erfolg beim Publikum anderer Sprachgebiete, wenn sie den Film ein zweites Mal mit den dort vertrauten Schauspielern drehten. Reinhold Schünzel, der Regisseur von *La Belle Aventure,* einer turbulenten Komödie mit *happy end,* sprach ein mühsames Französisch, und es kostete ihn zuweilen eine wütende Anstrengung, den Damen und Herren aus Paris nahezubringen, was er von ihnen wollte. Er hatte übrigens ein Jahr zuvor bei der Uraufführung von Brechts *Dreigroschenoper* mitgewirkt. Sein Meisterwerk war *Viktor und Viktoria* – ein androgynes Spiel zwischen den Geschlechtern, das allerdings erst in seiner amerikanischen Version mit Julie Andrews die Welt eroberte. (Der Regisseur emigrierte 1937 in die Vereinigten Staaten, und er schlug sich mehr recht als schlecht in Hollywood durch.)

Arletty hatte Muße, die Arbeit in den UFA-Studios von Babelsberg zu beobachten, da ihr nur eine Nebenrolle zugewiesen war. Fast gleichzeitig mit der französischen wurde die deutsche Fassung gedreht: in den Hauptrollen Kate de Nagy, eine schöne und talentierte Ungarin, und Wolf Albach-Retty, der große Charmeur aus Wien, Vater von Romy Schneider, die ein halbes Jahrhundert später in Frankreich dem verlogenen Glanz ihrer »Sissy-Filme« entkam und zu einer großen Schauspielerin heranwuchs.

Berlin sei damals neben Hollywood das bedeutendste Zentrum der Filmindustrie gewesen, berichtete Arletty in ihren Erinnerungen. Sie bewunderte die Präzision der Arbeit in den Studios, in denen jede Szene minutiös vorbereitet wurde, wie es sich bei den »Königen der Ordnung« gehörte. Sie lobte aber auch die deutschen Kollegen, allen voran die hochbegabte und schöne Renate Müller, die sich 1937 das Leben nahm, nach genereller Vermutung unter dem zunehmenden Druck der Gestapo, neben ihr Lilian Harvey, Brigitte Helm, Lil Dagover. Sie erkannte durchaus die (etwas zu glatte) Attraktivität des Willy Fritsch und die knorrig-sentimentale von Hans Albers, des Nordmannes mit den strahlenden Augen. War es bei jenem Aufenthalt in Berlin oder beim nächsten im Sommer 1933, dass Arletty und ihre Kollegen an einem freien Abend die Wahl hatten, im Sportpalast eine Rede des Führers Adolf

Hitler zu erleben – oder Hans Albers auf der Bühne in einer von Max Reinhardt inszenierten Operette zu sehen? Sie warfen eine Münze: Kopf (oder Adler) der »Führer«, Zahl Hans Albers. Der Kollege gewann. Im übrigen versäumte sie 1932 nicht, das in der Dämmerung der Republik von Weimar noch einmal florierende, ja wuchernde Nachtleben der Stadt samt seinen prominenten Transvestiten-Clubs und Homosexuellenbars (für beide Geschlechter) zu inspizieren. Die Pension *Imperial* am Kurfürstendamm war dafür eine fast ideal gelegene Basis.

Bei ihrem nächsten Aufenthalt in Berlin, im Sommer 1933, waren die Nazis schon fast ein halbes Jahr an der Macht, doch sie schien von den dramatischen Veränderungen nicht allzu viel wahrzunehmen. In ihren Erinnerungen erwähnte sie weder den Reichstagsbrand, der alle Welt erregt hatte, noch die ersten, die »wilden« Konzentrationslager der SA, zumal in Berlin, deren brutale Realität nicht unbekannt blieb. Sie schien das Verbot der kommunistischen Partei nicht zur Kenntnis zu nehmen (das sie kaum bedauert hätte), nicht das Verbot der sozialdemokratischen Partei (am 22. Juni) und die Verhaftung vieler ihrer Abgeordneten, nicht die Auflösung der Gewerkschaften (mit bösem Kalkül am ersten Mai), die sie nicht gleichgültig lassen konnte, da ihr Bruder Pierre ein so stolzer »Metallo« war. Die Verfolgung der

»Sozis« vollzog sich während ihrer Dreharbeiten in Babelsberg, nicht gerade vor ihren Augen, doch in der Regel flüsterte man einander die Nachrichten zu, zumal unter Künstlern, die noch nicht unter der Knute der Nazis arbeiteten (und ein bisschen Französisch sprachen manche der Kollegen). Zählte auch dieser Vormarsch der Barbarei für sie nur zur Politik, von der sie nichts wissen wollte?

Es ist fast ausgeschlossen, dass sie nichts vom Boykott jüdischer Geschäfte am ersten April gehört hat, nichts von der beginnenden Fluchtwelle jüdischer und antinazistischer Schauspieler, Schriftsteller und Musiker, nichts von der Diffamierung jüdischer Künstler, die von den Bühnen, von den Besetzungslisten der Filme verschwanden. Sie mag dies später verdrängt haben, obwohl sie zu Hause ganz selbstverständlich mit Juden zusammenarbeitete, befreundet, mit manchen liebevoll verbunden war, nur an »Edelweiß« zu denken. Sie habe nichts von den Horrorszenen mit eigenen Augen gesehen, bemerkte sie. Das traf wohl zu. Der Terror zeigte sich selten auf offener Straße. Im Gespräch mit dem jungen Autor Christian Gilles, das sie in der Neige ihrer Jahre führte, fiel ihr schließlich ein, die jüdischen Besitzer der berühmten Pension *Imperial*, in der sie damals wohnte, seien in Gefahr gewesen, aus dem Haus gejagt zu werden – und jedes Mal, wenn die

Häscher anrückten, hätten sie die Frist der Duldung mit einer beträchtlichen Bestechungssumme verlängern können.

Sie meinte sich nun auch an eine Kundgebung Hitlers zu erinnern, die sie gemeinsam mit einem Kollegen angeschaut habe. Auf dem Studiogelände habe sie manchmal den Reichsminister Goebbels gesehen, der eine »kleine Freundin« besuchte. Die Affäre mit dem tschechischen UFA-Star Lida Baarová, die ihn fast das Amt gekostet hätte, trug sich freilich erst zwischen 1936 und 1938 zu (die junge Frau wurde nach einer Beschwerde von Magda Goebbels durch Führerbefehl aus dem Lande gejagt). Wen konnte der kleine, hinkende Propaganda-Kommandeur 1933 beglückt haben? Es erstaunte sie – dies traf gewiss zu –, die Kinder ihrer deutschen Kolleginnen, Knirpse von zehn Jahren, von den stolzen Müttern in die Uniformen der Hitlerjugend-Pimpfe gesteckt zu sehen.

Was den Film anging: Sie amüsierte sich über den Regisseur Ludwig Berger, der mit der (nach deutschen Begriffen) nicht allzu disziplinierten französischen Truppe seine Schwierigkeit hatte und sich wohl des öfteren im Tonregister irrte. Arletty nahm das nicht weiter ernst. Ihren Respekt vor den deutschen Kollegen verlor sie nicht. Und die Exkursionen nach Berlin schadeten ihrer Filmkarriere zu Hause gewiss nicht, die sie zunächst nicht allzu ernst nahm. Film, das sei das Taschengeld, sagte sie gern, kein seriös verdientes Einkommen. Das sollte sich ändern. Mit den zunehmenden Engagements wuchs auch ihre Freude am Handwerk, das sie sich, wie sie immer wieder betonte, vor allem als Zuschauerin im Kino und (*learning by doing*) im Studio aneignete. Mit dem Rang der Rollen verbesserten sich auch die Gagen. Die Kritiker wollten ihr wohl. Bei der Arbeit an dem nicht allzu bedeutenden Film *Pension Mimosa* begegnete sie Marcel Carné, damals noch Assistent, der einige Jahre später ihr Meisterregisseur und mit ihren gemeinsamen Werken ein Klassiker der Filmgeschichte werden würde. In dem rührseligen Drama, das sie damals drehte, konnte sie nicht brillieren. Aber Carné scheint ihr Spiel genau registriert und ihre Gaben erkannt zu haben. Außerdem führte der geniale Roger Robert die Kamera, der insgesamt zehn Filmen mit Arletty seine optische Handschrift gab.

Sie drehte beinahe ohne Unterlass: 1935 immerhin drei Filme (was sie nicht davon abhielt, Theater zu spielen und in Revuen aufzutreten). Nur eine der Produktionen war von Belang: *La Garçonne* nach einem Roman von Victor Margueritte, der bei seinem Erscheinen in den Zwanziger Jahren Sensation und Skandal war. Er schilderte eine junge Frau, die nach einer Enttäuschung mit allen Konventionen der Bürgerlichkeit bricht, sich ihre Geliebten selber wählt, auch Frauen, wenn ihr danach ist – kurzum eine radikale Form der Emanzipation lebt. Auch die Bühnenfassung sorgte für einigen Wirbel. Die Filmversion fiel sachter aus. Arlettys knabenhafter Charme kam der Rolle entgegen.

Die eigentliche Filmkarriere begann für sie im September 1938 mit *Hotel du Nord*, nicht das erste der großen Werke von Marcel Carné – *Quai des brumes* ging ihm unmittelbar voraus, geprägt von dem genialen Drehbuch-Autor und Dialogschreiber Jacques Prévert, den Arletty im Gang der Jahre zu verehren und zu lieben lernte. Für das Szenario und die Dialoge von *Hotel du Nord* zeichnete der ebenso talentierte, freilich härter, nicht ganz so sensibel-poetisch formulierende Henri Jeanson verantwortlich. Das Hotel, eine eher schäbige Absteige, stand am Canal Saint-Martin, in einem Pariser Quartier, das pariserischer nicht sein konnte. Ein verzweifeltes junges Paar wählt dieses heruntergekommene Etablissement, um sich zusammen aus dem Leben davonzumachen. Pierre schießt zwar die Geliebte an, doch dann überlegt er sich's anders und haut ab. Das Mädchen Renée wird gerettet. Dauergäste sind M. Edmond, von Beruf Zuhälter, und seine Anschafferin Mme. Raymonde (gleich Arletty), die auf dem »Trottoir« der Umgebung zugange ist. Ihr *maque-*

reau Edmond – der wunderbare Louis Jouvet, der für jenen Beruf fast zu intelligent wirkt – verguckt sich in Renée, den munteren Überlebensengel. Mme. Raymonde, das linke Auge blau geschlagen, die Fäuste in die Hüfte im karierten Rock gestemmt – sie wittert nichts Gutes. Bei einem seltsamen Zusammentreffen auf der kleinen eisernen Brücke über dem Kanal – Edmond trägt das Angelgerät über der Schulter, doch angezogen ist der schräge Vogel wie ein Stenz – schlägt Raymonde ihrem Macker vor, sie sollten doch miteinander nach Toulon reisen, zur Luftveränderung. »Und dann?«, will er wissen. »He, du warst nicht immer so fatalitär …« »Fatalistisch.« »Von mir aus. Kommt aufs Gleiche raus …« Ob sie denn nicht ganz glücklich seien, fragt sie. Im Parterre stritten sie sich, aber im Bett könnten sie einander alles erklären, und auf den Kissen vertrügen sie sich. Er bleibt dabei: ihm gehe die Luft aus. – In Toulon sei das bessere Klima, das Meer. – »Ich fühle mich überall beschissen.« – »Gehen wir ins Ausland. In die Kolonien!« – »Mit dir?« – »Was sonst!« – »Alors, das wäre überall das Gleiche. Ich brauche eine Veränderung der Atmosphäre, und meine Atmosphäre, das bist du …« – »Das ist das erste Mal, dass mich jemand Atmosphäre heißt! … Aber wenn ich eine Atmosphäre bin, dann bist du eine Witzfigur aus der Hinterwelt. Oh là là!.. Atmosphäre? … Atmosphäre? … Habe ich die Visage einer Atmosphäre? … Geh zum Teufel … Fisch mal schön und gute Atmosphäre! …« Damit stakst sie davon.

Sudetenkrise. Hitler drohte mit dem Einmarsch in die Tschechoslowakei. Die Dreharbeiten für *Hotel du Nord* werden abgesetzt. Der Duce, noch nicht kriegsbereit, rotiert. Am 16. September 1938 die Münchner Konferenz: Chamberlain, Daladier, Mussolini, Hitler. Prag wird gezwungen, die Sudeten-Gebiete an das Großdeutsche Reich abzutreten. Der Friede scheint noch einmal gerettet zu sein (und im Zeichen von Hitlers Triumph wurde der geplante Putsch der deutschen Generäle abgesagt). »Peace for our time!«, verkündete der Premierminister, als er in London dem Flugzeug entsteigt, wie üblich mit steifem Dreieckskragen, Melone und Regenschirm. Glaubte Sir Neville Chamberlain dem brüllenden Proleten aus Braunau, der nach Lüge stank? Der Diktator hätte lieber losgeschlagen. Der Duce war noch nicht bereit. (Er war es auch im nächsten Jahr nicht, doch der Führer nahm keine Rücksicht mehr.) Fürs Erste atmete Europa auf. *Hotel du Nord* durfte weitergedreht werden.

Nicht mehr als sechs Drehtage waren Arletty vertraglich zugesichert worden, mit 75 000 Francs nicht üppig bezahlt. Doch ihr Auftritt bestimmte den Erfolg. Bei den nächsten Angeboten änderte sich die Preiskategorie radikal. Das Wort »Atmosphäre« aber strich sie aus ihrem Vokabular, doch das änderte nichts: der Dialog von *Hotel du Nord* verwandelte Arletty über Nacht in eine Ikone. Noch drei Generationen später fällt das Wort automatisch, wenn von ihr – nicht nur unter Cineasten – die Rede ist: »Atmosphère, atmosphère!« Dann ein wehmütiger Seufzer: Ah, Arletty …, als wollte man andeuten, dass es diesen Urtypus der Pariserin nicht mehr gibt.

Die Kritiken überschlugen sich nach der Premiere (im Dezember 1938) keineswegs. Gemischte Reaktionen. Doch mancher Experte nahm wahr, dass dieser Film dank der Regie von Marcel Carné, dank des Drehbuchschreibers Henri Jeanson, dank zweier Akteure Filmgeschichte machen würde. Michel Achard in *France Soir*: »der brillanteste aller Filmdialoge … Louis Jouvet, dieser große Schauspieler … und Arletty, einfach genial«. »Arletty beweist, dass sie eine unserer größten Schauspielerinnen ist«, schrieb der Kritiker des Wochenblattes *Candide*. Die Faschisten-Zeitung *Je suis partout* ärgerte sich über den »proletarischen Argot«, aber der Rezensent fügte hinzu: »Die gute Laune des Filmes ist Sache von Mlle. Arletty, die mit einem natürlichen losen Mundwerk begabt ist …« Sie selber sagte: »Das war mein wirkliches Debüt im Kino.« Von nun an klopften die

Produzenten nahezu täglich an ihre Tür. Sie konnte die Drehbücher wählen, die eine positive Resonanz in ihr weckten. Ihre Zustimmung war garantiert, wenn Jacques Prévert das Buch und die Dialoge schrieb. Arletty träumte schon lange davon, mit diesem Autor zu arbeiten. Sie liebte den Reichtum seiner Phantasie, die zart und brutal sein konnte, seinen aufsässigen Geist, der Zeit seiner Tage gegen die Herkunft aus dem erzbürgerlichen und reichen Villenvorort Neuilly-sur-Seine rebellierte, seinen Nonkonformismus, der sich keiner Ideologie unterwarf, sein unbändiges Verlangen nach Freiheit. Der Regisseur Marcel Carné und der Autor Jacques Prévert waren ein fast unzertrennliches Team. Sie war sich gewiss: eine Kooperation mit den beiden würde ihr eine lebenslange und immer anregende Freundschaft bescheren. So kam es denn auch.

Zunächst lockte der Film *Le Jour se lève* (Der Tag erwacht) mit Jean Gabin, längst der Superstar unter den französischen Schauspielern, von einer, wie es schien, unbesiegbaren Männlichkeit, gleichviel ob er seine Persönlichkeit an robuste Gangster, Helden des Krieges oder herrische Kapitalisten auslieh, immer erstaunlich nuanciert, viril, generös und gutartig. Das Geheimnis seines Erfolgs war (nicht anders als jenes der Arletty) seine »Präsenz«, seine »Ausstrahlung«, seine rätselhafte »Magie«, der niemand widerstehen konnte, auch nicht Marlene Dietrich, dieses Genie der Erotik, der die ganz großen Rollen versagt blieben. Die Anziehungskraft der Dietrich, sagte Arletty, habe sich nicht zuletzt durch ihre Intelligenz erklärt. Die Garbo sei nur Schönheit gewesen, die Dietrich Schönheit und Kopf. Freilich verzieh Arletty ihr nicht, dass sie es sich nach der Befreiung herausnahm, am Abend des Vierzehnten Juli über dem Aufgang der Oper so urfranzösische Chansons wie *Auprès de ma Blonde* mit einem schauerlichen amerikanisch-deutschen Akzent zu schmettern.

Jean Gabin verband mit Arletty die Herkunft aus dem Milieu des Revue- und Varieté-Theaters, in dem beide ihre Karrieren begonnen hatten. Sie kannten einander seit 1926, sie nannte ihn »Gabino«. Sie hockten nach der Arbeit gern in gemütlichen Bars zusammen, und Arletty trällerte oft dieses und jenes ihrer Liedchen, aus schierem Vergnügen. Im Bildband ihrer Theater- und Film-Karriere, 1978 von Philippe Ariotti und Philippe de Comes herausgegeben (lange nach ihrem Rückzug von der Bühne und vom Film), widmete sie ihm eine Art Nachwort, das eine Huldigung war. Alles Geschwätz von seinem angeblich schlechten Charakter wischte sie beiseite: den habe er nur gespielt. Ihr habe er behutsam den Hof gemacht. Da sie Flirt und Arbeit lieber getrennt hielt, habe sie seinem Drängen auf ein Rendez-vous mit dem Hinweis auf die günstigere Zeit der Außenaufnahmen auszuweichen versucht. Er drehe niemals draußen, habe er trocken bemerkt. Dann lachten alle beide.

In ihrem Film gab Jean Gabin, wie so oft, den attraktiven Kriminellen, auf der Flucht vor der Polizei, und die Animierdame Arletty gewährte ihm Unterkunft. Sie und ihr Regisseur riskierten bei dieser Gelegenheit die erste Nacktszene im seriösen französischen Film (mehr als ein Jahrzehnt vor dem Sekundenhuscher von Hildegard Knef auf einer deutschen Leinwand). »Statt mit dem traditionellen Wein- oder Feigenblatt« habe sie die äußerste Blöße »mit einem Schwamm« bedeckt, erzählte sie hernach. Es kränkte ihre Eitelkeit, wie sie sagte, dass die Zensur des Vichy-Staates drei Jahre später die Passage aus dem Film schnitt. Sie war, zu Recht, auf ihren Körper stolz, dem vier Jahrzehnte nichts anhaben konnten (das sollte sich bis ins Alter nicht ändern), stolz auch auf ihren Mut, der nichts anderes als ein Bekenntnis zu der erotischen Freiheit war, die sie lebte, zu ihrer moralischen Selbstbestimmung, die sie niemals preisgab, erst recht nicht unter dem Druck einer Institution, ob Kirche, ob Staat oder gar politische Konjunktur.

Le Jour se lève war kein Meisterwerk, aber für sie

wurde der Film zu einem Triumph. Jacques Natanson schrieb in *Paris-Spectacle*: »Mlle. Arletty ist eine Frau. Nicht mehr, nicht weniger. Geschliffen wie ein Kieselstein von den Wasserstürzen des Lebens. Das Herz auf dem rechten Fleck. Großartig der Körper und die Seele. Schlank, biegsam, voller Feuer ... Zart und ironisch, sensuell und voller Anmut. Nach fünfzehn Jahren der Präsenz in Paris – hier (vielleicht) der Durchbruch zum Ruhm. Bravo!«

Das war keine Kritik mehr, sondern eine Liebeserklärung. Von nun an war sie die höchstbezahlte Schauspielerin Frankreichs. Sie schwamm im Geld. Ihrem Bruder Pierre wollte sie eine Automobil-Werkstatt kaufen, doch er zeigte kein Talent zum Unternehmer. So wollte sie ihm ein kleines Haus auf dem Lande schenken (wie es zu jedem französischen Bürger gehört), samt einem Garten, versteht sich, nicht weit von Paris, ein schönes Plätzchen, an dem die Familie ihre Wochenenden und ihre Ferien genießen sollte. Immerhin schaffte sie sich selber ein Luxus-Cabriolet an – ein Packard mit zwölf Zylindern, der bald genug in einer Garage in Lyon herumstand, ehe sich die Vichy-Polizei und hernach prominente Genossen der Résistance des Fahrzeugs bemächtigten. Entschädigt wurde sie nie. Aber sie bekam den verschlissenen Wagen zurück.

Am vierzehnten Juli 1939, dem Nationalfeiertag, der am Morgen mit der traditionellen Parade auf den Champs d'Élysée begann, notierte Arletty getrost: »Der Krieg entfernt sich«. In Paris schwirrten Gerüchte, düstere und hellere. Man raunte einander Vermutungen über den angeblichen Fortschritt der Geheimverhandlungen mit der Sowjetunion zu (die sich freilich schon allzu lange dahinschleppten). Der deutsche Diktator werde es nicht wagen, sagten die Kundigen, einen Zweifrontenkrieg zu beginnen, vor dem er selber in seinem monströsen Bekenntnisbuch *Mein Kampf* so eindringlich gewarnt habe. Die französischen Politiker, Kommunisten nicht ausgenommen, fielen aus allen Wolken, als anderthalb Monate später aus Moskau gemeldet wurde, die Außenminister der Sowjetunion und des Großdeutschen Reiches hätten einen Nichtangriffs- und Freundschaftspakt in Anwesenheit Stalins unterzeichnet.

In den strahlenden Sommerwochen, deren Heiterkeit jede Kriegsdrohung zu widerlegen schienen, suchten nicht nur die Franzosen, auch die Mehrheit der Deutschen Ermutigung und Trost in jeder Nachricht und in jedem Gerücht, die zu bestätigen schienen, dass der Frieden erhalten bleibe. Arletty, die für die Machenschaften der regierenden Herren dort oben kein Auge und kein Ohr und keine Geduld hatte, wollte nur hören, dass der Friede gerettet sei. Der hundertundfünfzigste Jahrestag des Sturmes auf die Bastille – die Ouvertüre der Revolution – wurde voller Stolz auf die Geschichte und zugleich mit einer seltsam arglosen Fröhlichkeit gefeiert. Gern ließ sie sich von Jean-Pierre zum Volksball auf der Place de la République begleiten. Sie scheute die Nähe der sogenannten einfachen Leute nie, unter denen sie aufgewachsen war, im Volk blieb sie zu Hause, wie erlesen die Gesellschaften auch sein mochten, die sich bei den Empfängen und Tafeleien mit ihr schmückten. Am Abend Oper, *Die Kartause von Parma* von Henri Sauguet (nach Stendhals großem Roman), danach Dîner bei Héléna Rubinstein. Am Tisch neben ihr eine faszinierende junge Frau, von knabenhafter Erscheinung wie sie selbst, der androgyne Charme noch stärker ausgeprägt als der ihre, ein klares Gesicht, die Nase schmal und leicht geschwungen, voller Mund, die Augen dunkel, lebhaft, passioniert, das Haar halblang geschnitten, kaum den schmalen Hals berührend, die Stimme »mezzo«, ihr Auftritt von unangestrengter Eleganz, dreißig Jahre alt, welt- und lebenserfahren in mancher Hinsicht. Arletty nannte sie nur »La«. Das sparte Name und Titel: Antoinette, Duchesse d'Harcourt. Später ersetzte sie das burschikose »La« manchmal durch ein etwas schräges Wortspiel: »Fleur de lit«, was mit einer Spur von Zynismus auf die erotischen Qualitäten der Freundin, aber auch auf die aristokratische Nachbarschsaft zu den »Fleurs des Lys« im Wappen des Königshauses und auf den Fahnen der Royalisten deutete.

Die Herzogin war, als sie einander bei Mme. Rubinstein begegneten, schon fast auf den Weg nach London, zu einem Ball am Hofe der Windsors. Arletty wiederum plante eine Kur in den Pyrenäen. Sie brauchte eine Pause – und die war wohlverdient. Seit Jahresbeginn hatte sie vier Filme gedreht, der letzte erschien unter dem passenden Titel *Tempête*. Sie spielte darin, wie so oft, eine Chansonière in luftiger Kostümierung, nicht viel mehr als eine Nebenrolle, die freilich dank ihrer Prominenz vom eigentlichen Star des Filmes kaum überschattet werden konnte: Erich von Stroheim, weltberühmt geworden als der stiernackige deutsche Lagerkommandant in Jean Renoirs großartigem Antikriegsfilm *La Grande Illusion* – ein gebürtiger Wiener, Abenteurer von Jugend auf, der sich in allen möglichen Berufen und Künsten versuchte, doch in den Zwanziger Jahren zu einem der talentiertesten und erfolgreichsten Regisseure Hollywoods aufstieg, freilich fürs Kalkül der Produzenten zu extravagant, darum gezwungen, sein Brot als Schauspieler in Europa (später auch wieder in Amerika) zu verdienen. Arletty glänzte in dem rasch gedrehten Film mit einem (auch für Pariser Verhältnisse) gewagten Chanson, dessen Pointe sich aus der Doppeldeutigkeit des Begriffes »hymen« im Französischen ergab: das Wort kann sowohl den physischen Unschuldsbeweis als auch die Heirat bedeuten. Nach 1945 wurde der Film wieder aufgeführt. Freilich fehlte dann auf den Plakaten der Name Arletty.

Sie hatte für ihre Kur das Städtchen Collioure bei Perpignan gewählt, das immerhin ein königliches Schloss aus dem dreizehnten Jahrhundert und eine frühbarocke Kirche aufzuweisen hatte. Sie schaute lieber den Arbeitern und Seeleuten im Fischereihafen zu, der früher die großen Maler der Moderne herbeigelockt hatte: Matisse, Derain, Picasso (der Arletty womöglich auf das sympathische Nest aufmerksam gemacht hatte). Nicht lange nach ihrer Ankunft fand sich »La« ein, die kurzerhand die königliche Einladung nach London abgesagt hatte. Die beiden logierten im *Hotel de la Balette*. Es waren ihnen verzauberte Tage und Nächte beschert, beide von einer Leidenschaft überwältigt, die – kein Zweifel – Liebe war.

Arletty mangelte es nicht an Verehrerinnen, mit

denen sie flirtete, ein bisschen spielte, vermutlich auch mehr geschehen ließ, wenn ihr danach zumute war, obwohl sie ihre Gefühle selten aus einer kühlen Aufsicht entließ, zumal wenn die Damen allzu deutlich demonstrierten, dass sie verrückt nach ihr waren – und womöglich eifersüchtig dazu. Ihre Aussagen über das Verhältnis zum eigenen Geschlecht blieben stets schillernd, nuanciert, ironisch, widersprüchlich. Homosexualität hat sie niemals schockiert, weder bei Männern, noch bei Frauen (von denen die meisten verheiratet seien, wie sie oft betonte). Es empörte sie, dass es den Frauen in Frankreich lange gesetzlich verboten war, sich in Männerkleidern zu zeigen. Aber sie erzählte auch lachend die Anekdote, eine Dame im Herrenanzug sei nach Tisch vor dem üblichen Rückzug der Männer in den Rauchersalon von einem der Gäste rüde aufgefordert worden: »Wir – wir gehen jetzt erst einmal pissen«.

Ob Homosexualität unter Männern oder Frauen – es sei nur wichtig, sagte sie, dass man sein Glück finde. Sie war sich ihrer Anziehungskraft für sensuelle und sensible Frauen durchaus bewusst. Doch sie ließ sich niemals ganz zur Frauenliebe bekehren. Wohl sagte sie später zu einem jungen Freund: »Man soll im Leben alles probieren – nicht wahr?« Aber sie sagte auch: »Alles in allem bin ich für die

Männer. Die Frauen waren kleine Zufälle.« Mit einem drastischen Bild machte sie deutlich, dass sie selber niemals eine Grenze überschritt, wenn sich die Partnerinnen dem Äußersten (oder Innersten) näherten. Sie habe wohl dies und jenes erlebt. Nicht weiter von Belang. »Doch es gab eine, die bleibt ... Antoinette d'Harcourt.«

Sommer 1939, der letzte im Frieden. Auf dem Rückweg machten die beiden Frauen Station in Albi, und sie brachten es kraft ihrer Namen und ihres Charmes zuwege, dass eigens für sie beide das Museum droben im ockergelben Schloss mit den Werken des exzentrischen Familiensprosses Henri Toulouse-Lautrec aufgeschlossen wurde.

Kurzer Aufenthalt in Paris. Arletty hatte längst den Vertrag für ihren nächsten Film in der Tasche: *Madame Sans-Gêne*, die Geschichte der kleinen Pariser Büglerin Catherine, die den verwundeten Grafen Neipperg, von den Häschern des revolutionären Terrortribunals unter der Peitsche von Robespierre und Saint-Just verfolgt, in ihren vier Wänden versteckte und gesund pflegte. Catherines Verlobter, der Sergeant Lefebvre, ließ den österreichischen Aristokraten entkommen, Der kehrte freilich zehn Jahre später nach Paris zurück: im Gefolge der Habsburger Kaisertochter Marie-Louise, die unter dem Zwang der Staatsraison (und um des Friedens willen) dem selbsternannten Imperator Napoleon als Gattin zugeführt wurde. Neippergs Retter von damals, der Sergeant, war unterdessen zum Marschall von Frankreich befördert und zum Herzog von Danzig ernannt worden: noch immer die unerschrockene Catherine an seiner Seite. Ihren Freimut und den Geist der Unabhängigkeit hatte die Herzogin nicht verloren, und man nannte sie respekt- und liebevoll *Madame Sans-Gêne* – die Frau, die sich nicht duckt.

Graf Neipperg indes wurde bei der Polizei als österreichischer Spion denunziert. Dies nahm der Kaiser, der den gut aussehenden Herrn wohl als einen Konkurrenten betrachtete, zum Anlass, ihn kurzerhand des Landes zu verweisen. Entgegen dem Befehl traf der Graf die Kaiserin noch einmal, und sie steckte ihm einen Brief an ihren Bruder, den Kaiser in Wien, zu. Doch Neipperg wurde vor der Abreise verhaftet, der Verschwörung verdächtigt und zum Tode verurteilt. Sein Leben wurde ein zweites Mal durch den Einspruch der unerschrockenen Catherine gerettet. Napoleon ließ Gnade walten und bekundete der couragierten Dame öffentlich seine Freundschaft.

Eine erhebende, vielleicht ein wenig rührselige, doch durch die geschliffenen Dialoge hübsch gewürzte Geschichte, deren späte Pointe freilich nicht mehr erzählt wurde: Nach dem Sturz Bonapartes wies der Wiener Hof der politischen Witwe Marie-Louise eine Residenz in Italien zu, und sie durfte als Haushofmeister jenen Grafen Neipperg engagieren, den Napoleon einst voller Eifersucht davongejagt hatte. Einige Jahre später – der Gatte war längst nach Sankt-Helena verbannt – kam sie mit einem Spross der Liebe nieder. Ihr ehelicher Sohn wiederum, der Graf von Reichsstatt, der im zarten Alter von sechzehn Jahren starb, fand im Dezember 1940, dank einer pathetischen, doch genau kalkulierten Geste des großdeutschen Siegers, seine letzte Ruhestätte neben dem Vater im Invalidendom von Paris. Der »Führer« suchte bei seiner gespenstischen Morgenvisite in Paris am 23. Juni, zehn Tage nach der (generell) friedlichen Besetzung der Stadt, nach der Oper und nach dem Arc de Triomphe und dem Eiffel-Turm das Grab Napoleons auf, vor dem er lange verweilte. Streifte ihn der Gedanke, dass er den grandiosen Irrtum des heimlichen Vorbildes in der Geschichte zwanghaft wiederholen und damit den eigenen Untergang heraufbeschwören könnte? Seinen Begleitern, dem Lieblings-Bildhauer Arno Breker und dem bewunderten Großarchitekten Albert Speer, verriet er nichts von seinen Gedanken.

Die Rolle der Madame Sans-Gêne war Arletty auf den Leib geschrieben, das verstand sie bei der Lektüre des Drehbuches sofort. Dem Ausbruch des Krieges eilten freilich chaotische Aufregungen voraus. Weil die Mittel nicht bereit standen und die nötigen Vorbereitungen nicht getroffen waren, verschob sich der Drehbeginn immer aufs Neue. Arletty nutzte die Chance und zog sich aus dem unruhigen Paris ein anderes Mal zu einem Kuraufenthalt in die Pyrenäen zurück: nach Salies-de-Béarn. Kurz vor dem Einfall der Wehrmacht in Polen kam sie nach Paris zurück – gerade zur rechten Zeit, um (zusammen mit seiner Mutter) den treuen Freund Jean-Pierre Dubost am Gare de l'Est zu verabschieden. Er war nach Metz einberufen worden, als einfacher Gefreiter. Rasch wurde er weiter nach Douai beordert, um den Verbindungsoffizieren zum britischen Expeditionscorps Dolmetscherdienste zu leisten. Arletty schickte ihm Paket um Paket, damit er und seine Kameraden keine der Pariser Delikatessen entbehren mussten. Weiter trieb sie ihre patriotischen Anstrengungen zunächst nicht. Es blieb dabei: sie hasste den Krieg und alles, was mit ihm zu schaffen hatte. Sie hasste es, die Büchsen mit den Gasmasken auf ihren täglichen Wegen mitzuschleppen, wie es die Regierung befohlen hatte (sie kümmerte sich nach wenigen Tagen nicht mehr um die Vorschrift).

Ganz gegen ihre Überzeugung – aber es half keine Ausrede – wurde sie mit dem Kollegen Michel Simon und dem Rest der Besetzung von *Fric-Frac* von den Propaganda-Strategen auf eine Werbe-Tournee nach Genf und Lausanne, nach Brüssel, Lüttich und Anvers geschickt. Vielleicht war dies besser, als ohne Arbeit und ohne Aufgabe in Jean-Pierres luxuriöser Wohnung zu hocken und seiner eigenwilligen Mutter die Zeit zu vertreiben. Oder sich zu illustren Diners ins Maxim bitten zu lassen. Sie reiste lieber in ihrem feudalen Packard (mit den roten Sitzen) nach Süden und später in die Alpen, weil Jean-Pierre ein paar Tage Urlaub genehmigt wurden, die er in Megève zur Erholung beim Wintersport nutzen wollte. Was sollte sie in Paris? Sie hatte sich vorgenommen, weder im Theater aufzutreten noch einen Film zu drehen, solange Krieg war. Schließlich kehrte sie dennoch zurück in die Hauptstadt: Ihr fehlten zu viele Freunde.

Die Wehrmacht hatte unterdessen – gemeinsam mit der Sowjetarmee – Polen innerhalb weniger Wochen über den Haufen gerannt, und das Nazi-Regime organisierte brutal seine erste slawische Kolonie, das sogenannte Generalgouvernement, während Stalin die riesigen ostpolnischen Gebiete, die er dank der geheimen Zusätze im Abkommen mit Hitler erbeutet hatte, mit ähnlicher Entschlossenheit einer keineswegs gewaltfreien Sowjetisierung unterwarf. In Paris hatte die Regierung Daladier die kommunistische Partei Ende September 1939 verboten, weil sich Stalin am Raubkrieg gegen Polen beteiligte und darum als Feind betrachtet wurde – eine Einordnung, die sich durch den sowjetischen Überfall auf Finnland im Winter 1939 bestätigte. Die kommunistischen Abgeordneten, die noch für die Kriegskredite gestimmt hatten, verloren ihre Sitze und damit ihre Immunität. Manche wurden in die Internierungslager gepfercht, zusammen mit deutschen und österreichischen Emigranten und keiner ganz geringen Zahl von Nazis, andere tauchten unter. Umso widerwilliger erfüllten die französischen Soldaten aus der Arbeiterschaft ihre militärische Pflicht. Dieser Krieg war, laut Weisung aus Moskau, nicht der ihre, sondern ein Machtkampf in kapitalistischer Welt. An der Front bewegte sich ohnehin nichts. *Drôle de guerre*. Die Deutschen hockten in den Bunkern des Westwalls, die Franzosen in den Forts der Maginot-Linie. Die Soldaten langweilten sich.

Arletty aber sah sich plötzlich veranlasst, an ihrem Geschick intensiver teilzunehmen, als ihr lieb war. Ein Panzer-Regiment unter dem Befehl von Kommandant Guy Warabiot bat sie, die Patenschaft für ihre Einheit zu übernehmen. Der Offizier schrieb stolz, ihr Name prange bereits in weißen Lettern auf seinem Panzer. Ihr Name, die sich als Pazifistin verstand, auf eine Maschine gepinselt, deren einzige

Funktion es war, Menschen zu töten. Keine behagliche Vorstellung für Arletty. Sie mochte keine Uniformen sehen, ausgenommen die der Feuerwehr und der Heilsarmee. Aber dem formellen Schreiben des Regimentskommandeurs folgten ungelenke Briefe der jungen Soldaten, die von ihrer Bewunderung für sie und ihre Filme erzählten, ihren Respekt für die Kunst bekannten, manche auch ihre jünglinghafte Liebe gestanden oder von ihren Sorgen, von ihren Familien, von ihren Ängsten und von ihren Hoffnungen berichteten. Wie konnte sie diesem Ansturm des Vertrauens der jungen Seelen widerstehen? Seufzend übernahm sie die Patenschaft, und sie beantwortete jeden einzelnen Brief, schickte wenigstens ihr Foto mit einer Widmung, und sie brachte Päckchen um Päckchen auf den Weg, kurz: Sie tat alles, um den armen Kerlen, die bald in den Tod geschickt würden, eine Freude zu machen.

Doch der Einladung, das Regiment (es war im Elsass stationiert) mit einem offiziellen Besuch zu beehren, wollte sie dann doch nicht folgen. Nicht auszudenken: Fotos von der Arletty, auf einen Panzer kletternd, womöglich eine Front abschreitend, ein Soldaten-Képi oder gar einen Stahlhelm über die Frisur gestülpt … Die Presse würde sich auf die Bilder stürzen. Das tat sie sich nicht an. Oft aber klopften die Urlauber ihres Regiments an ihre Tür, forsch oder schüchtern, angemeldet oder auch nicht. Sie empfing sie alle. Lud sie zum Essen ein. Hörte sich ihre Geschichten an. Die Soldaten lebten von Urlaub zu Urlaub. Was für eine Sensation für die jungen Leute: mit der schönen, der großen, von aller Welt begehrten Arletty in einem eleganten Pariser Restaurant zusammen bei Tisch gesehen zu werden. Der Alltag in den Stellungen war trist. Die Kälte fraß sich in die Knochen. Die Lehrer, die Professoren, die Studenten mit den spitzen Nasen, die Dichter, die Schriftsteller – denen ging es besser: sie lasen, sie schrieben, sie debattierten, wie wir es von Jean-Paul Sartre wissen, der unentwegt in sein Tagebuch kritzelte, mit krauser Stirn und qualmender Pfeife Gedanken zu einem philosophischen Essay notierte, den außer ihm keine Seele verstehen würde, wenigstens keiner der Kameraden. Wenn er nicht schrieb, korrigierte er das Romanmanuskript seiner Partnerin Simone de Beauvoir. Die Maler malten, wenn sie eine Leinwand, Farbe und einen Pinsel beschaffen konnten, oder sie warfen mit Bleistift Skizzen aufs Papier. Und die Musiker – es fand sich immer ein Akkordeon, ein Klavier, eine Gitarre, und immer gab es willige Zuhörer. Musiker waren gut gelitten. Man hielt sie mit Zigaretten oder einer Flasche besseren Weines bei Laune.

Im April 1940 landete ein englisch-französisches

Expeditionscorps im nordnorwegischen Hafen Narvik, um die Kriegsindustrie des Reiches von den nordschwedischen Eisenerzgruben abzuschneiden. Die alliierte Streitmacht wurde innerhalb weniger Tage von den Stuka-Piloten, den Marine-Soldaten, den Gebirgsjägern des General Dietl besiegt. Am zehnten Mai 1940 brach die Sturmflut der feldgrauen Divisionen über Holland, Luxemburg, Belgien und Nordfrankreich herein. Hitler und seine Chefgehilfen hatten nicht die geringsten Skrupel, die Neutralität Hollands, Belgiens, Luxemburgs und damit das Völkerrecht wie ein lästiges Hindernis beiseitezufegen, um die Front der Franzosen von Norden her aufzubrechen, wo sie von keinem Bunker der Maginot-Linie geschützt war. Der Feldzugsplan stammte von dem Strategen General von Manstein. Die deutschen Truppen überwanden innerhalb zweier Tage das Ardennen-Gebirge, das als eine natürliche Abwehrmauer gegolten hatte, sie nahmen Sedan ein, und sie bedrohten Verdun von Nordwesten, die Festung, vor der im Ersten Krieg, den die Franzosen noch immer »den Großen« nennen, hunderttausende in den Stahlgewittern (von denen Ernst Jünger schrieb) so elend verreckt waren oder zu Krüppeln geschossen wurden. Die Deutschen bemächtigten sich der Stadt nahezu kampflos. Ein junger französischer Offizier erinnerte sich ein halbes Jahrhundert später voller Trauer an die düstere Lage: »Wir saßen in den Resten der Schützengräben aus dem Ersten Weltkrieg. Ich spüre noch immer die Scham, die wir empfanden: Hier hatten unsere Väter lange Monate um jeden Fußbreit Erde gekämpft. Wir aber wurden aufgefordert, nach Nancy weiterzumarschieren – und erst dort erfuhren wir, dass wir Gefangene waren …«

Die deutschen Panzerdivisionen hätten, ohne auf allzu starken Widerstand zu stoßen, nach Paris durchbrechen können, doch sie rollten nach Westen, und innerhalb weniger Tage hatten sie das britische Expeditionscorps samt den ihnen zugeordneten französischen Truppen abgeriegelt. Die Briten begannen, sich einzuschiffen. Es war ein Rätsel: Die Deutschen ließen ihnen Zeit. Man raunte hernach in Berlin, Hitler habe die Engländer schonen wollen, weil er hoffte, dass sie am Ende doch bereit sein würden, Frieden zu machen. Sie sollten das Dritte Reich als die Führungsmacht auf dem Kontinent bestätigen und dem Diktator freie Hand für den erträumten »Raumgewinn« in den Weiten des sowjetischen Imperiums lassen – Großbritannien sollte, dies die Gegenleistung, sein Weltreich wenigstens partiell behaupten dürfen. Wenn das tatsächlich die Spekulation Adolf Hitlers war, den sein Propagandaminister als den »größten Feldherrn aller Zeiten«

feierte (Gröfaz im Volksmund) – dann erlag er einer naiven Illusion. Er hatte nicht mit dem neuen Premierminister in London gerechnet. Winston Churchill war entschlossen, vor dem Vernichtungswillen des braunen Tyrannen keinen Schritt zurückzuweichen, wie groß die Opfer auch sein würden, die er seinem Volk auferlegte. Immerhin gelang es, dank der Mobilisierung jedes Kutters, der eine Handvoll Männer befördern konnte, an die zweihunderttausend britische und nahezu einhunderttausend französische Soldaten über den Kanal zu retten – eine gewaltige Leistung, die einzig große, die den Alliierten in jenem Unglücksjahr gelang.

Der neue Oberkommandeur der Streitkräfte Frankreichs, General Maxime Weygand (auch er schon ein älterer Herr), versuchte in aller Hast, Paris durch eine Sicherungslinie zu schützen. Vergebens. Der Strom der Flüchtlinge aus Belgien und dem Norden Frankreichs, der alle Straßen verstopfte, lähmte jede Truppenbewegung. Die Deutschen hielt das Chaos der Evakuierung nicht auf. Der Schrecken ihrer Stukas, die wie Höllenhunde der Erde entgegenstürzten, bahnten den Panzern und Truppentransportern den Weg durch die Kolonnen der Zivilisten, die sich nur Meter für Meter voranquälten, gleichviel ob mit Automobilen, Pferdewagen oder, wie die Mehrzahl, zu Fuß, ihre hochbeladenen Leiterwagen selber schiebend. Die Maschinen mit dem Balkenkreuz jagten sie in die Straßengräben. Und die versprengten Truppen dazu.

Unterdessen hatte der resolutere Paul Reynaud, der Mann mit dem schlauen Fuchsgesicht, den so oft zögernden Daladier als Premierminister abgelöst. Der greise Marschall Petain, durch den Sieg in Verdun zu einer legendären Erscheinung verklärt, trat als Vizepremier ins Kabinett ein. Der Alte begriff sofort, was ein erfahrener Militär nicht länger übersehen konnte: dass die Streitkräfte Frankreichs im Begriff waren, sich aufzulösen. Hunderttausende der führungslosen Poilus suchten, wenn die Formulierung erlaubt ist, Zuflucht in der Gefangenschaft. Sie hatten Hunger, sie hatten Durst, sie hatten auf ihren ziellosen Märschen kaum je geschlafen. Die Deutschen aber waren der Kapitulationswelle in Wahrheit nicht gewachsen. Sie sammelten die Waffen und ließen die Kolonnen des Elends fast ohne Bewachung ins Hinterland der Operationen ziehen.

In Montmirail, einem Städtchen an der Marne – als Schauplatz des »Wunders an der Marne« im Sommer 1914 in leuchtender Erinnerung aller Patrioten – sah der Reservehauptmann Ernst Jünger zehntausend Gefangene passieren, die sich mühselig voranschleppten, müde, ausgehungert, durstig, hoffnungslos. Im Ort hatten die Deutschen ein Lebensmittellager gefunden. Jünger ließ Zwieback und Fleischbüchsen »in ein Dickicht von ausgestreckten Händen« verteilen, auch Flaschen mit Cidre. Da sich der Zug nicht aufhalten ließ, hatte nach seinem Eindruck nur jeder Zwanzigste die Chance, eine der lebensrettenden Gaben an sich zu reißen. Am Schluss der Jammerparade, die sich über zwei Stunden hinzog, entdeckte Jünger eine Gruppe von älteren Offizieren, manche ergraut, Orden aus dem Ersten Weltkrieg an der Jacke (der deutsche Hauptmann trug vermutlich, wie fast immer, seinen Pour le Mérite). Er lud die Veteranen ein, sich in seinem Quartier zu erholen und mit ihm zu speisen. Gewaschen und erfrischt setzten sie sich im Garten zusammen an einen großen Tisch. Seine Ordonanzen servierten eine kräftige Suppe und einen Braten, schenkten Wein aus (an dem es nirgendwo mangelte). Hernach fand in der Schule jeder ein Lager für die Nacht. Am Morgen stellte Jünger einen leeren Munitionswagen zur Verfügung, der ihnen den mühseligen Weitermarsch wenigstens eine Wegstrecke lang ersparte. Sie dankten dem deutschen Hauptmann für seine ritterliche Hilfe. Später konnten sie die Szene in der französischen Übersetzung des Tagebuches unter dem Titel *Jardins et routes* (Gärten und Straßen) nachlesen, erschienen 1942 bei der renommierten Librairie Plon. Es muss freilich hinzugefügt werden, dass die Deutschen durchaus nicht immer ein solches Bild der Zivilisiertheit boten. Wann immer sie auf Einheiten schwarzer Kolonialsoldaten stießen, schossen sie ohne Erbarmen nieder, wer ihnen vors Gewehr kam. Sie wollten die Afrikaner nicht als Gefangene haben – und wenn ihnen nichts anderes übrig blieb, behandelten sie die armen Burschen eher wie Vieh und nicht wie Menschen. Dieser Urrassismus hatte sich tief in die Seelen gefressen (wie man aus der deutschen Kolonialgeschichte – zumal in Deutsch-Südwest-Afrika – leider genug weiß).

Am zehnten Juni erklärte die Regierung Paris zur offenen Stadt. Zugleich entschloss sie sich, nach einer Abschiedsandacht in Notre-Dame, zum Rückzug nach Tours, dem ersten Ausweichquartier. Die Zeitungen stellten ihr Erscheinen ein. Vermutlich folgte das Gros der Journalisten der Regierung, den Mitgliedern der Nationalversammlung und des Senats. Nach den Aufzeichnungen einer Sekretärin des Innenministers sollten 59 Spezialzüge bereitstehen, um über 45 000 Menschen und mehr als siebentausend Tonnen Archivmaterial aufzunehmen. Von einem Eisenbahntransport war am Tag des Aufbruchs keine Rede mehr. Die Minister und ihr Tross machten sich in Autobussen, in Dienst- und Privatwagen auf den Weg – den knapp zwei Millionen Pariser Bürgern nur wenig voraus, die nach dem Aufbruch der Regierung von einer plötzlichen Panik überwältigt wurden und sich Hals über Kopf zur Flucht entschlossen. Insgesamt hatten acht bis zehn Millionen Franzosen Heim und Haus und Hof (samt dem brüllenden Vieh) verlassen.

Le Monde zitierte in seiner Serie zur siebzigjährigen Wiederkehr der düsteren Ereignisse im Sommer 1940 den emigrierten russischen Schriftsteller Victor Serge, der in seinen Memoiren von einer »tierischen Angst« sprach, die sich der Menschen bemächtigt und sie zum Exodus gezwungen habe. Die Bürger sahen im Auszug der Regierung ein Signal, dass die Stadt verteidigt werden sollte, im schlimmsten Fall »mit allen Mitteln«, wie es Premierminister Reynaud noch am sechzehnten Mai angekündigt hatte. Die Pariser wollten nicht das Geschick von Warschau erleiden (und erst recht nicht, das von Stalingrad vorwegnehmen). Es war ein böser Fehler, Paris erst am dreizehnten Juni zur »offenen Stadt« zu erklären. Obendrein wurde die Nachricht den Bürgern nur durchs Radio und durch Maueranschläge übermittelt – Zeitungen gab es, wie hier notiert, seit drei Tagen nicht mehr.

Die Familien aus den Elitevierteln, dem sechsten und siebenten, dem fünfzehnten, dem sechzehnten Arrondissement hatten sich längst mit ihren schweren Wagen nach Süden davongemacht, um den

Sturm in ihren Landhäusern vorüberziehen zu lassen. Nun drängten die Massen der kleinen Bürger, selbst der Arbeiterschaft zum Aufbruch, hasteten zu hunderttausenden den Flüchtlingsheeren aus dem Norden hinterher, die sich seit Tagen durch die Stadt schleppten. Die Pariser luden Koffer und Kartons mit dem Wichtigsten (oft auch dem Unwichtigen), vor allem aber ihr Bettzeug auf die Fahrräder – für die meisten das einzige Transportmittel. Der Strom aber stockte schon in den Vororten, wälzte sich nur Schritt für Schritt weiter. Weinende, schreiende Kinder. Alte, die schon nach der ersten Nacht unterwegs ihre Angehörigen baten, man möge sie liegen lassen oder in die Stadt zurückbringen.

In der Tat kehrten Tausende um, während die ersten Kradmelder der deutschen Vorhut in der Morgendämmerung des vierzehnten Juni über die ausgestorbenen Plätze von Paris ratterten. Die Avantgarde besetzte den Gare de l'Est und den Gare de l'Ouest, noch ehe die Verhandlungen über die Regeln der Okkupation abgeschlossen waren. Die Truppen drangen nicht in eine Gespensterstadt vor, doch manche Quartiere schienen halb ausgestorben. Die deutsche Führung hatte mit Erleichterung zur Kenntnis genommen, dass Paris nicht verteidigt werden sollte, dass es damit von der Zerstörung durch die Bomben der Stukas, die unvermeidlichen Brände, das Granatfeuer der Panzer, die Verheerungen des Häuserkampfes verschont bleibe – und der Wehrmacht böse Verluste erspart würden. Es lag nicht im Interesse der Deutschen, mit der Verantwortung für die Verwüstung der Stadt belastet zu werden, die von der zivilisierten Menschheit als ein Wunderwerk betrachtet wurde. (Erst 1944 wünschte der »Führer«, der die Schönheit von Paris bei seiner kurzen Morgenvisite im Sommer 1940 fast schwärmerisch bewundert hatte, die Vernichtung der Stadt. Sie sollte, wie ganz Europa, ihm in den Untergang vorausgehen. Seinem Befehl wurde vom letzten deutschen Kommandeur der Gehorsam verweigert).

Damals, im Juni 1940 hatte die militärische Führung ihre Truppen, unter Androhung scharfer Strafen, auf strenge Disziplin eingeschworen: keine willkürlichen Übergriffe, keine Gewalt gegen friedfertige Bürger, vor allem nicht gegen Frauen und Kinder, keine Plünderungen, keine Eroberungsbarbareien, kein arrogantes Siegergebaren. Gouvernantenhafte Instruktionen des Oberbefehlshabers des Heeres, Marschall Walther von Brauchitsch, schärften den Soldaten bis ins alltägliche Detail ein, wie sie sich zu verhalten hatten. In der Öffentlichkeit durfte nicht geraucht werden, die Kragen der Uniformjacken mussten geschlossen bleiben, Baden in der Seine war verboten, es sollte im Freien nicht getanzt werden, die Verkehrsregeln waren strikt zu beachten (Halt bei Rotlicht!), kein Fahrzeug durfte in der Stadt das Tempolimit von vierzig Stundenkilometern überschreiten, in der Nacht waren nur zwanzig erlaubt, es durften keine pornographischen Magazine gekauft, in den Restaurants nicht mehr als drei Gerichte bestellt werden, und es waren – das entsprach nicht nur der verbohrten Gesinnung der Nazis, sondern auch den gängigen Vorurteilen der deutsch-nationalen Militärs – Lokale zu meiden, in denen Juden und Neger verkehrten. Insgesamt freilich wurde die Mahnung zu ordentlichem Verhalten respektiert, auch wenn sich die Soldaten angesichts der Anweisungen wie Schüler eines Pietisten- oder eines Jesuiteninternats vor dem Stadtausgang fühlen mochten.

Auch die Generäle hielten sich an den Befehl zur Zurückhaltung, selbst als der erste deutsche Unterhändler vor der Übergabe der Hauptstadt von einem Fanatiker durch Schüsse verletzt wurde. Der zweite, so wurde den französischen Militärs durch das Radio gemeldet, werde Punkt fünf Uhr früh im Vorort Sarcelles zur Stelle sein. Er überbrachte die Forderung einer strikten Überwachung des Verzichts auf jeden Waffengebrauch, des Schutzes der Brücken, der Wasser- und Elektrizitätsversorgung, der Telefon-Anlagen, einer Garantie von Ruhe und Ord-

nung durch die Polizei; außerdem die Anweisung, dass sich der Polizeipräfekt und der Präfekt des Seine-Departements Schlag elf beim kommandierenden General im Hotel Crillon zu melden hätten. Bogislav von Studnitz, der Kommandeur, schien aus einem Karikaturenbuch der wilhelminischen Epoche zu stammen: »Monokel, gepflegtes Bärtchen, untadelige Haltung, ganz wie ein Kavallerie-Offizier alter Schule«. »Garantieren Sie die Aufrechterhaltung der Ordnung?«, fragte der General den Polizei-Präfekten ohne Umstand. »Ja, ich garantiere sie, wenn man mich meine Aufgabe ohne Einmischung erfüllen lässt.« Exzellenz von Studnitz nach einer kleinen Pause: »Wenn Ordnung herrscht und wenn die Sicherheit meiner Truppe nicht gefährdet ist, werden Sie nichts weiter von mir hören.« Rasch wurden einige Details geregelt: Die Bevölkerung durfte sich in der Stadt frei bewegen. Ausgangssperre ab 21 Uhr (sie wurde wenig später auf 22 Uhr, schließlich auf 23 Uhr und zu gewissen Zeiten bis zur Mitternacht verschoben). Jeden Tag eine kurze Konferenz der beiden Präfekten mit dem deutschen Stabschef. Ende der Besprechung. Militärisch korrekter Abschied.

Die Pariser zeigten sich zunächst reserviert. Sie wichen den Blicken der Soldaten aus. Ein deutscher Schriftsteller beschrieb Paris in diesen ersten Tagen als eine »Stadt ohne Augen«. Doch selten begegneten die Invasoren offenem Hass. »Boches«, das traditionelle Hohn- und Scheltwort für die Deutschen, verschwand nicht aus dem Vokabular der Franzosen, doch es wurde oft durch die gutartigeren Formeln vom »Fritz« oder »Fridolin« oder »Frisé« ersetzt. Die Verzweiflung der Zurückgebliebenen über die drohenden Jahre »unter dem Stiefel der Deutschen« hielt sich in Grenzen. Der Chefchirurg des Amerikanischen Hospitals in Neuilly, eine renommierte Klinik bis zum heutigen Tag, setzte seinem Leben durch eine Strychnin-Spritze ein Ende, weiß der Himmel warum. Insgesamt wurde der Selbstmord von fünfzehn erbitterten Patrioten registriert. Über dem Arc de Triomphe flatterte eine riesige Hakenkreuzflagge. Die sterblichen Überreste des Unbekannten Soldaten, der an dem gigantischen Tor seine (vermeintlich) letzte Ruhestätte gefunden hatte, waren auf Befehl der Regierung evakuiert worden. Und die Ewige Flamme? Die kriegsversehrten Veteranen, deren Beruf es war, das Feuer zu hüten, wollten es am Abend des ersten Tages der Besetzung erlöschen lassen. Doch sie überlegten es sich anders, als ein deutscher General im Gebet vor dem Symbol des Gedenkens an die Toten kniete. Die Ehrenwache übernahmen deutsche Soldaten – auch das eine wohlbedachte Geste.

Überraschend schnell normalisierte sich der Pariser Alltag. Zwei Linien der Metro funktionierten. Die Cafétiers stellten ihre Tische und Stühle wieder aufs Trottoir. Die ersten Geschäfte öffneten die Läden – und die deutschen Soldaten kauften, was das Zeug hielt, Köstlichkeiten und Schundsouvenirs. Die teuren Parfums waren bald genug ausverkauft. Bis Ende Juli nahm ein Viertel der gut vierhundert Kinos der Stadt die Vorführungen wieder auf (davon waren die größten zunächst für die Deutschen reserviert), in sieben der fünfundvierzig Theater und Varietés regte sich Leben und vierzig der Nachtclubs empfingen die alten oder die neuen Gäste. Dafür standen auf einer Liste der schrägen Restaurants und der verdächtigen Bars, die deutsche Soldaten zu meiden hatten, dreihundert Namen. Eine Liste mit dreißig hygienisch überwachten und damit empfohlenen Bordellen folgte wenig später, die besten den Offizieren vorbehalten. Gilles Perrault berichtete in seinem großen Bildband über das besetzte Paris, Le Chabanais, der renommierteste Puff der Stadt, habe schon am Tage nach dem Einzug der Sieger ein Schild an die Tür gehängt: »Das Haus wird von 15.00 Uhr an geöffnet sein«.

Die Regierung war noch kaum auf dem Weg, als am Nachmittag des elften Juni der unerschrockene britische Premierminister Winston Churchill auf dem kleinen Flugfeld bei Briar landete, um mit seinen französischen Kollegen zu konferieren. General Weygand, der Oberkommandierende, entwarf ein düsteres Bild der Lage. Als Churchill die Frage stellte, ob und wie die Fortsetzung des Krieges möglich sei, wurde er von Premierminister Reynaud scharf unterbrochen: Dafür sei nicht das Militär, sondern die Regierung zuständig. Churchill, auf eine Entspannung der Atmosphäre bedacht, bemerkte generös: Wenn es Frankreich für das Beste halte, dass seine Armee kapituliere, brauche es auf Großbritannien keine Rücksicht nehmen. Aber sein Land werde weiterkämpfen, was auch geschehe. Die Bitte, sämtliche Luftstreitkräfte seines Landes nach Frankreich zu verlegen, lehnte er ab. Großbritannien brauche fünfundzwanzig Jagdstaffeln zu seiner eigenen Verteidigung. Eine Einigung scheiterte. Churchill flog anderntags zurück. Der interne Kampf zwischen der militärischen Führung und der Regierung Frankreichs wurde erbittert fortgesetzt. Reynaud zu Weygand und Petain: »Sie halten Hitler für Wilhelm I., den alten Herrn, der uns das Elsass und Lothringen nahm. Aber Hitler ist Dschingis-Kahn« – so berichtete der Amerikaner William Shirer in seinem großen Werk über den Zusammenbruch der Dritten Republik (das 1969 erschien).

General Charles de Gaulle, in der Regierung Reynaud zum Unterstaatssekretär im Verteidigungsministerium avanciert (womit seine strategische Weitsicht belohnt wurde), versuchte bei einem späten Nachtmahl, den Regierungschef zum Rückzug in die Bretagne zu überreden, die sich leicht verteidigen lasse. Daran zweifelten die anderen Militärs.

Anderntags, am dreizehnten Juni, fand sich Winston Churchill von neuem ein, dieses Mal auf dem – von Bomben umgepflügten – Flugplatz von Tours, wo die Mehrzahl der Minister unterdessen angelangt war. Der Premierminister, von Lord Halifax und Lord Beaverbrook begleitet, musste vom Kommandeur des Flugplatzes einen Wagen erbitten, um nach Tours zu gelangen. Reynaud stellte, verklausuliert, die Frage, ob Großbritannien in dieser verzweifelten Lage einem Sonderfrieden Frankreichs mit den Deutschen zustimmen werde. Auf keinen Fall, beschied ihn der britische Regierungschef. Man einigte sich auf einen gemeinsamen Appell an Franklin Roosevelt, er möge den Kongress zum raschen Eintritt in den Krieg und zur sofortigen Lieferung von Waffen bewegen. Jeder wusste, dass der Präsident der Vereinigten Staaten nicht in der Lage war, diese Bitten zu erfüllen. Ein Aufschub, mehr nicht. Es verbesserte die Stimmung keineswegs, dass Generalissimus Weygand das Gerücht verbreitete, die Kommunisten seien im Begriff, die Herrschaft in

Paris an sich zu reißen – ihr Chef Maurice Thorez setze sich im Elysée fest. Das war schierer Unsinn, wie rasche Telefonate mit dem Polizeipräfekten ergaben. (Thorez befand sich überdies seit dem Herbst des Vorjahres in Moskau.) Im Kabinett wilde Hahnenkämpfe zwischen den Militärs und den Ministern. Der Streit setzte sich nach der Ankunft in Bordeaux fort. General de Gaulle mahnte in einer privaten Unterhaltung den Ministerpräsidenten noch einmal: kein Waffenstillstand! Der Regierungschef müsse sofort nach Algerien aufbrechen (das dem französischen Mutterland zugeordnet war). Reynaud versprach es. Er selbst (de Gaulle) werde unverzüglich via Bretagne nach London aufbrechen, um von dort aus die englische Transporthilfe organisieren. Er fuhr in der Nacht davon, zunächst mit dem Wagen, dann brachte ihn ein Zerstörer hinüber zur Insel. Am sechzehnten Juni meldete sich de Gaulle aus der britischen Hauptstadt und verlangte den Regierungschef: er habe eine dringende Botschaft Churchill mitzuteilen. Dann diktierte er dem Ministerpräsidenten Wort für Wort in die Feder, dass in diesem schicksalhaften Augenblick der Geschichte die Regierungen des Vereinigten Königreiches und der Französischen Republik ihre unauflösbare Union proklamieren … Frankreich und Großbritannien sollten »nicht länger zwei Nationen sein«, sondern zusammen »eine französisch-britische Union bilden«. Jeder Bürger Frankreichs trete unverzüglich in den Genuss der Bürgerrechte Großbritanniens, jeder britische Untertan werde Bürger von Frankreich. Ein gemeinsames Kabinett werde die Führung des Krieges übernehmen. Die beiden Parlamente würden vereinigt: »Und so werden wir siegen.«

Dann reichte de Gaulle das Telefon an Churchill weiter. Der Premierminister war sich sofort mit Reynaud einig, dass mit dieser Deklaration einer dramatischen Wende der europäischen Geschichte die Krise überwunden werde. Sie verabredeten, sich am folgenden Tag vor der bretonischen Küste zu treffen, um die Union zu verkünden.

De Gaulle flog mit einer Ausfertigung der Erklärung nach Bordeaux. Das ungewöhnliche Dokument, das eine Europäische Union für die beiden Hauptnationen im Westen vorausnahm, war ein gemeinsames Werk der beiden Mitglieder der französischen Wirtschaftskommission in London: Jean Monnet, der zum Gründervater der Vereinigung Europas werden sollte, und seines Verbündeten René Pleven, der die Europäische Verteidigungsunion aus der Taufe heben wollte. Überdies wirkte der Botschafter Frankreichs mit. Sie hatten den Coup mit Sir Robert Vansittart, dem Chefberater des Außenministers, und mit dem Sekretär Winston Churchills besprochen. De Gaulle erschien der Gedanke zunächst zu kühn. Doch er ließ sich überzeugen – und ihm gelang es, bei einem gemeinsamen Mittagessen die Zustimmung Churchills zu gewinnen. Das Zusammenwirken dieser Persönlichkeiten, die hernach so viel voneinander entfernen sollte, zumal in Sachen Europa, mag wahrhaftig von der Ironie der Geschichte zeugen. In Bordeaux freilich war niemand auf diesen visionären Vorschlag gefasst. Als Reynaud dem Kabinett die Proklamation vorlas, begegnete er einem eisigen Schweigen. Es wurde durch die Erklärung eines minderen Ministers gebrochen, der behauptete, die Union würde Frankreich »auf den Status eines Dominions herabwürdigen«. Weygand maulte, die Annahme des Vorschlags versetze Frankreich in den »Stand eines Vasallen«. Nach dem Urteil William Shirers hätte das Projekt eine bessere Aufnahme gefunden, wenn es von Churchill vier Tage früher in Briar präsentiert worden wäre. Reynaud verlor nach dieser Zurückweisung allen Mut. Er bat um seine Entlassung. Zum Nachfolger wurde, wie vorauszusehen, der greise Marschall Petain ernannt.

Am achtzehnten Juni sandte der Marschall ein Ersuchen um Waffenruhe an den deutschen Oberbefehlshaber. Winston Churchill aber erlaubte dem jungen General de Gaulle, der erst seit wenigen Wochen im Besitz dieses Ranges war, über die BBC seinen Durchhalteappell zu verlesen: das wahre Frankreich kapituliere nicht. Nicht der Krieg, nur eine Schlacht sei verloren. Charles de Gaulle fand damals nur wenige Zuhörer. Dennoch, er proklamierte die Existenz eines anderen Frankreich, für ihn das wahre und das einzige. Die historische Bedeutung des Aufrufs begriff die Mehrheit seiner Landsleute erst vier Jahre später, als er ins befreite Paris Einzug hielt.

Die Stäbe der Regierung Petain waren von Bordeaux schon weitergezogen nach Pau nahe der spanischen Grenze. Doch einige der Minister und Generäle zogen es vor, im Hafen von Bordeaux ein Schiff zu besteigen, das sie nach London bringen sollte.

Und Arletty? Sie dürfte dem Flüchtlingsstrom mit ihrem Packard wohl weit voraus gewesen sein. Hatte sie das kleine Briefchen mit dem Datum des 29. Mai 1940 von Kommandant Warabiot, dem Chef ihrer Patentruppe, noch in Paris erreicht, in dem er meldete: »Unsere Moral bleibt ausgezeichnet. Ihr Bataillon steht solide auf seinem Posten … Wir denken viel an Sie …« In einem ihrer Erinnerungsbücher erwähnte sie, dass sie fast drei Wochen später in

Bordeaux am Quai gestanden habe, als die Minister, die Staatssekretäre, die Militärs an der Reling ihres Schiffes auf die Abfahrt warteten. Mancher habe sie erkannt. Doch keiner habe ihr zugewinkt oder ihr zu verstehen gegeben, dass sie nach London mitkommen möge, eine Kabine werde sich finden. Sie reiste freilich auch nicht mit dem Marschall und seiner Regierung nach Vichy. Was sollte sie dort?

Die Anmerkung über die versäumte Flucht nach London erklärt sich als ironische Notwehr. Sie wäre gewiss nicht mitgekommen, auch wenn man sie eingeladen hätte. In späteren Jahren, wenn man ihr die Beziehung zu einem Offizier der Besatzungsmacht vorwarf, hob sie gern die Schultern und antwortete, sie habe die deutsche Armee nicht ins Land gelassen.

Am 30. Juni schickte ihr Kommandant Warabiot einen geradezu offiziell formulierten Abschlussbericht: »... nach schrecklichen Kämpfen, in denen wir dem Gegner eins zu zehn unterlegen waren, bleibt das 1. Bataillon, das Ihre, ... unbesiegt. Bis zum letzten Tag sind wir dem Feind erhobenen Hauptes gegenübergetreten – in tragischen Situationen, in denen ich nicht damit gerechnet habe, am Leben zu bleiben ... Mein Panzer, der Ihren Namen trägt, wurde von einer Granate getroffen ... Die Besatzung entkam dem Tod wie durch ein Wunder, ohne Zweifel, … weil Sie uns beschützt haben. … Viele der unseren, Offiziere, Unteroffiziere und Jäger, sind auf den Schlachtfeldern zwischen Somme und Loire gefallen, doch die Ehre ist gerettet, und wir können … im Bewusstsein heimkehren, dass wir unsere Pflicht bis zum Letzten erfüllt haben … Sie haben das Recht, auf uns stolz zu sein.« Was sollte sie darauf antworten. Sie vermerkte lakonisch, der Kommandant sei erst 1944 nach Paris zurückgekehrt. Als General. Sie habe nie mehr von ihm gehört.

Madame Sans-Gêne rettet die Lage

In der Nacht vom 13. auf den 14. Juni 1940 fand sich auf dem Luftwaffenstützpunkt Staaken im Norden von Berlin ein halbes Dutzend Männer im – wie man so sagt – besten Alter zusammen. Ihr Chef Dr. Otto Abetz vom Auswärtigen Amt hatte die Gefährten kurz zuvor aus dem Schlaf gescheucht: »Es ist so weit!«, hatte er ihnen durchs Telefon zugerufen. Einer von ihnen, der Jurist Friedrich Grimm, ließ sich nicht wecken. Auch als das Auto, das ihn abholen sollte, vor der Haustür stand, rührte er sich trotz des stürmischen Klingelns nicht. Er selber berichtete, Revolverschüsse hätten ihn schließlich aus dem Schlaf gerissen. Wer schoss? Vermutlich Otto Abetz selber, für den es eine neue Erfahrung war, eine Waffe zu tragen. Im Hochgefühl des Augenblicks vergaß er vielleicht für einen Augenblick, dass es in den bürgerlichen Quartieren der Hauptstadt nicht üblich war, im schieren Übermut durch die Nacht zu knallen. Der Revolver schmeichelte dem Ego des Mannes, für den der Status eines Diplomaten noch neu war. Gegenüber den Lockungen der Eitelkeit war er ohnedies nicht allzu resistent (wie es bei Intellektuellen eben so ist). In jener grauen Frühe aber frohlockte sein Selbstgefühl: Dies war, so empfand er es, der Beginn seiner großen Mission – der Tag, an dem sich sein Lebensauftrag zu erfüllen schien.

Dr. Grimm, der so jäh aus dem Schlaf gerissen worden war, teilte sich die gehobene Stimmung nicht mit, denn der Arme litt unter Flugangst, zumal angesichts der kleinen Maschine, die sie befördern sollte. Am ehesten mochte sich der Legationssekretär Ernst Achenbach, mit seinen dreißig Jahren der jüngste in der Mannschaft, von Abetz' blendender Laune anstecken lassen, ein ehrgeiziger Überflieger im diplomatischen Dienst. Der bedächtige Rudolf Schleier, einst Leiter der Landesgruppe Frankreich in der Auslandsorganisation der NSDAP, neigte kaum zur Euphorie. Eher Karl Epting, lange Jahre Vertreter des Deutschen Akademischen Austausch-Dienstes in Paris: ein gebildeter, alles in allem bodenstämmig wirkender Alemanne, den später die Bitterkeit seiner Lebenserfahrung allzu grämlich zeichnen und seine Gesinnung grundkonservativ prägen würde. Schließlich Friedrich Sieburg: wahrhaftig ein Intellektueller, der sich mit den großen Geistern Europas messen konnte – und, eitel wie er war, auch gern messen ließ, ein Poet, der sich als weltmännischer Journalist elegant durchs Leben schrieb, ironisch, zuweilen selbstironisch, immer von Melancholien bedroht, trotz seiner Erfolge und trotz des Ruhmes, der seit der Publikation des großen Essays *Gott in Frankreich?* vom Autor dieses Schlüsselbuchs der Epoche nicht mehr gewichen war. Der *Frankfurter Zeitung* hatte er kurz nach Ausbruch des Krieges den Rücken gekehrt – aus Gründen, die niemand so recht durchschaute – und bei der deutschen Gesandtschaft in Brüssel die Aufgabe übernommen, die französische Szene, mit der er so eng vertraut war, aus der Nachbarschaft zu beobachten.

Alle sechs Mitglieder der Gruppe galten als Anwälte der deutsch-französischen Verständigung, die sie auch im Zeichen des totalitären Nazi-Regimes für möglich hielten – als Element der sogenannten *Neuen europäischen Ordnung* des »Führers«, in der Frankreich eine wichtige und würdige Funktion zugewiesen werden sollte, wenngleich als Macht zweiten Ranges. Glaubten sie es tatsächlich – oder gaben sie nur vor, es zu glauben? Keiner von ihnen, Rudolf Schleier ausgenommen, war ein geeichter Nationalsozialist (Otto Abetz hatte erst an Silvester 1937 einen Antrag für die Aufnahme in die Partei gestellt und seitdem immerhin einen erstaunlichen Aufstieg in den SS-Ehrenrängen registrieren dürfen). Nationalisten, das waren sie gewiss, obschon unterschiedlich nuanciert, doch keiner knarrend schwarz-weiß-rot und hinter der Welt zu Hause. Sie alle meinten, eine friedliche Koexistenz des deutschen und des französischen Nationalismus müsse möglich sein –

vorausgesetzt, die Vormacht des Dritten Reiches werde niemals in Frage gestellt. Otto Abetz war von der katholischen Jugendbewegung geformt (was er später aus Gründen der Opportunität heftig bestritt), seit dem Studium und den Jahren als Lehrer dem Austausch und der Zusammenarbeit junger Menschen in Frankreich und Deutschland verpflichtet; eine Aufgabe, der er nach der »Machtergreifung« recht unbekümmert im Umfeld der Reichsjugendführung weiterdiente. Er war mit einer Französin verheiratet: der einstigen Sekretärin von Jean Luchaire, eines prominenten Journalisten, den man als einen Avantgardisten, zugleich als eine Art Ausbeuter der deutsch-französischen Verständigung betrachten konnte. Auch dank dieser familiären Bindung fühlte sich Abetz in Paris fast so zu Hause wie in Berlin. Ein virtuoser Beziehungsknüpfer, dessen Qualitäten der »Dienststelle Ribbentrop«, dem Konkurrenz-Unternehmen der Partei für das Auswärtige Amt, höchst willkommen waren. Ohne langes Fackeln zog man ihn aus dem Kreis um Baldur von Schirach herüber. Nachdem Ribbentrop das Ziel seiner Ambitionen erreicht und das Reichsaußenministerium erobert hatte, gewann auch Abetz den Status eines Diplomaten – ein Trost für die Schmach, die ihm durch die Ausweisung aus Frankreich kurz vor dem Beginn des Krieges angetan worden war.

Nun würde er als ein (eher friedfertiger) Bote der Siegermacht nach Paris zurückkehren, nicht allzu laut, doch unübersehbar und unüberhörbar triumphierend. Die kleine Luftwaffenmaschine, im Tiefflug von Böen geschüttelt, landete auf einem Flugfeld in den belgischen Ardennen, nicht weit von Ribbentrops »Feldquartier« in einem luxuriösen Schlosshotel. Dort wurde Abetz die Weisung zuteil, unverzüglich die Pariser Botschaft im klassizistischen Palais Beauharnais in der rue de Lille zu besetzen und sich beim Militärbefehlshaber als »Bevollmächtigter des Auswärtigen Amtes« zu präsentieren.

In der Frühe des 15. Juni machte sich der Trupp in zwei Wehrmachtswagen auf den Weg. Nach der Schilderung von Roland Ray (in seiner Arbeit über »Otto Abetz und die deutsche Frankreichpolitik«) passierte die seltsame Delegation bedrückende Zeugnisse der mörderischen Kämpfe auf dem Vormarsch der Wehrmacht: frische Gräber, ausgebrannte Panzer, halb zerstörte Dörfer, verlassene Höfe, verreckte Pferde, brüllendes Vieh. Friedrich Sieburg, der sensible Literat, hatte den Ersten Weltkrieg als blutjunger Soldat auf den Schlachtfeldern an der Somme erlebt (ehe er sich, seinem elitären Lebensgefühl gemäß, zur Jagdfliegerei meldete). Was mochte nun in ihm vorgehen? Spürte er eine späte Genugtuung? Zugleich Trauer über das Land, das er liebte? Trauer auch über die Demütigung eines einstigen Gegners, dem er – bis auf die rätselhafte Entgleisung einer nazistischen Rede während der Besatzungsjahre – niemals den Respekt versagte? Sieburg hat, leider, keine Aufzeichnung über diese Gespensterreise hinterlassen. Trugen die Herren Uniform? Eine schlichtere Version des Paradekostüms, das den deutschen Diplomaten nach den Anweisungen ihres neuen Oberherrn von Ribbentrop geschneidert wurde – von fern an die schmucke Feierkleidung der französischen Präfekten erinnernd? Mussten sie nicht aus Gründen der Sicherheit schon auf den ersten Blick als Bedienstete des Reiches kenntlich sein?

Einen Tag zuvor, am 14. Juni, war Paris von der Wehrmacht besetzt worden. Dies war noch kein Ende des Krieges, denn die französische Armee kämpfte weiter, wenigstens partiell. Der Waffenstillstand, um den Marschall Petain schließlich bat, trat erst am 22. Juni in Kraft. Aber schon am Nachmittag des 15. Juni traf der politische Vertreter des Reiches mit seinen Gehilfen in der Hauptstadt ein. (Die Szene fand knapp fünf Jahre später, bei der Ankunft der »Gruppe Ulbricht« aus Moskau, Wochen vor der deutschen Kapitulation, eine seltsame Entsprechung.)

Im Botschaftspalais hielt sich nur ein Dolmetscher auf, der das Haus im Auftrag des schwedischen Geschäftsträgers hütete (da seinem Land die Vertretung der deutschen Interessen anvertraut worden war). Im *Ritz* aßen die Herrn zu Abend – wo sonst? Vielleicht am selben Tisch, von dem der eine oder andere von ihnen ein dreiviertel Jahr zuvor aufgestanden war, nicht ohne ein angemessenes Trinkgeld unter die Serviette zu schieben? Wo legten sie ihr Haupt nieder? Auch im *Ritz*? Oder, um sicherer zu schlafen, doch lieber in der Botschaft, die über einige Gästezimmer verfügte?

Das Palais Beauharnais belebte sich rasch. Aus Berlin fanden sich die Mitglieder des Stabes ein, der eine Botschaft brauchte, auch wenn sie keine war, sondern eine Außenstelle des Ministeriums ohne klar definierte Aufgaben, dem Kommandeur der Militärverwaltung zugeordnet, in Wahrheit zunächst vor allem propagandistischen Unternehmen dienend. Erst nach der Gründung des Vichy-Staates unter Marschall Petain avancierte sie zur offiziellen Vertretung des Reiches bei der Vasallen-Republik (die nicht so genannt werden durfte und sich auch nicht als solche empfand).

Daneben etablierte sich wenig später die »Propaganda-Abteilung« des machtbewussten »Reichsministers für Volksaufklärung und Propaganda«, die – laut Roland Ray – mit der Botschaft »in einem verbissenen Stellvertreterkrieg um das Prävenire in der Manipulation der öffentlichen Meinung Frankreichs« stritt. Die Mitglieder der »Propaganda-Staffel« (es waren schließlich mehr als zweihundert) quartierten sich im Hotel *Majestic* ein, das die Militärverwaltung als offiziellen Sitz ihrer Heerschar von administrativen Experten okkupierte. Abetz, der das französische Pressecorps genauer kannte als jeder andere der deutschen Emissäre, lenkte die Gründung neuer Zeitungen und Zeitschriften im Dienste der »Collaboration«, die damals noch, auch von der Mehrheit der Franzosen, eher als ein positiver Begriff, keinesfalls als ein Schmachwort empfunden wurde. Die Propaganda-Staffel hingegen war für die Literatur, das Theater, den Film verantwortlich. Ihr bedeutendster Kopf: der Leutnant und »Sonderführer« Gerhard Heller, der im Oktober 1940 nach Paris geholt wurde – alles in allem ein Glücksfall als Verantwortlicher für das Feld einer Kultur, die – er wusste es wohl – nur ohne Gängelung, ohne chronische Überwachung, ohne Furcht vor der Obrigkeit gedeihen konnte. Er tat sein Bestes, wie ihm viele französische Autoren bescheinigten, den Raum geistiger Bewegungsfreiheit so weit zu dehnen, wie es die deprimierenden Umstände erlaubten. Wenige Jahre zuvor war er von Karl Epting in ein Lektorenamt in Frankreich berufen worden. Epting, sein einstiger Chef, verschaffte sich als Leiter des »Deutschen

Kulturinstitutes« ein eigenes Wirkungsfeld, in dem er glanzvolle Konzerte (zum Beispiel der Berliner Philharmoniker), große Ausstellungen, zum Teil recht hochkarätige Vorträge zu arrangieren vermochte, zunächst unter den Auspizien der Botschaft, hernach der Propaganda-Abteilung angegliedert.

Ohne zu großes Aufsehen, zunächst eher geräuschlos, nistete sich der »Sicherheitsdienst« (SD) des »Reichführers SS« in Paris ein – und mit ihm die Gestapo, die unverzüglich mit der Entrechtung und Verfolgung der französischen Juden begannen, später gestützt auf die »Judengesetze« von Vichy, die partiell schärfer formuliert waren als die Weisungen der deutschen Terrorfunktionäre. Sie sorgten – von den Militärbefehlshabern und ihren Gehilfen in der Regel nicht mit Beifall überschüttert, aber selten ernsthaft behindert – für die Verbannung der Juden aus den öffentlichen Ämtern, für ihre Entfernung von allen wirtschaftlich und finanziell verantwortlichen Aufgaben, ob in der Industrie oder den Banken, für die Vertreibung jüdischer Künstler aus den Theatern, den Opernhäusern, den Filmproduktionen, für den Rückzug jüdischer Intellektueller aus den Universitäten, der Presse, den Verlagen, bald genug für die Schließung jüdischer Geschäfte, die Enteignung jüdischen Besitzes (zumal von Kunstwerken), die Vorbereitung der Deportationen und damit des Mordes. Für jede dieser kriminellen Aktionen fanden sie bei den französischen Behörden und bei der Polizei »willige Helfer«. Denunziationen schienen – die noch immer verschlossenen Dossiers würden es bezeugen – eine Art von Nationalsport zu sein. Zugleich aber bewiesen viele Franzosen eine weltkluge Art der Solidarität (dies kann nicht oft genug gesagt werden), der es zu danken war, dass etwa drei Viertel der jüdischen Bürger der Deportation und damit dem Tod entgingen – mehr als in jedem anderen besetzten Land, Dänemark ausgenommen, entschieden mehr als im angeblich so widerständigen Holland. Nach den Forschungen von Serge Klarsfeld starben etwa 76 000 in den deutschen Vernichtungslagern, etwa 3000 hinter französischem Stacheldraht, etwa 1000 wurden erschossen. Doch 240 000 konnten ihr Leben retten. Viele Juden brachten es zuwege, wenngleich getarnt, in ihren Berufen weiterzuwirken, zumal im Umkreis der Wissenshaften, der Literatur und – wie man sehen wird – in der Filmindustrie.

Das Nebeneinander und Gegeneinander so vieler Autoritäten und so unterschiedlicher Machtansprüche mit ihren konkurrierenden Interessen, den Überschneidungen der Zuständigkeiten, dem Kompetenzgerangel, den Hahnenkämpfen der Chefs und Unterchefs samt ihren lähmenden Intrigen – das besetzte Paris war als Schauplatz der Rivalitäten keine Ausnahme, sondern eine Bestätigung der Überorganisation und Desorganisation des Führerstaates, wie sie bis zu einem gewissen Grad durchaus dem Willen des Diktators entsprachen, der seine Satrapen mit dem klassischen Prinzip des *divide et impera* in Schach hielt. Im eroberten Frankreich freilich trieben die paralysierenden Deformationen der Macht ihre üppigsten Blüten. Im Vergleich mit der Mobilisierung des Widerstandswillens der britischen Demokratie, zu der Winston Churchill die Bürger des Inselreiches so erfolgreich zu überreden vermochte, bewies die Diktatur eine erstaunliche Ineffizienz, die der »Führerwille« nur durch entschlossene Aggression und die alles zermalmende Energie seiner Vernichtungsmaschine aufzubrechen vermochte. Der so viel gerühmte deutsche Organisationsgeist bewährte sich in den Blitzkriegen und in der Zähmung des Chaos und der Not zum Beispiel nach der Massenbombardierung der Städte. Sonst produzierte er vor allem bürokratischen Umstand, der eine Art Selbstmord in Zeitlupe war.

In Paris wucherten die Rivalitäten ins Groteske. Neben den Machtzentren SD, Militär und Abetz-Stab plusterte sich die Pariser Parteivertretung der NSDAP zu einer Art Nebenbotschaft auf – ein fragwürdiges Aktionsfeld für den philosophierenden Wirrkopf Alfred Rosenberg, den der »Führer« mit dem Titel eines »Leiters des außenpolitischen Amtes der NSDAP« als drittes oder viertes Element der nazistischen Aktivitäten außerhalb der Reichsgrenzen installiert hatte. Er konkurrierte in Paris mit den Kunstraubkommandos des Reichsmarschalls Hermann Göring. Rosenbergs »Einsatzstab« konfiszierte (laut Roland Ray) über zwanzigtausend Gemälde, Skulpturen, antike Möbel, Gobelins. Trotz dieser eindrucksvollen Beute operierte die Räubertruppe nicht so erfolgreich wie die Konkurrenz im Solde des Reichsmarschalls. Vor allem war der Parteiideologe nicht so hemmungslos auf seine persönliche Bereicherung bedacht wie der offizielle Stellvertreter des Diktators, bis 1942 oder 1943 der mächtigste Mann nach dem »Führer«, dessen Position freilich im Gang der Jahre durch die Niederlagen seiner Luftwaffe, durch ihr Versagen im Bombenkrieg und als strategische Waffe in Russland mehr und mehr geschwächt wurde.

Görings Aufmerksamkeit richtete sich nach dem Blitzkrieg vor allem auf die französische Industrie, die er als oberster Wirtschaftskommandeur des Reiches – solange er es tatsächlich war – dem Dienst an der deutschen Rüstung zu unterwerfen versuchte. Einstweilen war das Prestige seiner Luftwaffe, dank des schrecklichen Triumphes der »Stukas«, noch ungebrochen. Ihre Geschwader waren nach dem Ende der Kämpfe in Frankreich beauftragt, durch die Eroberung der »Lufthoheit« über Großbritannien die Invasion der Wehrmacht vorzubereiten (die Hitler freilich nur zögernd betrieb, noch immer auf eine Schonung der »artverwandten« Engländer bedacht, zugleich mehr und mehr von seiner Vision der Eroberung imperialen »Lebensraumes« in den Weiten der Sowjetunion behext).

Die Luftwaffe installierte im Sommer 1940, mit Hilfe ganzer Regimenter von französischen Arbeitskräften, im Norden des eroberten Landes eine Kette von Flugstützpunkten, von denen die Jäger- und Bomberstaffeln Tag und Nacht zu ihren Angriffen auf Großbritannien starteten. In Paris richteten sich, unter dem Befehl des Generals Hanesse, die Luftwaffenstäbe ein. Im Juli meldete sich ein (fast noch) junger Offizier zum Dienst, vielleicht sogar an seinem Geburtstag, am 23. Juli, an dem er 32 Jahre alt wurde. Hans Jürgen Soehring sprach ein glänzendes Französisch. Er wirkte, trotz der Uniform, eher zivil, ein gut aussehender Mann mit klar geschnittenen Zügen. Später hätte man vielleicht von ihm gesagt, er sei der Typ eines verfeinerten Curd Jürgens, der übrigens nur sieben Jahre jünger war. Kein »normannischer Kleiderschrank«, doch immerhin fast ein Meter achtzig groß, und man sah ihm an, dass sein Körper trainiert war. In seinem Auftreten von lässiger Eleganz. Ein Weltmann. Oder doch einer, der sich in der Welt umgesehen hat.

Sein Lebenslauf, der gewiss mit seiner Akte vom Oberkommando herübergeschickt wurde, vermerkte als Geburtsort Konstantinopel. Sein Vater, der dem diplomatischen Dienst des Kaiserreiches zugehörte, kümmerte sich damals um die deutschen Bildungseinrichtungen in der Hauptstadt der Ottomanen. Soehring selber deutete nach dem Krieg in einer Erzählung an, er habe Armenisch mit seiner »Ama« (dem Kindermädchen) gesprochen, Türkisch mit dem »Kawassen« (dem Hausdiener) und Griechisch mit der Köchin. Außerdem Deutsch und Französisch und Englisch. Die Leute hätten gesagt, das sei ein Wunderkind. Es kann (zu seinem Glück) festgestellt werden, dass sich das Wunderhafte im Gang der Jahre verlor.

In Konstantinopel drückte Hans Jürgen die erste Schulbank, die nächste in Deutschland. Er wurde in die Kadetten-Anstalt von Köslin in Hinterpommern gesteckt – nein, nicht die noble in Berlin-Lichterfelde, der sich hernach die »SS-Leibstandarte Adolf Hitler« bemächtigte, sondern in ein bescheideneres Schwesterinstitut, das nach der Revolution zur »Staatlichen Bildungsanstalt« degradiert wurde. Als der Vater – nun im Dienste der Republik von Weimar – eine Stelle bei der Gesandtschaft in Bern übernahm, schickte er den Sohn hinauf nach Davos in ein Internat mit dem etwas pompösen Titel »Fridericianum«. In Berlin bestand er schließlich, im Jahre 1927, das Abitur. Danach Studium der Rechts- und Staatswissenschaften, zunächst in Leipzig und Berlin. Was sonst? Jung-Soehring strebte, nach dem Vorbild des Vaters zum diplomatischen Dienst, für den das Jura-Studium in jener Epoche die Voraussetzung war. Doch es lag nahe, dass der künftige Repräsentant des Deutschen Reiches einige Semester im Ausland absolvierte, um Sprachen zu lernen (was seinen Talenten entgegenkam), vorzugsweise Französisch, zunächst in Grenoble, dann in Clermont-Ferrand. Der Aufenthalt im Herzen der Auvergne zählte viel – aber das konnte er damals nicht ahnen. Schließlich Paris.

So kurz nach dem Großen Krieg (wie die Franzosen den Ersten Weltkrieg nannten) mag es für einen jungen Deutschen nicht ganz einfach gewesen sein, bei den Begegnungen mit den älteren Bürgern keine Ressentiments auf sich zu ziehen, Freunde unter den gleichaltrigen Landeskindern zu gewinnen, sich so selbstverständlich und so natürlich zu geben, wie es ihm zumute war. Sein Taktgefühl, seine von Kind auf geübte Gewohnheit, sich in einer fremden Umgebung zurechtzufinden, sein Charme und seine Sprachbegabung halfen ihm im Ungang mit jungen (und nicht ganz so jungen) Damen. In London hörte er an der School of Economics und am High Court in Liverpool gewann er Einblick in die Besonderheiten des angelsächsischen Strafrechts.

Kiel, die graue Provinzstadt, mag nach Paris und London ein Schock gewesen sein. Soehring wählte den einstigen Haupthafen der kaiserlichen Kriegsmarine, in dem es beklemmend still geworden war, weil an der jungen Universität Walter Schücking sein Institut für Internationales Recht unterhielt, auf das sich der (halbwegs) strebsame junge Mann spezialisieren wollte, natürlich im Hinblick auf die geplante diplomatische Karriere. In Kiel legte er 1932 sein erstes juristisches Staatsexamen ab, und er wurde danach, wie es der Regel entsprach, in den juristischen Vorbereitungsdienst aufgenommen.

Doch schon Anfang 1933 ließ er sich beurlauben – ein Zusammenhang mit der »Machtergreifung« der Nazis ist nicht sichtbar –, um seine Eltern in Chile zu besuchen; der Vater amtierte als Konsul in Valparaíso. Soehring junior ließ sich Zeit für die Reise. Er machte auf einigen karibischen Inseln Station, streifte durch Mittelamerika, hielt sich in Peru auf. Während des Aufenthaltes bei den Eltern nutzte er die Chance, den Verantwortlichen der Deutschen Handelskammer in Valparaíso einige Wochen lang zur Hand zu gehen. Danach volontierte er in der Anwaltskanzlei Lewis & Hermosilia in Santiago de Chile. Auf der Rückreise sah er sich in Argentinien,

Uruguay und Brasilien um. Insgesamt war er zehn Monate unterwegs.

Wer sich so viel in der Welt herumtrieb, galt als ein bunter Vogel. Könnte dies der Grund gewesen sein (es wäre absurd), warum 1933 seine erste Bewerbung um die Aufnahme in den diplomatischen Dienst erfolglos blieb? Hatte er sich dem Verdacht eines gewissen Mangels an Seriosität ausgesetzt? Oder störte die Herren der Personalabteilung die Mittelmäßigkeit seiner Prüfungsresultate? Wollte man ihm zeigen, dass es im Auswärtigen Amt keine Erbansprüche gebe? Hatte der Vater Feinde, und man ließ den Sohn dafür büßen? Hans Jürgen Soehring versuchte die herbe Niederlage durch ein Manöver der politischen und (wie man damals sagte) »weltanschaulichen« Anpassung aufzufangen, den Blick nach vorn, auf eine neue Bewerbung gerichtet. Er trat in einen »Motor-Sturm« der SS ein. Der Sonderclub galt, wie die »Reiter-SS«, als eine quasi gesellschaftsfähige Truppe des Regimes, die sich von den Rabaukenhaufen der SA durch eine gewisse Exklusivität unterschied und darum seine Mitglieder in den sogenannten gehobenen Kreisen rekrutierte. (In einem späteren Lebenslauf – von Hand geschrieben – verwendete Soehring für das ominöse Kürzel SS die Runenschrift, die man im Umkreis des »Reichsführers« für altgermanisch hielt.) Sein Versuch, auch Parteigenosse zu werden, scheiterte (zunächst) an der Aufnahmesperre, mit der sich die Führung des Massenansturms der Opportunisten zu erwehren zu müssen meinte. Dafür schloss er sich dem Verband der Juristen an, der als »NS-Rechtswahrer-Bund« firmierte.

Nach einem Jahr entzog er sich ein zweites Mal der Routine des Vorbereitungsdienstes, in dem er zum Amtsgericht Wyk auf der Insel Föhr, ans Landgericht I in Berlin, zur dortigen Staatsanwaltschaft und in die Praxis des Rechtsanwaltes und Notars Dr. Dix kommandiert worden war. Offensichtlich behagte ihm das Milieu der zivilen deutschen Justiz nicht allzu sehr. Er bat um Urlaub, um freiwilligen Wehrdienst zu leisten – in Potsdam, wie sich fast von selbst verstand, freilich nicht im mythisch verklärten Infanterie-Regiment 6, in dem die Söhne des preußischen Adels und der großen Familien Berlins dienten, sondern im Kavallerie-Regiment 4, das als nicht ganz so edel galt, doch immer noch zur gehobenen Klasse der Reichswehr und der jungen Wehrmacht zählte. Vor seinem Engagement beim Militär kündigte er seine Mitgliedschaft in der »Motor-SS« (der er nur ein halbes Jahr zugehörte): so verlangten es die Regeln der Streitkräfte. Offensichtlich gefiel ihm der Dienst. Er trug sich mit dem Gedanken, Berufsoffizier zu werden. Dies sei aus materiellen Gründen nicht möglich gewesen, bemerkte er hernach. Es mag sein, dass man damals noch von den angehenden Offizieren der Kavallerie erwartete, dass sie nicht nur für ihre (maßgeschneiderten) Uniformen aufkämen, sondern auch ein eigenes Pferd zu stellen hatten. Wie immer sich dies verhielt: Soehring wurde nach einem Jahr als Gefreiter und Reserveoffiziersanwärter entlassen. Ein Jahr später, im Oktober 1936, bestand er die Große Juristische Staatsprüfung, allerdings nur mit dem bescheidenen Prädikat »befriedigend«.

War das der Personalabteilung des Auswärtigen Amtes nicht genug? Man weiß es nicht. Die Akten aus jenen Jahren existieren nicht mehr. In einem Lebenslauf, den er im März 1951 in Buenos Aires aufsetzte, gab er an, er sei das eine wie das andere Mal zurückgewiesen worden, weil er weder der NSDAP noch einer ihrer Gliederungen angehörte. So ganz stimmte das nicht. Seiner kurzen Mitgliedschaft in der SS konnte oder wollte er sich nicht entsinnen. Ein Beamter der in Bonn wieder erstandenen (Berliner) »Wilhelm-Straße« bemerkte dazu, auch 1936 seien noch manche Kandidaten, die nicht Mitglied der Nazi-Partei waren, in den Diplomatischen Dienst aufgenommen worden. Soehring führte sein Bewerbungsgespräch in jenem Jahr mit dem Freiherrn von Grünau, der zwanzig Jahre danach, inzwischen ein alter Herr geworden, sich zu erinnern meinte, dass der junge Mann ein wenig zu selbstbewusst, ja »angeberisch« aufgetreten sei – so, als sei ihm die Laufbahn des Vaters zu Kopf gestiegen. Man darf vermuten, dass Soehring, der sich in der Welt wohl ein wenig besser auskannte als der herablassende Herr, seinen Ärger nicht verbergen konnte und mit gereizter Schärfe reagierte.

Der unfreundliche Bescheid des Freiherrn von Grün wurde von anderen Mitgliedern des diplomatischen Dienstes, die den jungen Soehring kannten, mit großer Entschiedenheit korrigiert: selbstsicher sei er gewesen, »arrogant« gewiss nicht. Es blieb natürlich nicht unbemerkt, dass er die beiden Staatsexamina nur mit einem »befriedigend« passiert hatte – ein Prüfungsgenie war er nicht.

Was immer der Grund für die Ablehnung gewesen sein mag: Er entschloss sich, sein Glück in der Privatindustrie zu versuchen und volontierte bei den Vereinigten Stahlwerken in Düsseldorf. Man stellte ihm in Aussicht, dass er in einer der Übersee-Filialen beschäftigt werden könnte (vermutlich in Latein-Amerika). Dazu kam es nicht. Soehring wurde 1937 ein zweites Mal einberufen (die Wehrdienstzeit war unterdessen auf zwei Jahre erhöht worden). Auf eigenen Antrag wurde er der Rechtsabteilung des Oberkommandos der Luftwaffe zugeteilt, als »Kriegsrichter auf Probe«. (Da sein Wunsch ohne Aufenthalt erfüllt wurde, darf man vermuten, dass er über Beziehungen höheren Ortes verfügte.) Im August jenes Jahres schickten ihn die Chefs zur Legion Condor nach Spanien. Die Wahl fiel auf ihn, trotz seines Mangels an Erfahrung, weil er die Landessprache beherrschte. Seine Aufgaben entsprachen den Üblichkeiten der Militärjustiz. Er hatte über besonders gravierende Fälle von Disziplinverletzungen, mit denen die Kompetenz der Truppenoffiziere überschritten wurde, zu richten. Die dürftigen Personalakten geben keinerlei Hinweise auf außerordentliche »Vorkommnisse«. Aber es stellte sich ein besonderes Problem: Die Soldaten, die er zu betreuen und zu beaufsichtigen hatte, gerieten in eine hilflose Lage, wenn es zu Hause rechtliche Schwierigkeiten gab: die Schweigepflicht, die ihnen als Mitglieder der (völkerrechtlich illegalen) Legion Condor auferlegt war, hinderte sie, ihre Abwesenheit durch einen Hinweis auf das Auslandskommando zu begründen. Soehrings Aufgabe war es, Auswege aus jenem Dilemma zu finden und, wenn ein Gerichtstermin anstand, durch die Kollegen in Berlin für ein Moratorium zu sorgen.

Es fügt sich ins Bild, dass der »Kriegsrichter auf Probe« am Jahresende die Aufnahme in die Partei beantragte. Er meinte, laut Protokoll eines Gespräches im Auswärtigen Amt, er sei während einer »Beamtenschulung« in Bad Tölz 1938 veranlasst worden, sich als Anwärter der NSDAP einzuschreiben: eine

Mitgliedskarte habe er niemals erhalten und auch nie einen Beitrag bezahlt. Die Einträge im Parteiarchiv des »Document Center« (nun zum Bundesarchiv gehörend) geben eine andere Auskunft. Seine Mitgliedschaft datierte in der Tat aus dem Jahr 1937. Flunkereien waren, was das Verhalten im Dritten Reich anging, in den ersten Jahrzehnten nach der Götterdämmerung leider völlig üblich. Die Wahrheit wurde beschönigt oder, wie man von manchen Patent-Antifaschisten weiß, aus dem Bewusstsein gedrängt. Dennoch, ein Nazi war Soehring nicht, auch wenn ihm alle Zeugnisse seiner militärischen Laufbahn eine »einwandfreie nationalsozialistische Gesinnung« attestierten. Das gehörte zur Routine. Er leistete zum anderen keinen Widerstand. Auch im Kreis von Freunden erlaubte er sich kritische Bemerkungen über das Regime, seine Mängel, seine Verbrechen nur mit Vorsicht. Alles in allem: Er gehorchte, wie Millionen andere, dem Gesetz des Opportunen – ausgenommen die Angelegenheiten des Herzens.

Nach Deutschland zurückgekehrt, setzte er seinen »Probedienst« bei den Luftwaffengerichten in München und Nürnberg fort, wurde im August 1938 zum »Beamten auf Widerruf« ernannt und schon einige Monate später zum »Kriegsgerichtsrat« befördert (und das hieß: zum Beamten auf Lebenszeit).

Versetzung nach Berlin. Nach dem Einfall in Polen Richter bei der siebten Fliegerdivision, einer Truppe von Fallschirmjägern. Danach drei Monate beim »Luftgaugericht« in Posen und schließlich Stationierung auf dem Flugplatz von Warschau-Okezie. In einem Bericht über seine Verwendung im Kriege – ohne Zweifel für die Personalabteilung des Auswärtigen Amtes geschrieben – betonte er, dass es seine Aufgabe war, den »teilweise schweren Übergriffen deutscher Luftwaffenangehöriger gegen die Zivilbevölkerung durch sofortiges richterliches Eingreifen zu begegnen«. Keine einfache Aufgabe, das ist gewiss. Sie mag ihm besonders am Herzen gelegen haben, weil seine katholische Mutter, die den Mädchennamen Miadowicz trug, wenigstens partiell polnischer Herkunft war. Die Wehrmachtsarchive geben keine Auskunft über die Verfahren, die er angestrengt hat. Es steht dahin, ob ihm auch nur begrenzte Erfolge beschieden waren. Ihm konnte nicht verborgen bleiben, dass die deutschen Soldaten von Beginn dazu angehalten wurden, die Polen als ein Volk zweiter oder dritter Klasse zu behandeln. Mit den ersten Massenmorden an den Juden warteten die SS-Einheiten noch nicht einmal bis zum Ende der Kämpfe, und es ist kein Geheimnis, dass die Pogrom-Wut auch einige Einheiten der Wehrmacht angesteckt hat. Die Proteste des tapferen

Wehrmachtskommandeurs Generaloberst von Blaskowitz blieben ohne Wirkung.

Noch aus Warschau datierte eine Anzeige Hans Jürgen Soehrings über seine bevorstehende »Vermählung mit Frl. Eva Gorgass, Tochter des verstorbenen Architekten Herrn Paul Gorgass und seiner Frau Gemahlin Antonie, geb. Schramm«. Der »Heiratserlaubnisschein« des Reichsministeriums der Luftfahrt wurde am zweiten März 1940 ausgefertigt, die Eheschließung am vierten März beim Standesamt in Magdeburg-Altstadt vollzogen. Die Braut war drei Jahre jünger als Soehring, evangelischer Konfession wie er – mehr weiß man nicht von ihr. Aus Hinweisen in einem – zum Teil – autobiographisch bestimmten Roman darf man schließen, dass die Familie der Dame, die nun seine Gattin war, vermögend gewesen zu sein schien, doch der geistige Austausch eher dürftig. (Hätte er das, wenn es denn zutraf, nicht ein bisschen früher merken können?) Wie auch immer: die Verbindung erwies sich als ein Irrtum. Das Scheidungsurteil (das freilich erst im November 1941 erging) stellte laut Aussage der klagenden Ehefrau fest, die Parteien lebten seit dem zehnten Juni 1940 getrennt (das hieß, dass sie noch vor der Ankunft Soehrings in Paris auseinandergingen), dass der »Beklagte keine tieferen Gefühle« für die Angetraute aufbringe und ihr ohne Grund seit

Ende Mai 1940 den ehelichen Verkehr verweigert habe.

Während des Angriffs auf Frankreich, Belgien, die Niederlande wurde der Kriegsgerichtsrat Soehring zunächst einem Armee-Oberkommando zugewiesen, doch im Juli schickte ihn der Berliner Generalrichter Karl Eckerle wegen seiner Sprachkenntnisse nach Paris zum Stab des Befehlshabers der Luftwaffe, General Friedrich-Karl Hanesse, vor dem Krieg Luftwaffen-Attaché bei der deutschen Botschaft. Im Zeichen der Okkupation hielt er ausdauernd, wohl bis zur Räumung der Stadt, an seinem schönen, nicht zu anstrengenden Amt in Paris fest. Nach der Auskunft eines Kollegen von Hans Jürgen Soehring hatte der General in Paris »mehr gesellschaftliche und repräsentative denn militärische Aufgaben« wahrzunehmen. Also waren auch die Pflichten des Kriegsgerichtsrates zunächst eher »protokollarischer Natur«, wie es der einstige Oberstrichter ausdrückte. Soehring habe »durch geschickt gepflegte Bekanntschaften mit guten französischen Familien wesentlich dazu beigetragen, das deutsche Ansehen im Ausland zu fördern. Sein Fingerspitzengefühl«, schrieb der biedere Herr weiter, »und die ausgesprochene Eignung, delikate Angelegenheiten reibungslos zu erledigen, waren dazu angetan, unserem Wehrmachtsteil«, nämlich der Luftwaffe, »große Achtung zu verschaffen«. Er sei auch, wenn der Oberbefehlshaber Paris besucht habe, für die Sicherheit des Reichsmarschalls verantwortlich gewesen.

Gottlob sind Zweifel erlaubt, dass der elegante Offizier mit den untadeligen Manieren in erster Linie bestrebt war, das »deutsche Ansehen im Ausland« und zumal das der Luftwaffe zu fördern. Er liebte amüsante Gesellschaften, die ihm die Chance gaben, hübschen und womöglich geistreichen Damen zu begegnen. Anders als die meisten seiner Kameraden fühlte er sich durch die ehelichen Bindungen nicht gehemmt oder gar belastet (da sie nur noch auf dem Papier existierten). Die moralischen Vorbehalte erwiesen sich generell nicht als unüberwindlich. Soehring deutete gelegentlich an, dass er verheiratet gewesen sei – so kurz, dass es fast gar nicht gelte. Hübsche, gebildete Tochter, grundbürgerliche Familie, doch ein paar Wochen nach der Hochzeit habe er begriffen, dass es in dieser honorigen Gesellschaft nur ums Geld ging. Nichts für ihn.

Soehring suchte in seinen Beziehungen zu Frauen *ésprit* (zumal in Paris): ohne Geist kein Eros und kein wahres Vergnügen. Sein Französisch war gut genug, den Ansprüchen kultivierter Kreise zu genügen. Er liebte Musik, man sah ihn oft in Konzerten. Er hatte einen Blick für Kunstwerke von Rang, auch der Moderne, die im Reich der Nazis als »entartet« verpönt und verbannt war. (Mit den Raubzügen seines Oberbefehlshabers hatte er nichts zu schaffen.) Er liebte die Literatur, und er war mit den großen französischen Autoren des neunzehnten und zwanzigsten Jahrhunderts halbwegs vertraut. Zum inneren Kreis der französischen und deutschen Kultur-Elite ergab sich der Zugang erst später. Doch in den Salons der adligen, der großbürgerlichen Gesellschaft war er, dank seiner weltmännischen Manieren bald nach seinem Pariser Einstand willkommen. Hielt er sich daran auf, dass die »gehobene Gesellschaft« im Zeichen der angeblichen »Normalisierung« meist ohne zu große Lamentationen auf die Einladung jüdischer Freunde zum Aperitif oder zu Tisch verzichtete. Wenn sie dennoch gebeten wurden, erwartete man, dass sie die jüdische Herkunft verschwiegen oder doch nicht ohne Not betonten. Der treue Mut, an der Freundschaft festzuhalten oder doch sichtbare Solidarität zu bewesen, widerstand freilich der Verhärtung des Vichy-Staates und der deutschen Aufsicht nur in Glücksfällen (wenngleich öfter und konsequenter als im nazifizierten Deutschland).

Zeit für Einladungen hatte Soehring zu Anfang genug – allerdings sah man ihn selten in den Zirkeln, in denen man sich um die literarischen Halbgötter versammelte. In den Tagebüchern von Ernst Jünger, der dank seiner Freundschaft mit dem Generalstabs-Obersten Hans Speidel seit Jahresanfang 1941 in Paris stationiert war, fällt der Name Soehring nicht. Auch nicht bei dem berühmten Leutnant Heller, dem »Sonderführer« für Fragen der Literatur, und nicht bei Karl Epting, dem Leiter des Deutschen Kultur-Institutes. Friedrich Sieburg, der nichts über seinen Dienst in Frankreich aufschrieb, scheint sich ohnedies nicht zu oft und zu lang in Paris aufgehalten zu haben. Laut Otto Abetz fühlte er sich »seelisch bedrückt. Er ertrug es nicht, Paris, das er im Glück gekannt hatte, im Unglück zu sehen«. Er reiste gelegentlich, in offiziellem Auftrag, nach Madrid und Lissabon. Im besetzten Lande Frankreich hielt er dann und wann Vorträge, von denen man nur den peinlich missglückten mit seinem trotzigen und überdies verlogenen Bekenntnis zum Nationalsozialismus kennt; offiziell gehörte er der Botschaft bis zum Juni 1943 an.

Soehring wurde zunächst von juristischen Problemen nur wenig behelligt. Nach der Verstärkung der Luftwaffe, auch im Umkreis der Hauptstadt, während der »Schlacht um England« im Herbst 1940, konnte er nicht umhin, sich öfter mit den eigentlichen Aufgaben eines Kriegsrichters zu beschäftigen. Er hatte – wie in Polen – in der Regel Disziplinarvergehen der schweren Art zu bestrafen, die nicht von den Kommandeuren mit den üblichen Arreststrafen geahndet werden konnten, auch den berüchtigten »Kameraden-Diebstahl«, der selten war, da in jener Epoche des Krieges die Versorgung in Frankreich zu recht als geradezu üppig galt (vor allem für die Fliegersoldaten und besonders die Piloten, die nicht nur in jener Phase des Krieges materiell privilegiert waren – nur an die »Fliegerschokolade« zu denken, die allerdings mit Aufputschmitteln angereichert war). Dann und wann versuchten französische Arbeiter, sich auf den Stützpunkten Materialien anzueignen, zum Beispiel für Hausreparaturen, die im zivilen Alltag kaum zu beschaffen waren. Es versteht sich, dass auch Übergriffe auf französisches Eigentum verurteilt wurden, zumal im Zeichen der Kooperation. Härter allerdings jede Art von Gewalt gegen Frauen – zumal sich die jungen Männer in der feldgrauen Uniform über den Mangel an Aufmerksamkeit, ja an Freundlichkeit in der weiblichen Zivilbevölkerung nicht beklagen konnten. Selten begegneten sie feindseliger Ablehnung; öfter freilich einer kühlen Indifferenz oder einer Spur von Verachtung.

Patrick Buisson berichtete in seiner Studie, die »Fritze« und »Fridoline« seien in der Regel nicht als »Deutsche« bezeichnet worden, sondern neutral als »die Soldaten«. Heute noch erinnern sich manche soignierte alte Damen, wie sehr sie damals von den »schönen jungen Männern« beeindruckt gewesen seien. Diese seltsame Überhöhung erklärt sich wohl durch die triste Tatsache, dass sie ihre eigenen Soldaten zuletzt nur im elenden Zustand der Besiegten gesehen hatten. Die »Schönheit« der sogenannten Landser hatte ihre Grenzen (kurzbeinig und rundköpfig, wie die meisten Deutschen halt sind), doch die Vorgesetzten legten Wert darauf, dass ihre Soldaten gute Figur machten, wenn sie Ausgang hatten, zumal in Paris – und die Offiziere putzten sich heraus, so gut sie es konnten. Später war es ihnen erlaubt, sofern sie zu den höheren Stäben gehörten, draußen gelegentlich auch Zivil zu tragen. Sie konnten sich frei und sicher bewegen. Von einer gewaltsamen Résistance konnte damals noch kaum die Rede sein. Die Kommunisten waren von den Parteioberen angewiesen, sich aller Angriffe auf die Deutschen zu enthalten, ja, sie wurden angespornt, den Besatzern beim Auf- und Ausbau ihrer Flugplätze zur Hand zu gehen (was für die Geheimdienste der Sowjetunion seine Vorteile hatte). Der Wille zur Anpassung ging so weit, dass der Vorstand der (seit dem Abschluss des Hitler-Stalin-Paktes verbotenen) KPF beim Obersten Befehlshaber in Paris den Antrag stellten, ihre Traditionszeitung *Humanité*, wieder erscheinen zu lassen. Darauf ließen sich die Militärs denn doch nicht ein.

Soldaten, die nicht angstvoll hinter sich blicken,

weil ihnen ein Attentäter folgen könnte, wirken freier, stolzer, attraktiver. Sieger machen – es ist eine alte Geschichte – mehr daher als die Besiegten, die müde, deprimiert, in verschlissenen Uniformen herumschlurfen. Siegersoldaten haben ihren besonderen Sexappeal (eine banale Einsicht, deren Wahrheit die Deutschen fünf Jahre später auf geradezu überwältigende Weise erfahren sollten, vor allem dank der Amerikaner, was hunderttausende, wenn nicht Millionen ihrer jungen Frauen bezeugen konnten). Zum anderen wirkt die Anziehungskraft, ja der Zauber der Mädchen und Frauen, seit Kriege geführt werden, stets als ein Element der Mäßigung, der Humanisierung, ja der Entwaffnung, im Glücksfall der Versöhnung. Die (wenn man so will) »patriotische« Leistung der »Fräulein« im besiegten Deutschland kann nicht hoch genug geschätzt werden – auch wenn den Damen dieses Motiv ihres Engagements niemals bewusst geworden sein mag. Mit Mademoiselle und Madame im unterworfenen Frankreich verhielt es sich nicht anders. Sie halfen dem Land, zu überleben.

Arletty nahm an der erotisch motivierten Annäherung gewiss keinen Anstoß. Sie selber hatte mit den Deutschen kaum Kontakt. Sie war oft genug in Berlin, das eine gewisse Faszination für hatte. Sie kannte sich in der Filmwelt von Babelsberg aus, bewunderte die Präzision der Arbeit, die in den

Studios geleistet wurde, schätzte manche der deutschen Kollegen. Für die Mentalität der Nachbarn schien sie sich nicht allzu heftig zu interessieren. Das Regime war ihr gewiss nicht sympathisch. Es gab für sie keinen Anlass, Kontakt zu den Siegern zu suchen. In ihren knappen Memoiren aber erzählte sie, im Dezember 1940 habe sie ein Freund zu einem Konzert im Konservatorium eingeladen: »Ich kannte den Saal nicht. Mich überraschte das Pompei-Rot der Dekoration, das sich an jenem Abend gut zu den hübschen Frauen fügte, die dem Directoire entlaufen zu sein schienen. Der Freund stellte mir seinen Nachbarn vor: Hans S. Ich gab vor, ihm keine Beachtung zu schenken.« »Dann begegnete ich S. bei Pferderennen, bei Premieren immer wieder, stets war er in Begleitung von schönen ›Pharisiennes‹« – Pariserinnen, die sich für sie durch einen kleinen Buchstaben mehr in Pharisäerinnen verwandelten. Hans S., bemerkte sie, habe dem Typ des Conrad Veidt entsprochen, dem Stummfilm- und Theater-Star, der – er war jüdischer Herkunft – rechtzeitig nach Hollywood emigriert war (wo er 1943, gerade fünfzig Jahre alt, starb): Hauptakteur in Produktionen, die Filmgeschichte gemacht haben, zum Beispiel das *Kabinett des Dr. Caligari* (1919) oder *Der Kongress tanzt* (1931). Auch sein letzter Film zählt zu den Klassikern: *Casablanca* (1941).

Arletty hatte sich in den Kopf gesetzt, keine Theaterbühne und kein Filmstudio zu betreten, ehe der Krieg nicht beendet war, doch sie begann, sich zu langweilen. Vielleicht brauchte sie auch Geld. Von ihren Stargagen hatte sie vermutlich nichts auf ein Sparkonto gelegt, sie auch nicht, nach urfranzösischer Gewohnheit, gegen Gold eingetauscht und unter der Matratze versteckt, oder vielmehr im Tresor: Sie wohnte im Hotel *Lancaster* – keine preiswerte Unterkunft. Das Budget für *Madame Sans-Gêne* war endlich zusammengekratzt. Im Juni 1941 wurde gedreht. Die Außenaufnahmen drängten die Produzenten auf einen Tag zusammen. Der Regisseur wählte als Schauplatz das Château de Grosbois, das einst dem Marschall Berthier gehörte, der den Titel eines Fürsten von Wagram und Neuchâtel trug (er starb in seiner Heimat Bamberg nach einem mysteriösen Fenstersturz) – ein Kollege, vielleicht auch Konkurrent von Arlettys Eheherrn im Film, dem einstigen Sergeanten François-Joseph Lefebvre, der zum Marschall und Fürsten von Danzig aufgestiegen war. Das Schlösschen diente nun dem Luftwaffenkommandeur Hanesse als zeitweilige Residenz und für aufwändige Empfänge. Die Verhandlungen über die Nutzung des Châteaus als Filmkulisse führte der inoffizielle Protokollchef Soehring. Der General war mit der kurzfristigen Besetzung durch die Film-Equipe, auch mit dem vorgeschlagenen Datum einverstanden. Am Vorabend, als alle Vorbereitungen getroffen waren, wollte der General plötzlich die Dreharbeiten verschoben wissen. Der Regisseur tobte. Jeder verlorene Tag kostete Geld, zumal wenn eine kleine Heerschar von Komparsen mitwirken sollte. Er machte Soehring, den Vermittler, für die Konfusion verantwortlich. Arletty rief sofort jenen Freund an, der ihr Hans S. im Konzert vorgestellt hatte. Der versprach, er werde sich unverzüglich mit Soehring in Verbindung setzen. In spätestens einer Stunde werde Hans S. im Studio anrufen. Er meldete sich prompt. Entschuldigte sich für den peinlichen Fehler in der Planung – seine Schuld. Der General werde seine Gäste andernorts empfangen. Das Schloss stehe zur Verfügung. Die Equipe möge pünktlich um acht Uhr früh zur Stelle sein. Er werde das Tor selber öffnen. So geschah es.

Glück, das sich hinter Mauern verschanzt – und draußen ist Krieg

Sie trug ein Reitkostüm (mit einer Gerte unter dem Arm), als sie an jenem Apriltag pünktlich um acht Uhr – *à l'heure allemande* – am großen Parktor des Château de Grosbois aus dem Wagen stieg. Hans Jürgen Soehring stand mit dem Schlüssel bereit. Das Lächeln der beiden genügte, allen Ärger zu vergessen. Das gewaltige Filmaufgebot rollte und ratterte in den Hof: die Empire-Kaleschen, der Pferde-Transportwagen, die Lastautos mit dem Gerät, der Bus mit einem Regiment von Statisten. Schließlich Napoleon der Erste, auch er bereits kostümiert, der Regisseur und seine Assistenten.

Soehring, der General Hanesse vertrat, hatte nur Augen und Ohren für Arletty, die *Vedette,* den Star des Unternehmens. Er konnte es nicht verbergen, trotz der Diskretion, die ihm nachgesagt wurde. Sie wiederum ließ sich nicht anmerken (das versteht sich), dass sie seit der ersten Begegnung im Konzert von dem Bild des eleganten und so natürlich maskulinen Offiziers beunruhigt, ja fast behext war. Er schien es bis zum Drehtag im Schloss nicht wahrgenommen zu haben. Oder doch? Die Szenen dort draußen im

Park des Château de Grosbois sorgten für eine entspannte Annäherung. Sie sollte eine Sequenz zu Pferde meistern, doch sie war ihrer Reitkünste nicht allzu sicher. Er übte mit ihr, schwang sich in den Sattel eines zweiten Rosses, korrigierte ihren Sitz, die Zügelführung, brachte ihr einige Tricks fürs Anreiten und für den Wechsel der Gangarten bei. Sie lernte rasch.

Soehring entzog sich ihrer Magie nicht länger. Die beiden nutzten fortan jede Gelegenheit, beisammen zu sein, im Theater, in der Oper, in Konzerten, im Kino, in den besseren Bars, in illustren Restaurants, in denen sich immer ein Tisch für sie fand und stets alle Köstlichkeiten der französischen Küche verfügbar waren (zu Preisen freilich, die für gewöhnliche Sterbliche, die keine überteuerte Besatzungsmark in der Tasche hatten wie Soehring oder üppige Gagen bezogen wie Arletty, völlig unerschwinglich gewesen wären). Soehring trug, wenn es denn irgend möglich war, Zivil.

Ohnehin bewegte er sich mittlerweile völlig selbstverständlich in allen Pariser Kreisen und in allen Quartieren. Er sprach Französisch mit dem kaum bemerkbaren Hauch eines Akzentes, ohne die üblichen deutschen Fehler, die sich auch in langen Jahrzehnten einer integrierten Existenz nicht verlieren. Dann und wann schien er die kleinen Unkorrektheiten, wie der Arletty-Biograph Denis Demonpion bemerkte, mit subtiler Absicht in seine Sätze einzuflechten, um der Geliebten Gelegenheit zu geben, sich mit einem hellen Lachen über ihn lustig zu machen. Sie brauchte das – auch wenn sie sein Spiel bald durchschaute.

Sie bewunderte die Bildung des weltläufigen Mannes, und sie vermutete, ganz zu Recht, dass sein Enthusiasmus für die großen Dichter einen Schimmer der Hoffnung auf eigene poetische Schöpfungen (nur halb) verbarg. Das war in der Tat ein Traum seiner Jugend: sich durch dramatische, epische, lyrische Werke einen Namen zu machen – nicht nur in Deutschland. Nach dem Krieg, als er sich eine neue Existenz schaffen musste, versuchte er denn auch, sich im Journalismus und in der Schriftstellerei zu etablieren, zunächst nicht ganz erfolglos. (Davon wird die Rede sein.) Es brauchte einige Jahre, bis er verstand, wie hart sein Traumberuf in Wirklichkeit war, wie viel Geduld er verlangte, in wie viele Niederlagen er die Adepten stürzte, wie brotlos die Kunst oft zu sein schien. Arletty, die das Theater-Handwerk von Grund auf gelernt hatte, wäre eine ideale Muse und Partnerin gewesen.

Für sie und für ihn traf es sich glücklich, dass eine amerikanische Freundin, die es nach Hause zog, Arletty im Frühjahr 1941 ihre schöne und stille Wohnung am Quai de Conti mitsamt Mobiliar zur Miete angeboten hatte. Die Besitzerin, von der wir nichts weiter wissen – nur, dass sie reich gewesen sein muss, sonst hätte sie sich kein Appartement mit Blick auf die Seine und in engster Nachbarschaft mit dem Sitz der Académie Française leisten können –, sah wohl den unvermeidlichen Konflikt der Vereinigten Staaten unter der Führung Franklin Roosevelts mit den Weltmachtambitionen des deutschen Diktators klar genug voraus und strebte darum zurück. Arletty gab, so glücklich war sie über die schöne Unterkunft, eine Einstandsparty, bei der sich (unter anderen) Lili de Rothschild, Colette, Coco Chanel und Misia Sert einfanden, letztere die Großmuse im Paris der Jahrhundertwende, der Arlettys Biograph Denis Demonpion eine wahrhaft prominente Verehrergemeinde zuwies: die Dichter Proust und Mallarmé, die Maler Bonnard und Toulouse-Lautrec, die Musiker Ravel und Strawinsky. Was für ein Aufgebot! Eine Galerie von Genies.

Dank der eigenen Wohnung blieb es Arletty und Hans Jürgen Soehring erspart, die wachsamen Concierges des Hotels *Lancaster* allzu sehr an ihrer Liebe teilnehmen zu lassen. Aber hatten sie sich tatsächlich mit der physischen Erfüllung ihrer Passion bis zum September 1941 geduldet? Die lange Bezähmung hätte Arlettys Begriffen von sexueller Freiheit und ihrer Verachtung der sogenannten bürgerlichen Moral widersprochen, erst recht ihrer störrischen Abneigung, sich Vorurteilen zu beugen. Wie immer sich das verhalten mochte: vom September 1941 an zählte sie – nach dem Vorbild der Französischen Revolution in römischen Ziffern – die Jahre seiner Regentschaft über ihr Herz als ein neues Zeitalter: das ihrer Liebe.

Faune nannte sie ihn, seiner spitzen Ohren wegen. Er wiederum hätte sie seine Nymphe nennen können, vielleicht Syrinx (oder Syr), nach der Schönen, die auf der Flucht vor den Nachstellungen des mythischen Faun in ein Schilfrohr verwandelt wurde, aus dem der musische Unhold seine Panflöte schnitzte. Sie trug den Liebesnamen *biche,* das Reh, obschon sie wahrhaftig nicht zu den ängstlich witternden, fluchtbereiten Naturen zählte. Manchmal hieß ihr Faun sie auch zärtlich »sa petite guenon«, sein »Äffchen«. Er schien in den Kosenamen vernarrt zu sein, trotz des zweifelhaften Geschmacks. Ihr war *biche* lieber. Vielleicht war Soehring der erste Mann, bei dem sie völliger Hingabe fähig, ja ihre Erfüllung in einer Art freiwilliger Unterwerfung suchte. In einem der Sehnsuchtsbriefchen, die sie nach dem Krieg in großen Lettern aufs Papier warf, erwähnte sie die Lektüre eines Romans des Marquis de Sade (den man in Frankreich aus schwer durchschaubaren Gründen gern »den Göttlichen« nennt): sie habe dabei aufs intensivste an ihren *faune* gedacht. Vielleicht deutete sich hier das Geheimnis der beiden an?

Bei ihren Exkursen in die Pariser Welt wurde sie – erst sehr viel später wies sie darauf hin – manchmal von heimlichen Ängsten gestreift. Sie bemühte sich tapfer (und mit Erfolg), davon nichts sichtbar werden zu lassen. Sie zögerte nie, sich mit ihrem Schönen – ob in Uniform oder Zivil – in der Öffentlichkeit zu zeigen, gleichviel, was man hinter ihrem Rücken wisperte, zumal in den Anfängen ihrer »Affaire«, die so viel mehr als das war. Womöglich riet ihr Soehring selber zu einer gewissen Vorsicht. Er wusste sehr wohl, dass der Umgang deutscher Offiziere mit französischen Frauen von den Geheimdiensten (und ihren französischen Zuträgern) sorgsam überwacht wurde – ebenso von den Spähern des Widerstandes, vor allem nach dem Einfall der Wehrmacht in die Sowjetunion, als es den Kommunisten Frankreichs endlich erlaubt war, ja, als ihnen befohlen wurde, in den Deutschen den Todfeind zu erkennen, der unerbittlich zu bekämpfen war.

Saß Soehring bei der Premiere ihres Films *Madame Sans-Gêne* am siebten Oktober 1941 an ihrer Seite? Oder unter den Ehrengästen? Feierte er den Erfolg mit ihr und der Filmequipe? Ein Erfolg, der überwältigend genannt werden durfte, ein Triumph bei der fachkundigen Kritik, vor allem aber beim Publikum, das die Säle und die Kassen füllte wie bei kaum einem anderen Film der Besatzungs-Epoche.

Niemand merkte – ausgenommen der Regisseur und der Drehbuchautor –, dass die Zensur einige Sätze im Skript hatte streichen lassen. Alle drei Schnitte gingen auf Kosten des Textes von Robespierre, der sagen sollte: »Vorsicht und Disziplin. Man kann keine Erhebung improvisieren. Man plant – und dann handelt man, wie bei einer militärischen Operation.« Die deutschen Kontrolleure fürchteten, das war klar genug, diese Mahnungen könnten als ein Appell an den Widerstand aufgefasst werden. Und weiter: »Ich war nicht dabei, Bürger Fouché, und Sie waren es auch nicht. Aber es geht in diesem Augenblick nicht darum, ein Schloss zu stürmen, sondern um die Vernichtung eines Tyrannen« – gefährliche Stichworte, die nach dem Urteil der deutschen Aufseher besser ungesagt blieben. Schließlich der Ruf des Robespierre in einer Rede: »Bürger! Das Volk ist niemals besiegt, solange es den Willen behauptet, seine Feinde zu überwältigen. Der Sieg gehört den Unnachgiebigen.« Auch dies konnte als eine schmetternde Fanfare der Résistance verstanden werden.

Den glorreichen Sieg des Werkes gefährdeten die Kürzungen nicht. Arletty, die Kantinenwirtin und Frau des Sergeanten, der unter Napoleon zum Marschall aufstieg, *Madame Sans-Gêne*, die kein Blatt vor den Mund nahm, erfuhr erneut durch Jean Cocteau eine geradezu hymnische Würdigung. Der

Autor bemerkte, sie habe so gar nichts von den rokokohaft »gespielten Wäscherinnen« der Bühnenstars in Sardous Komödie (die dem Filmskript als Vorlage diente). Er wusste sehr wohl (was in Paris ohnedies kein Geheimnis war und was sie selber stets mit einem gewissen Stolz betonte): dass ihre Mutter in Courbevoie in der Tat zu Beginn ihrer Ehe eine Wäscherin war – eine echte. Der Dichter schrieb weiter, wohl aber verfüge Arletty – anders als ihre Konkurrentinnen – über »die Ausstrahlung einer wahren Herzogin«. (Das könnte eine kleine Gemeinheit an die Adresse ihrer Duchesse, der Antoinette d'Harcourt gewesen sein.) Sie sei, fuhr er fort, »eine der Frauen, die Benjamin Constant und Stendhal bewundert hätten und bei denen die Herzen der Männer zu flimmern begännen …

Constant und Stendhal: keine Namen konnten sie glücklicher machen – und keine konnten *faune*, den heimlichen Literaten (der er in Wirklichkeit noch keineswegs war), tiefer beeindrucken. Kein Zufall, dass Jean Cocteau, der Autor jener Eloge, oft zu den kleinen, illustren Tischgesellschaften im Appartement am Quai de Conti geladen war, einmal zusammen mit Picasso und Maurice Chevalier (neben Sacha Guitry der andere König des Boulevard), der an jenem Abend taktlos genug war, den illustren spanischen Maler zu fragen, was denn das sei, sein

»Kubismus«. Schweigen. Die Unterhaltung kühlte jäh ab. Cocteau und die Gastgeberin mühten sich, die peinliche Stille mit Bonmots und munteren Anekdoten zu verscheuchen. Es gelang ihnen schließlich. Auch Paul Valéry, der große Poet und so hochfliegende Essayist, schaute bei Arletty gern auf einen Café herein, wenn er sich drüben in der Académie langweilte, was nicht zu selten geschah.

Vom August oder September 1941 an wohnte Hans Jürgen Soehring unter ihrem Dach am Quai de Conti, wenngleich nicht offiziell. Die amerikanische Besitzerin der Wohnung hatte Arletty auch ihren Hausengel Maria anvertraut: eine sympathische, diskrete und wohlorganisierte Frau, die droben unterm Dach eine Kammer behauste. Überdies eine Köchin von Talent, die allemal ein delikates Essen auf dem Klapptisch vor dem Balkon parat stellte, wenn sie wusste, dass die beiden am Abend zu Hause bleiben wollten. Soehring beschrieb in seiner Erzählung *Cordelia* – mitten in der Hungerzeit nach dem Krieg – die schlichten Köstlichkeiten mit besonders intensivem und nostalgischem Genuss: »Wir knabberten an dem Hummer, holten das rotweiße Fleisch aus den Scheren und lutschten die Schalen aus, und der Champagner duftete aus den bauchigen Gläsern«, die sie immer benutzten, für jede Art Wein, weil sie das Aroma ganz zur Entfaltung brachten. Im Winter, erzählte Soehring, stand der Klapptisch natürlich nicht am Balkonfenster, sondern am Kamin – Arlettys Lieblingsplatz in der Wohnung, und dort schlürften sie »Austern, die braunen Belons mit dem Nussgeschmack, manchmal die grünen Marennes, die so heftig zuckten und Bläschen spuckten, wenn man das schleimige Fleisch am Rand mit der Gabel piekte.« Sie delektierten sich an »Kaviar, wenn die verschmitzte Marie welchen auf dem schwarzen Markt bekam; irgendeinem Aspik von Fleisch; irgendeinem Salat; und einer halben ›Tarte de Brie‹ oder dem ›Pont l'Evêque‹ …«, denn Arletty war »trés fromage«, wie sie sich altmodisch-kokett auszudrücken pflegte.

Soehring, der in seiner Erzählung die Neigung Arlettys zu gelegentlichen Flirts mit Frauen nicht verschwieg, blieb nicht verborgen, dass sie die meisten der kulinarischen Köstlichkeiten und Kostbarkeiten der Herzogin d'Harcourt verdankten, die sich nach dem Ausbruch des Krieges, wie manch andere Damen der aristokratischen und großbürgerlichen Gesellschaft, bei der »Section sanitaires automobiles féminines« engagiert hatte. Nach dem Waffenstillstand wachte das Corps über die Versorgung der Bevölkerung. Die Fahrzeuge blieben zur Verfügung der uniformierten Helferinnen, und es wurde ihnen der nötige Treibstoff zugeteilt, wenngleich sparsam. Das erlaubte Antoinette d'Harcourt regelmäßige Exkursionen an die Küste und ins Bauernland der Normandie oder der Bretagne. Stets kam sie wohl versehen mit Austern und Hummern und Fischen, mit Kilos von Butter, mit Schinken, mit Fleisch und Pasteten zurück: Liebesgaben für Arletty, der sie hingebungsvoll diente – manchmal mit lächelnder Zärtlichkeit belohnt, manchmal, wenn sie der Freundin auf die Nerven ging, kühl zurückgewiesen. Fast ist es, als habe sie sich gegenüber der Herzogin erlaubt, launisch zu sein – eine Disziplinlosigkeit, die sie sich im Beruf und im Umgang mit Freunden, auch mit den Menschen des Alltags in der Regel strikt untersagte. Manchmal strafte sie die Arme mit beißendem Spott: »In früheren Jahrhunderten«, sagte sie, »kompromittierten Künstler die Herzoginnen, heute sind es die Herzoginnen, die Künstler kompromittieren«. Beiläufig signalisiert das Bonmot einen Hochmut, der nicht liebenswürdiger ist als der aristokratische Dünkel. Es gibt eben auch eine Arroganz von unten, die keine Überlegenheit, sondern einen verdrängten Inferioritätskomplex anzeigt. Das überrascht umso mehr, da es als eine der Lebensleistungen des »Mädchens aus Courbevoie« betrachtet werden darf, dass es seine Herkunft niemals als eine Last zu empfinden schien, sondern, ganz im Gegenteil, stets mit Respekt, ja mit Stolz und Liebe vom proletarischen Milieu der Kindheit sprach. (Übrigens ist bei Patrick Buisson nachzulesen, dass Antoinette d'Harcourt angeblich einer jüdischen, vielleicht geadelten Bankiersfamilie aus Wien entstammte, die sich vor langer Zeit in Paris angesiedelt hatte.)

Vielleicht begegnete Arletty ihrer treuen Freundin Antoinette nicht immer mit der gewohnten Souveränität, weil die Herzogin den geschlossenen Zirkel ihrer Liebe zu *faune* in Frage zu stellen schien. Oder wurde Soehring, der Weltmann, angesichts der Vertrautheit der beiden, von Eifersucht heimgesucht? Er war von Anwandlungen jener liebeskranken Unvernunft nicht frei. Und Arletty? Sie wiederum konnte ein gewisses Misstrauen gegenüber der jungen Simone Signoret nicht abschütteln, die damals noch Kaminker hieß. Die Schöne arbeitete, ausgerechnet, im persönlichen Sekretariat von Jean Luchaire, des Abetz-Freundes und Erz-Kollaborateurs, der von seinen deutsch- und vichy-freundlichen Zeitungen mächtig profitierte. Der Name Kaminker ließ die partiell jüdische Herkunft der jungen Frau erkennen. Schlimmer noch: Der Vater war im Sommer 1940 nach London entkommen, und nun war seine Stimme oft am Radio zu hören – im Dienst des »Freien Frankreich« von Charles de Gaulle. Für die Familie, die in Neuilly zurückgeblieben war, keine gemütliche Situation. Die Mutter ließ, um sie zu schützen, ihre Buben von dem protestantischen Pastor Ebershold taufen. Der umsichtige Geistliche datierte die Taufurkunden zurück. Er hätte Simone gern den gleichen Dienst erwiesen, doch sie wollte das nicht.

Die vaterlose Familie war von drückender Not belagert. Im September 1940 versuchte Simone, ihre Schulfreundin »Zizi« anzurufen, die Tochter von Jean Luchaire, die unterdessen eine Filmkarriere begonnen hatte. Statt der Freundin Corinne meldete sich die Mutter, die sofort begriffen hatte, dass Simone Hilfe brauchte, vor allem, dass sie Geld verdienen musste. Ihr Schützling nahm – wie es schien recht unbekümmert – eine Arbeit im Stab des Vaters an, ohne Illusionen über die politische und ideologische Orientierung von Jean Luchaire, der wiederum genau Bescheid wusste, was Simone Kaminkers Vater in London trieb. Dennoch versicherte er seiner »Sekretärin« (die nicht einmal die Schreibmaschine beherrschte), sie sei bei ihm besser aufgehoben als anderswo. Das traf gewiss zu. Sie änderte ihren Namen und nannte sich fortan, nach der Familie der Mutter, Simone Signoret. Durchs Büro Luchaires marschierte die gesamte Garde der Kollaboration, und man traf bei ihm die wichtigsten Herren aus dem Umkreis von Botschafter Abetz. Simone langweilte sich nicht in jener Gesellschaft, die sie als fragwürdig empfinden musste. Ging sie darum schon nach acht Monaten ihrer Wege? Als Grund der Kündigung gab sie an, sie strebe nach einer Kino-Karriere à la Corinne Luchaire. Der Chef lächelte nachsichtig. In ihren Erinnerungsbuch *La nostalgie n'est plus ce qu'elle était* steht, sie habe sich von Vater Luchaire mit den Worten verabschiedet: »Eines will ich Ihnen sagen, Monsieur: Sie werden eines Tages alle schauen.« Bis zu ihrem großen Film *Casque d'or* (Das Mädchen mit dem Goldhelm) war es noch weit. »Bonne chance« habe ihr Luchaire gewünscht: »Wenn du mich brauchst, weißt du, wo du mich findest.« Er sei weichlich, schwach, korrupt, gutaussehend, großzügig, aber feige gewesen. Doch sie fügte hinzu, er habe, 1946 zum Tode verurteilt, bei der Exekution mit einer Zigarette zwischen den Lippen zum Erschießungskommando hinübergeblickt und sei mit dem Ruf »Vive la France« gestorben. Vater Kaminker, aus London zurück, sei der Einzige gewesen, der versucht habe, bei de Gaulle eine Begnadigung zu erwirken. Immerhin, Jean Luchaire hatte seine Tochter Simone nicht verraten, sondern geschützt.

Im gesellschaftlichen Umkreis von Luchaire lernte Simone Signoret die bewunderte Arletty kennen, die mit jenem Zirkel der Kollaborateure in der Regel nichts zu schaffen hatte. Die junge Frau hatte die Nähe der großen Schauspielerin schon geraume Zeit mit einiger Hartnäckigkeit gesucht. In ihrem Erinnerungsbuch erwähnte sie die berühmte Kollegin freilich kaum, obwohl sie von Arletty generös gefördert wurde, wie so viele aufstrebende Talente. In der Tat gewann die schöne Simone bald genug erste kleine Rollen – dank der illustren Freundin, die ihr manche Tür geöffnet hat, kaum durch die Vermittlung der linken Genossenschaft im Café de Flore in Saint-Germain-des-Prés, der sie sich anschloss: fast alle gesinnungsfeste Widerstandskämpfer, wie sie da saßen, von denen in Wahrheit die meisten – unter ihnen Jean-Paul Sartre und Simone de Beauvoir – keinen Finger gegen die Besatzungsmacht oder das Vichy-Regime rührten (oder, wie der Gymnasialprofessor und Philosoph, sich sehr spät mit Beiträgen in die Zeitschriften des Untergrunds wagten).

Arletty entging nicht, dass ihr *faune* beiläufig ein Auge auf die junge Simone Signoret geworfen hatte. Vielleicht genügte das, ihr schmerzlich bewusst zu machen, dass sie ihrem deutschen *amant* zehn Jahre voraus war, was in jenen Tagen mehr zählte als bei den nachfolgenden Generationen. Die Frauen haben seither gut zwanzig Jahre Lebenserwartung gewonnen, vor allem aber glückte ihnen eine beträchtliche Verzögerung des Alters in ihrem Daseinsgefühl und in ihrer physischen Verfassung. Balzacs »Frau von dreißig Jahren« entspräche heutzutage einer Frau von Fünfzig, vielleicht von Sechzig. (Männer wurden vom Fortschritt weniger begünstigt.) Hans Jürgen Soehring freilich schien den Altersunterschied zu seiner *biche* niemals wahrzunehmen.

Sie zählte zweiundvierzig Jahre, als sie einander im Dezember 1940 begegneten, er zweiunddreißig. Das mehrte womöglich ihr Bedürfnis, mit ihm allein zu sein: im Zauberkreis einer Intimität, in der sie vor allen Fährnissen der Welt dort draußen geschützt zu sein schienen. Sie verweigerten sich dem Krieg, den Soehring hernach in seinen literarischen Versuchen ins irreale Reich des Mythisch-Abstrakten hob. Die beiden verbarrikadierten sich gegen die Außenwelt – oft mit solch stupendem Erfolg, dass sie den Luxus ihrer Isolation gar nicht mehr wahrnahmen. Sie schlürften ihre Austern, und es schien ihnen nicht in den Sinn zu kommen, dass sich eine Million Pariser dort draußen mit Lebensmittelrationen abzufinden hatten, die im Fortgang des Krieges knapper und knapper wurden. Sie genossen vor dem Kaminfeuer ihr inniges Behagen und vergaßen die Bürger dort draußen, deren dürftige Kohle- und Holzzuteilungen nicht ausreichten, die klamme Kälte aus den alten Häusern zu vertreiben. In ihrem solitären Glück schien ihnen nicht gegenwärtig zu sein, dass dort draußen Tausende jüdischer Familien bei den großen Razzien aus ihren Wohnungen und ihren Verstecken gescheucht wurden – von französischer Miliz, aus dem Hintergrund von den Schergen des SD und der

Gestapo gelenkt. Sie dachten nicht daran – oder wollten nicht daran denken –, dass die Büttel verängstigte Frauen, schreiende Kinder, stumme Männer brutal in die Transportwagen trieben, um sie im Velodrome d'hiver registrieren zu lassen, sie dann weiter nach Drancy oder in andere Lager verschleppten, wo sie verzweifelt oder in stumpfer Ergebenheit auf die Deportation nach Osten warteten – zum Arbeitseinsatz, wie es offiziell hieß, doch jeder wusste, der es wissen wollte: in Wahrheit in den Tod. Dort draußen regierte nicht nur der Krieg mit seinen Härten, sondern ein totalitäres Regime, dessen Führer nach den primitiven, den gott- und vernunftlosen Gesetzen ihrer sogenannten Weltanschauung über die »lebenswerte« oder »lebensunwerte« Existenz von Millionen Menschen, ja von ganzen Völkern und vermeintlichen Rassen entschieden.

Selbst der Hauptmann der Reserve Ernst Jünger, dem es manchmal gelang, ganz Paris nach seinen ästhetischen Kriterien in einen Elfenbeinturm zu verwandeln, konnte und wollte sich gegen die entsetzliche Realität des Regimes, dem er diente (und dem er zugleich, wenigstens geistig, widerstand), nicht völlig abschließen. Sein Tagebuch bezeugt es. Unter dem Datum des siebten Juni 1942 notierte er: »In der Rue Royale begegnete ich zum ersten Mal in meinem Leben dem gelben Stern, getragen von drei jungen Mädchen, die Arm in Arm vorbeikamen. Diese Abzeichen wurden gestern ausgegeben; übrigens mussten die Empfänger einen Punkt ihrer Kleiderkarte dafür abliefern. Nachmittags sah ich den Stern dann häufiger. Ich halte derartiges, auch innerhalb der persönlichen Geschichte, für ein Datum, das einschneidet. Ein solcher Anblick bleibt nicht ohne Rückwirkung – so genierte es mich sogleich, dass ich in Uniform war«.

Der Hauptmann mit dem Pour le Mérite, den man auf einem berühmten Foto hoch zu Ross und mit gezücktem Degen an der Spitze einer Ehrenkompanie durch die Rue de Rivoli paradieren sieht, fühlte sich durch den verstörenden Anblick veranlasst, die Menschen mit dem gelben Stern, denen er über den Weg kam, militärisch zu grüßen. Sie mögen ihm erstaunt nachgeblickt haben, ratlos, was ihnen dieser deutsche Offizier damit zu sagen versuchte. Vielleicht verstanden die eine oder der andere, dass er ihnen Respekt erweisen, für einen Augenblick ihre Würde wiedergeben und die eigene Distanz von der nazistischen Unmenschlichkeit signalisieren wollte: eine altmodisch-ritterliche und zugleich ein wenig lächerliche Geste, die von der Hilflosigkeit des Hauptmannes und großen Schriftstellers zeugte. Manche französischen Bürger fanden einen direkteren Weg, ihre Solidarität mit den gezeichneten jüdischen Opfern zu demonstrieren: sie klebten sich selber – nach dem Beispiel des dänischen Königs – einen Judenstern an wie Michel Simon, Arlettys Partner in so vielen Bühnen- und Filmkomödien.

Jüngers Sensibilität war gewiss auch durch seine Liebe zu einer deutschen Emigrantin halb jüdischer Herkunft geweckt worden, einer klugen und attraktiven Frau Mitte dreißig, gelernte Kinderärztin, die er darum gern »Doctoressa« nannte (auch im Tagebuch): Sophie Ravoux wirklichen Namens, mit einem französischen Journalisten verheiratet und durch ihn Bürgerin Frankreichs geworden. So blieb ihr die Internierung zu Beginn des Krieges erspart, als die Regierung alle Menschen mit einem deutschen und österreichischen Pass, auch Staatenlose in Internierungslagern zusammentreiben ließ, ob Emigranten, die vor den Nazis geflohen waren, ob Juden oder politische Gegner des Regimes – zusammen mit hartgesottenen Nationalsozialisten und bornierte Rassisten, denen es aus diesen und jenen Gründen nicht gelungen war, sich rechtzeitig aus dem Staub zu machen.

Zu den Internierten zählte auch Joseph Breitbach, der Schriftsteller (*Bericht über Bruno*), der zugleich eine höchst erfolgreiche Karriere in der Industrie absolviert hatte, ein reicher Mann, der vielen der bettelarmen Flüchtlinge aus Deutschland hilfreich beistand. Seit 1929 lebte er in Paris. Die Gestapo hatte nach dem Einmarsch der Wehrmacht in Paris ein Auge auf seine berühmte Bibliothek und vor allem auf sein Archiv geworfen, das auch Briefe von Ernst Jünger enthielt, die als »kompromittierend« betrachtet werden konnten. Die »Doctoressa« sprach – wie Julien Hervier, der Kommentator der »Strahlungen« in der Pléiade-Ausgabe des Verlags Gallimard, zu ermitteln vermochte – im Oktober 1941 bei Jünger an seinem Dienstsitz im Hotel *Majestic* vor, um ihn im Auftrag Breitbachs zu warnen. Ob nun das Archiv schon beschlagnahmt war oder noch nicht: Jünger gelang es, die eigenen Briefe (die wohl noch keiner der Schergen gelesen hatte) an sich zu bringen und zu vernichten. Jene gemeinsame Erfahrung einer nicht unbeträchtlichen Gefahr schuf eine tiefe Bindung zwischen dem Schriftsteller und der »Doctoressa«.

Indes, die Beziehung zu Sophie Ravoux war nicht immer von harmonischem Gleichmaß bestimmt» doch am Ende erwies sie sich stets als so widerstandsfähig, dass sich die beiden niemals verloren. Trifft auf sie die etwas kryptische Tagebuchnotiz vom November 1941 zu, es sei »bei klugen Frauen schwierig«, »die Distanz zum Körper zu überwinden – als ob sie der Geist mit einem Gürtel rüstete, der die Begierde zum Scheitern bringt«? Ein intellektueller Keuschheitsgürtel? »Doctoressa«, diese aufmerksame und gebildete Frau, war zu Zeiten oft täglich an seiner Seite. Im Journal ist sie auch als »Dorothée« (nach Goethes »Hermann und Dorothea«?), als »Charmille« (die Hage- oder Weißbuche aus der Familie der Birken) oder als »Armand« vermerkt (womit kaum der »Stalagmiten-Wald« im Lozère gemeint war, den ein M. Armand entdeckt hatte; wohl auch nicht Sophie Armand, die Frau des Luftfahrtpioniers Jean-Pierre Blanchard, die 1819 zu Tode kam, als ein Ballon mit Feuerwerkskörpern explodierte, den die unternehmende Dame zu starten versuchte; am Ende auch nicht »Armand-Dubois«, ein etwas fragwürdiger Journalist in André Gides satirischem Roman *Die Verließe des Vatikan*). Dieses Rätsel löste auch der bewundernswerte Herausgeber Julien Hervier nicht, doch er entschlüsselte »Mme d'Armenonville«, einen anderen ihrer Tarnnamen, als Hinweis auf eine Promenade im Bois de Boulogne im späten Sommer 1942, bei der sich Jünger und die Ärztin näher gewesen seien als jemals zuvor.

Der Briefwechsel der beiden, der über die Verrätselungen vielleicht Auskunft gäbe, ist noch nicht publiziert. (Vielleicht steht nun, nach dem Tod von Ernst Jüngers Witwe, einer Veröffentlichung nichts mehr im Wege.) Nach der Rückkehr von einer Abkommandierung in den Kaukasus hatte Jünger – aus welchen Gründen auch immer – die feste Absicht, mit der »Doctoressa« zu brechen. Der Kommentator der »Pléiade« stellte fest, dass dieser Versuch gescheitert sei, obschon das Paar kaum jene glühende Passion vereinte, die Arletty und Hans Jürgen Soehring zusammenband. Die »Doctoressa« vor allem bewies in ihrer Zuneigung eine bemerkenswerte Hartnäckigkeit – was nicht allzu erstaunlich ist: Die Freundschaft mit Jünger bedeutete eine immense Bereicherung ihres Daseins, auch gemessen an ihrer Verbindung zu Breitbach.

Jüngers Reise nach Osten, in den Süden der russischen Front, hatte alle düsteren Gerüchte, die zu ihm und seinem Kreise nach Paris durchgedrungen waren, in deprimierender Weise bestätigt. Auch aus diesem Grunde strebte er so rasch wie nur möglich zurück. Jünger war nicht der einzige deutsche Soldat, wahrhaftig nicht, der Frankreich als ein wahres Paradies empfand, nachdem er in Russland das unfassbare Grauen des nazistischen Vernichtungskriegs erfahren hatte. Viele Soldaten, deren Einheiten jahrelang den Horror der Ostfront hatten ertragen müssen – nicht nur die mörderischen Schlachten, die Gräuel, an denen sie womöglich selber beteiligt waren, die Angst vor der russischen Gefangenschaft, die ihnen permanent im Nacken saß, sondern auch die Qualen der eisigen Winter, der Schlammwüsten im Frühjahr oder Herbst, der sengenden Hitze des Sommers –, sie konnten das Glück der Rückkehr in eine Welt der Zivilisation kaum fassen, einer alles in allem friedlichen Ordnung in der Koexistenz von Besatzung und Besetzten, die sich freilich durch die wachsende Aktivität der Partisanen und die brutalen Gegenschläge der Okkupationsmacht als immer brüchiger erwies.

Der Luftwaffen-Richter Soehring hatte, wie er selber mit Erleichterung konstatierte, mit dem Krieg im Untergrund nichts zu schaffen. Seine Personalakten schildern nicht einen einzigen Fall, mit dem er befasst war, auch keinen Prozess, der unter seiner Verantwortung geführt wurde. Kein Soldat der Luftwaffenstützpunkte im Bereich seiner Zuständigkeit – Paris und die benachbarten Regionen bis nach Reims im Nordosten und Orleans im Süden – scheint Opfer eines der willkürlichen Attentate geworden zu sein, mit denen die kommunistisch gelenkte Résistance die Rache der Besatzungsmacht herausforderte, die denn auch prompt Dutzende unschuldiger Geiseln erschießen ließ – oft durch direkte Befehle aus dem Führerhauptquartier, dazu gezwungen, gegen den Einspruch der Oberbefehlshaber, die nüchtern voraussahen, dass die Massenhinrichtungen potentielle Attentäter nicht abschrecken, wohl aber die Ressentiments der Bevölkerung und ihren Widerstandswillen aufstacheln würden: ein Crescendo des Terrors und vor allem des Gegenterrors, das sich am Ende mit der Vernichtung ganzer Dörfer samt Frauen und Kindern und Greisen der Barbarei des Vernichtungskrieges in Russland und Polen näherte.

Soehring hatte mit jenen Verbrechen nicht das Geringste zu tun. Die meisten geschahen, als er Paris längst verlassen hatte. Die französischen Dossiers sagen nichts über ihn aus. Nirgendwo ist sein Name verzeichnet. Die Verfahren gegen französische Bürger, für die er verantwortlich war, beschränkten sich offensichtlich auf Eigentumsdelikte und ähnliche Alltäglichkeiten. Nirgendwo ist das Stichwort »Sabotage« vermerkt. In den Beurteilungen, die ihm seine Vorgesetzten zuteil werden ließen, wird stets betont, dass seine Verhandlungsführung von den Franzosen generell als fair betrachtet wurde, nicht zuletzt dank seiner Beherrschung der Sprache. Es kam ihm nun zugute – und vor allem freilich den Delinquenten –, dass er einst in Grenoble, Clermont-Ferrand und Paris französisches Recht studiert hatte und folglich das juristische Vokabular beherrschte. Dafür mögen die französischen Anwälte besonders dankbar gewesen sein. Auch bei den deutschen Soldaten blieb er von schwerwiegenden Fällen wie »Fahnenflucht« verschont. In der Regel sah er sich eher mit den üblichen Sünden konfrontiert: Diebstahl, Disziplinvergehen, Schlägereien. Seine

Arbeit nahm nicht überhand. Manchmal musste er Paris einige Tage lang fern sein. Er eilte, so rasch es anging, in Arlettys Refugium zurück.

Sprach er mit ihr jemals über die Verbrechen des nazistischen Regimes im Osten? Über die Bedrohung der Menschheit und aller Menschlichkeit durch die Vernichtungsmaschine der Nazis? Es hat den Anschein, dass bedrückenden Fragen dieser Art der Zugang zu dem kleinen Zauberreich am Quai de Conti versagt war. Anders Ernst Jünger, dem es zum Beispiel nicht möglich zu sein schien, im Gespräch mit Louis-Ferdinand Céline den pathologischen Antisemitismus des genialen Autors zu vergessen. Er bestritt den literarischen Rang des Sonderlings nicht, doch der Mensch Céline war ihm nicht geheuer. Auch die poetische Anarchie der Bilder und der Sprache in seinen Büchern, ihre wilden Energien, ihren schmetternden Realismus, ihre obszöne Vitalität empfand er als fremd. Nach einem Gespräch im April 1943 notierte er, dass Céline in den Schauer-Geschichten aus seiner Praxis als Armenarzt geradezu geschwelgt habe; er sei Bretone, was »ein Licht« auf den »ersten Eindruck« werfe, bei dem er den Dichter »in die Steinzeit einordnete« (was immer das hieß). Jünger fuhr fort: »Er steht auf dem Sprunge, das Massengrab bei Katyn zu besuchen, mit dem man jetzt Propaganda macht. Es leuchtet ein, dass solche Orte ihn anziehen« – jene getarnten Sammelgrüfte nicht weit von Smolensk, in denen die Leichen von mehr als zehntausend polnischen Offizieren und Intellektuellen verwesten, die Stalin nach der Besetzung der Ostgebiete Polens im Herbst 1939 hatte erschießen lassen.

Das Urteil Jüngers über Céline mochte der schwierigen Persönlichkeit des Dichters nicht völlig gerecht werden. Doch ihm gingen die antijüdischen Pamphlete mit ihrem pornographischen Geifer nicht aus dem Kopf, Bekenntnisse, die man – um es milde zu sagen – als Zeugnisse einer partiellen Geisteskrankheit erkennen konnte. Arletty schien nichts davon wahrzunehmen. Damals, als der große erste Roman Célines das literarische Paris aufwirbelte, hatte sie sofort das berstende Genie des Schreibers gespürt, doch bei der ersten leibhaftigen Begegnung schien sie nicht an seiner Literatur interessiert zu sein, sondern ausschließlich an seinem Hinweis, dass auch er – armer Leute Kind wie sie selber – in Courbevoie aufgewachsen war. Sie beherrschten den gleichen Jargon. Vielleicht hatten sie zusammen gespielt. Sie fand (dabei ist ihr nur schwer zu folgen), er sei ein schöner Mensch, und es berührte sie, dass man von ihm sagte, er verschenke den größeren Teil seiner eindrucksvollen Tantiemen an Pariser Nutten, die sich bei ihm behandeln ließen.

Das gemeinsame Milieu der Herkunft zählte für Arletty mehr als seine literarische Revolution, mehr auch als sein Judenhass, den sie lange Zeit niemals erwähnte. Erst im Alter schien sie ihn zur Kenntnis zu nehmen, dann allerdings kommentierte sie den Wortlaut seiner unsäglichen Pamphlete voller Abscheu. Ihr selber lassen sich keine antisemitischen Ressentiments nachsagen – obwohl sie die kühle Zurückweisung durch die Familie ihres erotischen Entdeckers »Edelweiß« tiefer verletzt hatte, als sie es offen einräumte. Sie vergaß das nicht: Sie wurde abgelehnt, weil sie nicht jüdischer Herkunft war. Ressentiments aber waren ihre Sache nicht. Sie hatte jüdische Freunde, doch deren Judentum war ihr nicht wichtig: für sie zählten ihre Talente, ihre menschlichen und manchmal vor allem ihre männlichen Qualitäten. Es verstand sich von selbst, dass auch sie die heimlichen jüdischen Mitarbeiter ihrer Filme im Krieg zuverlässig deckte. Die heimliche Kooperation mit den Verfolgten im Film von Marcel Carné war keine Ausnahme. Sie entsprach in der Welt des Films, des Theaters, der Musik fast einer Normalität. Auch Verleger – zum Beispiel Gaston Gallimard – riskierten getarnte Kontakte zu Autoren und Mitarbeitern, die »untergetaucht« waren, manche in Paris, manche in den unscheinbaren Quartieren der Banlieu, manche in den ländlichen Refugien des Südens, auch in den Departements, die von Italienern besetzt waren, die großmütig über »verdächtige« Personen hinwegschauten.

Zum anderen galt auch der Umgang mit deutschen Beamten und Offizieren in der Gesellschaft weithin als völlig normal.

Ernst Jünger erwähnte Arletty nur einmal in seinem Journal, in nicht besonders schmeichelhaften Tönen. (Von Soehring ist bei ihm niemals die Rede.) Gemeinsam waren sie – mit Oberst Speidel (der am Ende seiner Karriere Oberbefehlshaber der NATO-Landstreitkräfte war) und mit Sacha Guitry – zum Mittagessen beim Vichy-Botschafter Fernand de Brinon geladen, der als Journalist einer der Avantgardisten der französisch-deutschen Verständigung war, zunächst im Zeichen der Versöhnungspolitik von Aristide Briand und Gustav Stresemann. Ihm gelang es, als erstem Korrespondenten der Pariser Presse, 1933 ein Interview mit dem neuen Reichskanzler Adolf Hitler zu führen – ein Gespräch, das ihn nicht zum Gegner des Dritten Reiches machte. Jünger vermerkte missmutig, Brinon sei – trotz seiner (angeblich) jüdischen Frau – mit verächtlich-vulgären Formeln über die Juden hergezogen. (Er büßte für seine Kooperation mit dem Naziregime mit der Höchststrafe und wurde 1947 im Fort de Montrouge hingerichtet.)

An jenem Mittag schien die Stimmung an seiner Tafel unbeschwert gewesen zu sein. Neben Jünger hatte man Arletty gesetzt, »die gerade in dem Film *Madame Sans-Gêne* zu sehen« war. Er notierte: »Um sie zum Lachen zu bringen, genügt das Wort Cocu« – das den gehörnten Ehemann bezeichnet –, »sie kommt also hierzulande kaum aus der Heiterkeit heraus«. Man darf vermuten, dass der immer ein wenig steife deutsche Offizier ihr Talent zu lachender Albernheit provozierte. Die beiden waren nicht füreinander geschaffen.

Von Soehring ist, es wurde gesagt, nirgendwo die Rede. Er kannte den Kriegsrichter wohl flüchtig von kurzen Begegnungen in diesen und jenen Salons. Er konnte nicht wissen, dass es den jungen, eleganten Gerichtsoffizier heimlich, ihm selber kaum bewusst zur Literatur zog. Sein Urteil über das Regime, die Entwicklung des Krieges, die Probleme der Besatzung, über die Beziehungen zwischen Deutschen und Franzosen dürfte sich kaum von dem Ernst Jüngers unterschieden haben – nur brachte er nichts davon zu Papier, damals nicht und später nur in erzählerischer Umschreibung. Mit der gebotenen Vorsicht dürfte es erlaubt sein, auf manche von Jüngers Impressionen und von seinen Einsichten sozusagen stellvertretend für Soehring zu verweisen.

Waren die beiden damals der Widerstands-Erzählung von Vercors begegnet, die im Untergrund von Hand zu Hand ging, das Werk des edel-kommunistischen Schriftstellers, der in Wirklichkeit Jean Bruller hieß, die Novelle *Le Silence de la Mer* (Das Schweigen des Meeres), die seit Februar 1942 unter dem Tisch gehandelt wurde – und dennoch eine beträchtliche Auflage erreichte? Die Geschichte berichtet von einem aristokratischen, aufrichtig frankophilen deutschen Offizier, angeblich nach dem Vorbild Jüngers geformt, der sich vergebens bemüht, das Vertrauen der bildungsbürgerlichen Familie zu gewinnen, bei der er Quartier genommen hat. Die unfreiwilligen Gastgeber bewirten ihn aufmerksam, lauschen seinem Klavierspiel und seinen versöhnlichen Reden – doch sie verweigern ihm beharrlich jedes Gespräch, um ihn wissen zu lassen, dass er in ihrem Hause und ihrem Lande nicht willkommen sei; sie schweigen unerbittlich, auch die hübsche Tochter, in der eine heimliche Liebe zu dem Deutschen zu keimen scheint (der einen hugenottischen Namen trägt – nichts kommt von nichts). Als sich der freundliche Offizier versetzen lässt, da er die wahren Pläne der Nazis für Frankreich durchschaut hat, ohne Zweifel an die mörderische Ostfront, entringt sich der jungen Dame schließlich doch ein gehauchtes Adieu, denn sie ahnt, dass sie ihn niemals wiedersehen wird. Die moralische Fabel sollte die Bürger vor den Verführungen der Frankophilie wohlerzogener Offiziere und vor ihrer täuschenden Kultiviertet warnen. Nach einem halben Jahrhundert wiedergelesen, enthüllt sich die Erzählung leider als das, was sie wohl immer gewesen ist: ein Festakt pathetisch-patriotischen Kitsches. Arletty hätte über diesen kryptischen Jünger-Roman wohl kaum milder geurteilt, hätte sie ihn gekannt – sie war mit einem wachen Gespür für echte und unechte Töne in der Literatur begabt.

Schwieg Soehring beharrlich über das Geschick der französischen Juden oder die Geiselerschießungen, die sein (nicht nur professionelles) Verlangen nach Recht und Gerechtigkeit verletzten? Gewiss stimmten Arletty und er in der Verurteilung der Verbrechen überein. Sie hätte vermutlich die Anschläge der Résistance schärfer verurteilt als er. Doch ihre Liebe, von der sie wussten, dass ihr nur eine begrenzte Zeit geschenkt sein würde, schien ihnen nahezulegen, die düstere Realität vor die Tür zu jagen. Und später? Wir kennen Soehrings Briefe an Arletty nicht, die noch immer verschollen sind, in denen er sich freier zu den Problemen der Besatzungsjahre geäußert haben mag.

Ernst Jünger, einst der so unterkühlte Autor der *Stahlgewitter* und ohne Zweifel ein intellektueller Nationalist, betrachtete es nun – vom Militärbefehlshaber, dem General Otto von Stülpnagel ermutigt – als seine Pflicht, die letzten Briefe unschuldiger Geiseln zu übersetzen, um sich selber und seinen Kommandeuren zu zeigen, was in diesen schlichten Männern angesichts des Todes vorging – auch als Mahnung, auf solch brutale Vergeltung für die Anschläge zu verzichten, die in der Bevölkerung mehr Hass als Furcht gesät hat. Der General drängte darauf, eine genaue Schilderung der »Geiselfrage« für spätere Zeiten vorzubereiten. Jünger selbst freilich hatte einen harten Gewissenskonflikt zu bestehen, als er dazu bestimmt wurde, die Aufsicht bei der Exekution eines deutschen Fahnenflüchtigen zu übernehmen. Er wollte sich krank melden. Doch schließlich entschied er anders: er hätte es als feige empfunden, dieser direkten Konfrontation mit dem Tod auszuweichen. Später stellte er fest, dass er manches menschlicher regeln konnte. Dafür war bei diesen Ritualen des legalen Mordes, wie der Autor dieser Zeilen aus eigener Anschauung bestätigen kann, Gelegenheit genug. An der Grausamkeit der rituellen Hinrichtung änderten freilich alle Versuche der Humanisierung nichts.

Der Hauptmann Jünger schrieb am 18. Juli 1942 in sein Tagebuch: »Ich darf in keinem Augenblick vergessen, dass ich von Unglücklichen, von bis in das Tiefste Leidenden umgeben bin. Was wäre ich sonst für ein Mensch, was für ein Offizier. Die Uniform verpflichtet, Schutz zu gewähren, wo es irgend geht. Freilich hat man den Eindruck, dass man dazu wie Don Quichote mit Millionen anbinden muss«.

Das war nobel gedacht. Doch Jünger schien damals noch nicht deutlich zu sein, dass die feldgraue Uniform – in Frankreich zunächst kaum angefeindet – im Fortgang der Besatzung nicht mehr als ein Versprechen des Schutzes, sondern nur noch als Bedrohung gesehen wurde. Überdies konnten die französischen Bürger zwischen den SS- und den Wehrmachtsuniformen kaum unterscheiden. Warum sollten sie auch? Gestapo und SD und die französische Miliz konnten ihre schmutzige Arbeit schließlich nur unter dem Schutz der Wehrmacht verrichten.

Aus den literarischen Versuchen, mit denen sich Hans Jürgen Soehring nach dem Kriege abmühte, darf man in der Tat den Schluss ziehen, dass er über die Probleme, mit denen die gewissenhaften Mitglieder der Besatzungsmacht in Frankreich konfrontiert waren, kaum anders gedacht hat als Ernst Jünger. Seine Erzählungen deuten diese Einsichten dann und wann als Grundstimmung an, doch so gut wie niemals in prägnant formulierten und zitablen Sätzen. Die Erzählung *Cordelia,* in der seine und Arlettys Liebesgeschichte verschlüsselt und mit einigen literarischen Freiheiten geschildert ist, bestätigt eher die Vermutung, dass *faune* und *biche* von der Realität des Terrors und der Vernichtung in ihren vier Wänden nichts wissen wollten. Draußen sah Soehring, dass die nazistischen Häscher immer rücksichtsloser in den Alltag Frankreichs vordrangen. Gegenüber dem Monster war es so machtlos wie Jünger – und wie es letzten Endes die Oberkommandierenden der Wehrmacht oder ein Generalstabschef Speidel waren. Umso mehr zählt, dass er selber offensichtlich niemals das Recht gegenüber französischen Bürgern gebrochen hat – anders wäre ihm – nur wenige Jahre nach dem Ende des Krieges – kaum die Einreise nach Frankreich erlaubt worden. Auch Carlo Schmid, den wir hernach als den sozialdemokratischen Bildungsbürger par excellence kennen lernten, bewies als Kriegsrichter in Lille, dass der Dienst in der Militärjustiz und Menschlichkeit einander nicht ausschlossen – wenigstens nicht im Westen. Carlo Schmid, auf seine Weise ein Lebenskünstler, interessierte sich freilich mehr für seine Baudelaire-Übersetzungen als für den militärischen Alltag – und er fuhr oft nach Paris, um mit Jünger zu zechen und ihm seine Eindeutschungen der *Blumen des Bösen* vorzutragen, bravourös und in einem etwas zu hohen George-Ton, den der ältere Freund zu akzeptieren schien, obschon er ihm fern war.

So hatte jeder sein Refugium – Jünger die *bouquenistes,* seine literarischen Freunde, ob Franzosen oder Deutsche, seine »Doctoressa« (gelegentlich auch andere Damen), Soehring die Arletty und ihr kleines Reich am Quai de Conti, Arletty wiederum den Film. Nach dem Erfolg der *Madame Sans-Gêne* gaben sich die Produzenten die Klinke in die Hand, wie man so sagt. Das großzügigste Angebot stammte von Alfred Greven, dem deutschen Chef der Continental-Fim, einem energischen Unternehmer, der kurz nach dem Einmarsch der Wehrmacht in Paris aus dem Flugzeug gestiegen war und seine Produktionsfirma gegründet hatte, eine Filiale der deutschen Filmindustrie, damit (theoretisch) der Kontrolle durch das Goebbels-Ministerium unterworfen, um die sich der eigenwillige Greven nicht allzu viel zu kümmern schien. Der agile Produzent, der sein Handwerk bei der Terra und der UFA gelernt hatte, unterstand unmittelbar dem großen Schattenmann der deutschen Filmindustrie, dem Geheimrat Max Winkler, der sämtliche Kapitalflüsse lenkte. In gewisser Hinsicht war der legendäre Geheimrat ein Mann der alten Schule, der – anders als Goebbels – niemals vergaß, dass Menschen ihre Talente entfalten, wenn man ihnen weitgehend freie Hand lässt. Überdies war er darüber informiert, dass Greven die engsten Beziehungen zum »Reichsmarschall« Göring unterhielt, mit dem er seit gemeinsamen Zeiten in der Fliegerei des Ersten Weltkrieges befreundet war. Das gab Greven die Chance, zwischen zwei Machtzentren zu manövrieren. Was ihn bei seinen Pariser Unternehmungen ausschließlich interessierte war der Erfolg – und nicht nur der finanzielle. Seine Firma Continental produzierte (nach Auskunft der amerikanischen Forscherin Evelyn Erlich in ihrer Studie: *Cinema of the Paradox. French Filmmaking under the German Occupation*) etwa dreißig der insgesamt 220 Filme, die während der deutschen Besatzung in Frankreich gedreht wurden. Außerdem kaufte Greven 37 Filmtheater zusammen – allein in Paris besaß Continental fünfzehn Kinos.

Greven verstand seinen Auftrag keineswegs als Propagandist des Nazismus: Er wollte französische Filme produzieren, die amüsant und intelligent genug sein sollten, das Publikum zu unterhalten und womöglich den tristen Alltag des Krieges für ein paar Stunden vergessen zu lassen, und er bediente sich dabei gern auch amerikanischer Stilmittel. Er wollte das Potential künstlerischen Talentes und technischen Könnens, das Frankreich zu bieten hatte, so gut wie möglich nutzen. So nahm er Fernandel, den großen Komödianten mit dem Pferdegesicht, den korsischen Popsänger Tino Rossi oder Danielle Darrieux und Edwige Feuillère unter seine Fittiche. Es gelang ihm in der Tat, einige Filme von hoher Qualität zu fertigen, zum Beispiel André Cayattes *Au Bonheur des Dames* (nach Zola), oder *La Fausse Maitresse* (nach Balzac), vor allem aber mit Henri-Georges Clouzots großen Film über das Denunziantentum, der den Titel *Le Corbeau* trug (Der Rabe): eine Geschichte von verborgener, doch brennender Aktualität, da in den Jahren der Besatzung und des Vichy-Regimes wie nachher im Zeichen der »Säuberung« die heimlichen Verdächtigungen und Anklagen eine erschreckende Inflation erlebten – damals gegen die Juden und die Regime-Feinde gerichtet, nach der Befreiung gegen die Kollaborateure (die vermeintlichen und die tatsächlichen), die Freunde der Deutschen, zumal unter den Frauen. Jeder halbwegs intelligente Zuschauer verstand das, obschon die Handlung keine klare politische Tendenz erkennen ließ, sondern das Publikum mit einem kleinstädtischen Gesellschaftsdrama konfrontierte, das allerdings den bourgeoisen Moralismus, der die Fassade von Vichy beherrschte, mit virtuosen Volten in seiner ganzen Verlogenheit sichtbar machte. Die regimetreue Kritik schmähte das Werk als »antifranzösisch«, das »Film-Zentrum« der Katholischen Kirche nannte es »blasphemisch« und stufte es in die unterste Kategorie ein, die von einem Kinobesuch dringend abriet. Doch seltsam: Es hagelte auch von den Tugendwächtern der Résistance massive Verdammungsurteile, was auf den ersten Blick paradox zu sein scheint – freilich nur auf den ersten: denn sie fühlten vermutlich die künftige Säuberung durch die Hintertür bedroht. Doch auch die Gestapo-Funktionäre durchschauten das brillante Spiel; sie verhinderten – angeblich weil der Film zu negativ gestimmt sei – den Export ins Reich. Die deutschen Polizisten verlangten die Streichung des Werbe-Textes, der fragte: »Ist das Gesetz stark genug, die Schreiber anonymer Briefe angemessen zu bestrafen?« Dies bezog die Gestapo – nicht zu Unrecht – auf ihre Zuträger. Grevens Continental-Film gab danach dem Regisseur Clouzot und seinem Drehbuch-Autor Jean Chavance keinen weiteren Auftrag mehr, obwohl kein anderer Film der Okkupations-Ära eine solch hohe Zahl von Zuschauern gefunden hatte und mit solch begeisterter Zustimmung des Publikums gefeiert wurde. Kenner der Filmgeschichte zögerten nicht *Le Corbeau* als einen der besten Filme zu preisen, die in Frankreich jemals produziert wurden.

Aber woher der Hass, mit dem der Regisseur und sein Autor noch lang nach der Befreiung verfolgt wurden? War es wirklich die Weigerung der beiden Meister, die Bürger der Kleinstadt in schroffer Schwarz-weiß-Zeichnung als die Guten zu rühmen oder als die Schlechten zu verurteilen? Verunsicherten sie die Mitglieder der »Säuberungstribunale«, die meinten, sie könnten mit ihrem niemals irrenden

Blick die Böcke von den Schafen scheiden? Drohte die Botschaft des Filmes, dass Schuld und Unschuld sich niemals ganz säuberlich voneinander trennen lassen, den Mythos des Widerstandes einer angeblichen Mehrheit der Franzosen und der Kollaboration einer verdammungswürdigen Minderheit zu erschüttern? Clouzot und sein Autor Chavance sahen sich 1945 zu einem Berufsverbot auf Lebenszeit verurteilt (das freilich 1947 revidiert wurde).

Alfred Greven war ein ehrgeiziger Produzent, der mit seiner Firma Continental-Film Spuren in der Geschichte des Kinos hinterlassen wollte. Für einen Star vom Format der Arletty war Greven nichts zu teuer. Er bot ihr zwei Millionen und dreihunderttausend Francs für fünf Filme, doch außerdem ein Monatsgehalt von hunderttausend im ersten, zweihunderttausend im zweiten Jahr, sicherte ihr das Recht des Einspruchs für das Drehbuch und die Dialoge zu, außerdem die Spitzenposition in jeder Werbung für ihre Filme. Kaum eine ihrer Kolleginnen und Kollegen hätte ein Angebot dieser Dimension ausgeschlagen. Arletty sagte nein. Nicht, wie Patrick Buisson zu Recht betont, aus patriotischen Gründen, auch nicht, weil sie es für unmoralisch gehalten hätte, für ein Unternehmen der Besatzungsmacht zu arbeiten. Okkupation hin oder her: sie wollte ihre völlige Unabhängigkeit behaupten, auch gegenüber den Deutschen. Da der geniale Marcel Carné – der Regisseur, den sie mit dem Dirigenten Herbert von Karajan verglich – nicht für Greven drehen wollte, war es für sie selbstverständlich, dass sie sich von Contentintal fernhielt. Carné war auf Abstand bedacht, weil er keine Neigung hatte, sich den autoritären Manieren, den gefürchteten Wutausbrüchen, den robusten Intrigen und dem mitunter mysteriösen Gebaren des deutschen Herrn und Meisters auszusetzen. Auch die Offiziere der »Propaganda-Staffel« wahrten lieber Distanz. Außerdem ließen sie sich von Greven nicht übertreffen, was den Respekt vor der künstlerischen Eigenständigkeit der französischen Film- und Theaterwelt anging. Die Kultur-Referenten der deutschen Behörden erklärten – laut Kathrin Engel in ihrer Untersuchung *Die deutsche Kulturpolitik im besetzten Frankreich* (Oldenbourg, München 2003), dass die »deutschen Funktionsträger« künstlerisch keinen Einfluss nehmen sollten: »Die Propaganda-Staffeln sind nicht dazu da, dem französischen Kulturleben deutsche Moral- und künstlerische Wertmaßstäbe zu vermitteln.«

Was Arletty und ihren Verzicht auf die Greven-Produktionen angeht: Es sind Zweifel erlaubt, ob die Auswahl der Stoffe, die ihr von französischen Firmen geboten wurden, immer sehr glücklich war. Rasch nach *Madame Sans-Gêne* drehte sie *Bolero,* eine burleske Komödie, deren Titel auf den Einfall verwies, eine Nachbarin durch die unentwegte Wiederholung des berühmten Stückes von Ravel auf einer Schallplatte zu entnerven. Die junge Simone Signoret fand eine erste Winz-Rolle, als »Silhouette« und Lehrmädchen, wie sie sich ausdrückte: ein Drehtag, mit 500 Franc entlohnt. Im Dezember war das muntere Stückchen abgedreht. Im Januar 1942 stand Arletty schon wieder vor dem Kamera: *La Femme que j'ai le plus aimée*, eine kleine Komödie, bei der sie sich die Freiheit nehmen konnte, ihre Texte nach eigenem Geschmack umzufrisieren. Es ging Schlag auf Schlag: im Februar *L'Amant de Bornéo*, von dem natürlich kein Meter außerhalb der exotisch drapierten Pariser Studios gefertigt wurde. Eines der Filmchen, von denen sie zu sagen pflegte, sie seien fürs Taschengeld oder für die Steuer.

Im Frühjahr 1942 hatten ihre Freunde – der Drehbuch- und Dialog-Autor Jacques Prévert und der Regisseur Marcel Carné (dem Michelangelo Antonioni, später selber ein bedeutender Regisseur, als Assistent zur Seite stand), nicht zu vergessen ihr genialer Kamera-Mann Roger Hubert – einen Filmstoff für sie parat, der ihr Können, ihre Spielfreude, ihren Enthusiasmus und ihr Verlangen nach der Arbeit mit Menschen solch hohen Niveaus aufs schönste herausforderte: *Les Visiteurs du Soir* – ein poetischer Titel, der im Deutschen viel von seinem Charme verliert (Die Abendgäste): ein Minnesänger-Paar, das einen Pakt mit dem Teufel schließt. Doch die verlassene Tochter eines Ritters verfällt dem Troubadour in einer leidenschaftlichen Liebe. Die hatte der Teufel nicht vorgesehen. Zur Strafe lässt er die beiden zu Statuen erstarren, doch unter dem Stein schlagen die Herzen hörbar weiter. »Ein Triumph der Liebe«, verkündete Arletty, aber was geschieht mit ihr, der androgynen Ritterfrau, die immerhin vorzuführen weiß, wie gut sie nun den Umgang mit Pferden beherrscht – und wie bezaubernd sie singt, nach den betörenden Versen von Jacques Prevért, die der jüdische Musiker Joseph Kosma (der nur aus der Tarnung mitwirken kann) für sie komponiert hat. Die Kulissen waren aufwendig, und der Mangel an Materialien machte sich für die Szenenbildner beim Aufbau der mittelalterlichen Bauten böse bemerkbar. Die Naturkulissen der Städtchen und Dörfer in der südlichen Provence und im Hinterland der Côte d'Azur boten nicht die Atmosphäre, die es für manche Spielszenen brauchte. Das (damals noch) idyllische Vence war Hauptquartier der Equipe, zu der auch Simone Signoret zählte, nun immerhin schon mit einer kleinen Monatsgage entlohnt. Die Produzenten nahmen es hin, dass sie keine Papiere vorlegen konnte, dass sie ohne Personalausweis – dank des Geschicks von Marcel Carné – die Grenze zwischen dem besetzten Frankreich und dem Staat von Vichy passieren konnte. Der Regisseur behielt sie – eine generöse Geste – für die gesamte Drehzeit. Er gab ihr damit eine Chance, Kontakt zu den Stars zu gewinnen. Regisseur und Produzenten schlugen sich mit tausend alltäglichen Problemen herum, die man im »Friedensfilm« nicht kannte. Es war mehr als mühsam, die Stoffe für die Kostüme zu beschaffen. Und vor den Aufnahmen für ein aufwendiges Festmahl musste der Regisseur die aufgetischten Speisen mit einer Tinktur bestreichen lassen, die sie ungenießbar machten: anders hätten die hungrigen Statisten und Kleindarsteller alles schon vor Drehbeginn ratzekahl gefressen.

So üppig die Präsentation, so schlicht die Botschaft des Filmes: Die Liebe ist unbesiegbar. Danach lechzte das Gemüt des Publikums in jenen Jahren. Der Erfolg war unvergleichlich. Die Statistiken besagen, dass *Les Visiteurs du Soir* nicht nur der beliebteste, sondern auch der lukrativste Film der gesamten Besatzungs-Produktion gewesen ist. Die Kritik war überwältigt. Audiberti schrieb in *Comoedia*, »les visiteurs« bezeugten »in angstvollen Zeiten kraftvoll die Vitalität des Spirituellen«. André Bazin in *Jeux et Poésie* (etwas mystisch): »Das Geheimnis offenbart sich ohne Umweg in der Seele der Wesen und Dinge, deren Erscheinung von der Sonne versengt ist.« Francois Vinneuil sagte von Arletty: »… so schön, so verführerisch in ihrer Travestie, mit den leisen Vorstadt-Anklängen, die sie wohl niemals ganz los wird, bewies eine seltene Intelligenz in einer Rolle von solcher Komplexität …« Sie selber sagte, alles habe sie in diesem Film bezaubert, »die Dichtung, die Musik, die Szenerie, in der gedreht wurde, der Midi, Vence, Tourette-sur-Loup … Und dann das Haus, in dem ich logierte, in dem es schwarz, das heißt, ein ohne Wissen der Behörden groß gezogenes Schwein gab (eines auf vier Füßen), das seinen wahren Geschmack zu erkennen gab, als es meinen Badeanzug fraß …« Und schließlich die wunderbare Eloge für Jacques Prévert: er sei »der große Poet des Films, verstehen Sie: das zählt, die Sprache im Kino, das sonst nur eine Grimassenschneiderei wäre.«

Hans Jürgen Soehring war am 5. Dezember 1942 bei den Premieren in den Filmtheatern Lord Byron und Madeleine anwesend. Sie bezeugte es selber. Es war ihr wichtig.

Wachsende Schatten – und die Botschaft der Freiheit

Ein drei viertel Jahr vor dem Triumph ihres dritten Filmes in der Regie von Marcel Carné, *Les Visiteurs du Soir,* war eine Heimsuchung der besonderen Art an ihr vorübergegangen: Arletty konnte einer Einladung der Prominenz des französischen Kinos nach Berlin ohne Schroffheit und ohne allzu komplizierte Lügereien ausweichen – sie wurde für die Vorbereitung der Dreharbeiten in Nizza gebraucht. Dem hellsten Stern der Pariser Equipe, die der Reichshauptstadt schließlich die Ehre gab, durften die älteren Herrschaften genau sechzig Jahre später noch einmal begegnen: in dem ironischen Paradefilm der Diven Frankreichs, der im Jahre 2002 unter dem Titel *8 femmes* (8 Frauen) den gefährlichen Charme von Catherine Deneuve, Fanny Ardant, Emmanuelle Béart, der genialen Isabelle Huppert und anderen offenbarte, entdeckten die Zuschauer mit Erstaunen und Entzücken, dass auch Danielle Darrieux noch immer mit einer grundmusikalischen und erstaunlich festen, ja jungen Stimme ein melancholisch-heiteres Chanson präsentieren konnte. Die Dame hatte bei jenem Aufritt, wenn wir richtig zählten, die Mitte der Achtzig durchschritten – in Schönheit und vor allem in Würde.

Damals in Berlin – offiziell eingeladen von Carl Froelich, dem Vorsitzenden der »Reichsfilmkammer« – wurde die Delegation so aufwändig hofiert, umschmeichelt und verwöhnt, wie es dem pompösen Gehabe der Diktaturen entspricht: ein festlicher Empfang, ein großes Essen nach dem anderen; Begegnungen mit hohen »Würdenträgern des Staates, der Partei und der Wehrmacht«, von deren wahren Funktionen die Schauspieler, zu ihrem Glück, meist nichts ahnten, zum Beispiel nichts von den finsteren Umtrieben des »Reichfilm-Intendanten« Fritz Hippler, dessen zentrales Interesse der Aufwiegelung antisemitischer Ressentiments im Kino galt. Danielle Darrieux und ihre Gruppe lernten gottlob nicht nur die braunen Bonzen kennen, sondern auch ihre liebenswerteren deutschen Kolleginnen und Kollegen: Marika Rökk, Henny Porten, Brigitte Horney, Mathias Wiemann und Karl Ritter, auch Ernst von Salomon, den Rathenau-Attentäter, der in jener Epoche sein Geld auf nicht unkomfortable Weise als Drehbuchautor verdiente. Zu ihnen gesellte sich Harry Baur, einer der Großen des französischen Films jener Tage, der auch für die UFA und die TOBIS arbeitete – bis er plötzlich, man weiß nicht von wem denunziert, in einem der Pariser Gestapo-

Keller verschwand, beschuldigt, er habe seine jüdische Herkunft verschwiegen. Sie wurde ihm nicht nachgewiesen. Die Büttel ließen ihn laufen – ein gebrochener Mann, der wenig später starb, vermutlich an den Folgen der Folter.

Dieser Schatten war noch fern. Zenith der Verständnisseligkeit: der Empfang in der prächtigen Residenz des Reichsministers Goebbels auf der Pfaueninsel im Wannsee. Ein anderer Höhepunkt der »bunte Nachmittag« in einem Berliner Betrieb, in dem mehr als einhundert französische Arbeiter für die deutsche Rüstung schufteten, die nicht müde wurden, ihren Landsleuten zuzujubeln. Weiter nach Wien, wo sie der wohlgepolstert-elegante Reichsstatthalter Baldur von Schirach – einst der Chef von Otto Abetz in der Reichsjugendführung – in der k. u. k. Hofburg willkommen hieß. Sein Aufgebot zu Ehren der Gäste aus Paris war illuster: Richard Strauß hatte sich herbeibemüht, Willi Forst, Heinrich George und Paul Hörbiger waren zur Stelle, die Großen des Wiener Theaters, natürlich auch Paula Wessely, die Regentin der Burgschauspieler-Dynastie, vermutlich auch Magda Schneider, die ehrgeizige Mama der Romy Schneider.

Danielle Darrieux hatte sich freilich schon in Berlin von der Delegation verabschiedet. Sie gab nach der Befreiung an, sie habe sich an der Reise nur beteiligt, weil sie die Chance wahrnehmen wollte, ihren Verlobten Porfirio Rubirosa zu sehen (nach anderer Version war er damals schon der Gatte, ihr vom kubanischen Botschafter angetraut). Als die Dominikanische Republik dem Großdeutschen Reich den Krieg erklärte, hatten die Besatzungsbehörden dem Gesandten Rubirosa einen Zwangsaufenthalt in Bad Nauheim zugewiesen, keine allzu unangenehme Residenz für den schönen Menschen, der als junger Militär die Gunst von Flor de Oro, der Tochter des Diktators Trujillo, gewonnen und die leidlich hübsche, vor allem geldschwere Dame zum Altar geführt hatte. Der Schwiegervater, ein eher launischer Herr, willigte einige Jahre später in die Scheidung ein, was viele überraschte. Menschen, die seinen Unwillen erregten, ließ Rafaelo Trujillo gern an die Krokodile oder die Haifische verfüttern. Porfirio aber schickte er nach Paris. Dort begann sein Aufstieg zum berühmtesten unter den Playboys von internationaler Statur. Danielle Darrieux war eine entscheidende (und die schönste) Sprosse seiner standesamtlich beglaubigten Karriere, die ihn eines Tages, fast zwangsläufig, an die Seite der Woolworth-Erbin Barbara Hutton führte, als den fünften ihrer acht Gatten.

Danielle Darrieux brachte es tatsächlich zuwege, dass ihn die Deutschen aus Bad Nauheim nach

Frankreich zurückkehren ließen (wo er ein mysteriöses Attentat nur knapp überlebte). Sie aber wurde, wie sie hernach angab, zur Strafe für die verfrühte Abreise aus Berlin für fünfzehn Monate in den Winterkurort Megève verbannt, wo Porfirio bald zu ihr fand – auch dies ein erträgliches Schicksal in schwerer Zeit. Dort trugen die beiden, in gesunder Bergluft, neben der tuberkulösen Corinne Luchaire, die dort droben Heilung suchte, auch neben einer Reihe reicher jüdischer Erben, deren Rückzug in den Kurort den Behörden gewiss nicht verborgen blieb, ihr Scherflein zur Etablierung des eleganten Nachtclubs »L'Èquipe« bei, den Dodo Gabin eröffnet hatte, die Strohwitwe von Jean Gabin, die sich ein Einkommen zu verschaffen und über die Abwesenheit ihres Gatten zu trösten versuchte. Danielle Darrieux hatte freilich ihre Vertragspflichten bei der Continental-Film zu erfüllen. Sie betonte nach der Befreiung, dass sie sich mit der deutschen Produktionsgesellschaft nur eingelassen habe, weil man ihr mit Konsequenzen für den armen Porfirio gedroht habe. Solcher Mittel bediente sich Alfred Greven in der Regel nicht. Er brauchte sie nicht.

Danielle aber überstand die »Säuberung« 1944 und 1945 ohne Rügen oder professionelle Nachteile (»classement« lautete der knappe Vermerk: zu den Akten, ohne Folgen) – anders als Arletty, die keinen einzigen Film für die Produktion von Alfred Greven gedreht und nicht zu der Schauspieler-Delegation gehört hatte, die sich in Berlin von Goebbels umgarnen ließ, dafür hernach in der Conciergerie und im Lager Drancy für die nicht begangenen Sünden büßte. Warum das so war, fragte sie sich vergebens – und nicht nur sie fragte.

Arletty kannte Berlin dank ihrer Dreharbeiten zu Beginn der Dreißiger Jahre gut genug, sie hatte alle schrägen Nachtclubs erkundet, und sie war manchen der besseren deutschen Kollegen begegnet. Nun zog sie es vor, jede Stunde mit ihrem Privat-, ihrem Sonder-, ihrem Paris-Deutschen, ihrem *faune* zu genießen, am besten mit ihm allein, zu Hause in ihrer schönen Wohnung über der Seine. Sie sprachen über Bücher, natürlich auch über Filme und interessante Stoffe, sie hörten Musik, manchmal auch ihre munteren und gelegentlich traurigen Chansons, gesungen von der hellen, pariserisch-nasalen und dennoch harmonischen, oft überraschend weichen Stimme, damals noch auf Schellack-Platten aufgenommen. Wenn man Soehrings Erzählung aus dem Jahre 1947 glauben darf, dann traute sie zuweilen dem Glück nicht, das ihnen beiden zuteil wurde, weil sie sich selber niemals ganz zu trauen schien, weil sie, wenn ihre Seele zu flattern begann, ihrer selbst weniger sicher war, als man es bei dem strahlenden Star vermutet hätte. Immer wieder die Furcht, dass er sich mit ihr langweile, »jeden Abend zu Hause, allein mit mir«. Weil Männern dann in der Regel nichts anderes einfällt, fragte er (in seiner Erzählung) linkisch-höflich zurück: »Langweilst denn du dich mit mir?« »Nein. Natürlich nicht. Aber das ist 'was andres«. »Warum ist das 'was andres?« »Das weißt Du doch. Das ist ganz 'was andres. Ich habe niemals genug von dir«. Sie konnte ihre heimlichen Zweifel an sich – und die zehn Jahre, die sie älter war – nur in den schönsten Momenten ihrer Liebe vergessen, wenn gleichsam die Schwerkraft aufgehoben zu sein schien – Levitation der Leidenschaft.

Wenn sie die Wohnungstür hinter sich schlossen, legte er die Uniform- oder die Tweedjacke, die sie so gern an ihm sah, sofort ab. Auch sie streifte, fast immer, das Chanel-Kostüm oder das kleine Schwarze oder das Hosenkleid, mit dem sie zum Drehort fuhr, mit routinierter Eile ab und schlüpfte in ihren weißen Hausanzug, den er ihren »Overall« nannte. Manchmal, vor der Liebe, nach der Liebe, flogen sie die kleinen Traurigkeiten an, die sich von der Lust nicht immer verscheuchen ließen. Auch nicht vom Champagner, nicht vom alten Rotwein, nicht von den angeregten Gesprächen, und sie schwebten nicht mit dem schweren Rauch seiner Zigarren davon, die er schätzte (er bewahrte sie im Bauch eines hölzernen Mohrenknaben auf, der vor dem Spiegel im Entrée stand). Arletty, *sa biche*, wusste es im Grunde ihrer Seele immer, aber sie verdrängte den Gedanken, vergrub ihn tief in ihrem Gemüt, doch plötzlich, vielleicht durch ein Wort aus der Welt dort draußen, durch den kühlen Hauch des Abends, der über den Fluss hereinwehte, durch das plötzliche Klingeln des Telefons (das sie nur über eine Verschiebung des Drehtermins informierte) drang die Wahrheit herauf in ihr Bewusstsein: eines Tages würde er fort sein.

Sie sprachen nie über den Krieg. Sie verstand nichts davon, wollte auch nichts davon hören, doch die anderen redeten, flüsterten, brüllten, wenn sie betrunken waren: die Deutschen würden nicht in Paris bleiben. Ein Jahr noch, vielleicht auch zwei. Das Stichwort Stalingrad war auch ihr nicht entgangen, die erste schreckliche Niederlage der deutschen Kriegsmaschine, bei der Hunderttausende elend verreckt waren, Deutsche und Russen. Und die Briten hatten die Panzer des flotten Marschalls Rommel in der Wüste vor Kairo zum Rückzug gezwungen. Sie fragte sich, ob sie ihn nicht überreden könnte, hier zu bleiben und unterzutauchen, wenn der sogenannte Marschbefehl kam? Sie hörte, dass andere Frauen ihrer Umgebung darüber nachzudenken begannen, wie sie sich und ihre deutschen *amants* retten könnten: diese und jene der Kolleginnen, manche der Statistinnen, der Schneiderinnen, der Sekretärinnen, der Kellnerinnen, der Putzfrauen – es gab, sah man nur genau hin, erstaunlich oft einen Deutschen, der manchmal geheim gehalten, manchmal auch ohne jede Spur der Verlegenheit präsentiert wurde. Normalität des Alltags der Besatzung.

Arletty wurde immer öfter von dem beklemmenden Gefühl heimgesucht, dass man ihr diese Normalität nicht zugestehe. Weil sie ein Star und weil sie populär war? Weil sie ein patriotisches Vorbild sein sollte? Aber waren diese und jene Liaisons mit den Deutschen nicht bei so vielen Prominenten vom Film und vom Theater üblich, auch bei den Schriftstellern, den Künstlern, die keine »Collabos« waren, von den Politikern nicht zu reden, schon gar nicht von den Banquiers und den Industriellen.

Es gab den Widerstand, es gab die unbeirrbaren, klaren, tapferen Widersacher des Nazismus und der fremden Herrschaft. Und es gab Kompromisse, oft von der schieren Not diktiert, denn wie sollten kleine Kaufleute (zum Beispiel) überleben, wenn sie es mit den einen verspielten, die noch das Sagen hatten, oder mit den anderen, die morgen oder übermorgen über die Macht im Alltag gebieten würden (und sie oft genug schon aus dem Untergrund kontrollierten).

Der Widerstand gewann nach dem Einfall der

Deutschen in die Sowjetunion wachsenden Zulauf, er fand neue Mitkämpfer nach dem Beginn der Zwangsrekrutierung französischer Arbeitskräfte für die deutsche Kriegsindustrie, er nahm nach der Wende des Krieges spätbekehrte Helfer in Scharen auf; der immer härtere Terror des deutschen Sicherheitsdienstes, der Gestapo und der Vichy-Miliz trieb ihm fast täglich Anhänger zu. Der Mythos von der Résistance, noch während der Besatzungszeit gezüchtet und hernach zur nationalen Ideologie gesteigert, behauptete wieder und wieder, die übergroße Mehrheit der Franzosen habe der deutschen Besatzungsmacht widerstanden. Es war nicht so. Der französische Historiker Robert Aron – ein großer Europäer – gelangte schon in den Fünfziger Jahren in seinen Studien über Vichy, die Befreiung und die »Säuberung« zu der Einsicht, niemals hätten sich im aktiven Widerstand mehr als zwei Prozent der erwachsenen Franzosen engagiert (aber auch das ergibt eine eindrucksvolle Zahl). Sein amerikanischer Kollege Robert A. Paxton, der 1972 eine Analyse des Regimes von Vichy vorlegte, die bis heute als ein Muster historischer Gerechtigkeit gilt, widersprach dieser nüchternen Einschätzung nicht.

Arletty hatte nichts mit dem Widerstand zu schaffen – das auch nur einen Augenblick lang vorzugeben, verbot ihr die Wahrhaftigkeit ihres Wesens. Sie gab sich auch nicht in die Fänge der Kollaboration. Aber sie spürte die Wandlung, die plötzlich wie eine Böe in ihre Welt hereinbrach. Sie versuchte, mit dem Rücken zur Zeit zu leben und wusste genau genug, dass dies nicht anging. Im Grunde ihres Gemüts blieb sie das gewitzte Vorstadtkind, das die Wirklichkeit nicht aus den Augen verliert. Sie wollte es nicht wahrhaben, aber sie verstand sehr wohl, dass die Lebensgemeinschaft mit ihrem *faune* irgendwann zerrissen würde. Sie erwog in der Tat dann und wann, ob sie nicht verschwinden könnten. Es wäre für sie nicht leicht geworden, einfach unterzutauchen (das sollte sich zeigen). Ihr Bild prangte oft genug auf den Kinoplakaten, in den Zeitungen, in den illustrierten Blättern (von denen es in Zeiten der Papierrationierung nicht zu viele gab). Sie fragte sich dennoch, ob es ihr gelingen könne, für *faune* (und für sich selber) eine sichere Unterkunft zu finden, in der *banlieu*, wo ihr kein Winkel fremd war, oder in der Auvergne, wo es gottverlassene Nester hinter der Welt gab, in denen hilfsbereite Verwandte wohnten. Doch *faune*, trotz allem ein pflichtbewusster Deutscher, würde kaum bereit sein, sich auf das Abenteuer einzulassen.

Manchmal fröstelte sie. Natürlich sagte sie *faune* nichts davon, noch nicht. Wenn er nicht da war, sondern auf einer seiner Dienstreisen, in Reims oder in Nancy oder in Orleans, klingelte manchmal in der Nacht das Telefon. Sie sagte, wenn sie abnahm, automatisch seinen Namen: »Faune?« Auch wenn sie getrennt waren, schliefen sie so gut wie niemals ein, ohne sich vorher eine Gute Nacht zu wünschen, ohne die Stimme des anderen noch einmal gehört zu haben ... Was war mit den mysteriösen Anrufen, morgens um zwei oder drei? Sie sagte wie immer seinen Namen: »Faune«. Sie glaubte ein Atmen zu hören. Dann ein Knacken in der Leitung. Dann nichts mehr. Einmal eine gepresste Männerstimme: »Putain des boches ...« Ein anderes Mal: »Ton Fritz n'est pas la ...«

Sie begann, die Schatten zu fürchten. Sie schaute sich um, ehe sie die Haustür aufschloss. Oder sie bat den Fahrer der Produktion (wenn es einen Fahrer gab), zu warten, bis das Licht in ihrem Appartement anging, durch einen Schimmer neben dem Verdunkelungsvorhang für das geübte Auge sichtbar. Sie sagte sich, dass sie die Telefon-Nummer wechseln müsse. *Faune* würde das rasch arrangieren. Er kannte die richtigen Leute. Aber er würde sich beunruhigen. Und so viele ihrer Freunde hätten Mühe, sie zu finden.

Aber auch er spürte in seiner Dienststelle eine langsame, kaum merkliche, dennoch wahrnehmbare

Veränderung der Stimmung. Der General, der ihn mochte, gab sich jovial. Doch irgendwann nach dem Ende einer Besprechung fragte er nicht wie sonst, was Madame im Augenblick drehe. Oder: ob sie mit allem versorgt seien. Vielmehr räusperte er sich kurz und warf ihm den Satz hin, es könne nicht schaden, wenn er sich abends gelegentlich im Kreis der Kameraden zeige. Die Mahnung beeindruckte ihn nicht allzu tief.

Arletty sagte ihm, sie hasse es, allein zu schlafen. Von Zeit zu Zeit blieb er dennoch in der eigenen Unterkunft – zumal wenn er vor Tag und Tau aus dem Hause musste und sie nicht stören wollte. In einer jener einsamen Nächte schrillte, wie so oft, das Telefon. *Faune* am Apparat. Sie kannte die Stimme. Der Geliebte bestellte sie mit einer gewissen Dringlichkeit zur Pont des Arts, der Brücke, die fast zu Füßen des Hauses den Fluss überspannte. Es sei dringend. Sie möge nicht lang fragen. Sie war im Begriff, sich anzuziehen. Plötzlich kamen ihr Zweifel. Sie rief ihn an. Er sei noch zu Hause?, fragte sie. Wieso? Er habe sie doch zur Brücke bestellt. Nein, er habe nicht angerufen. Wie sollte er auch. »Es war deine Stimme.« Das Telefon summe so merkwürdig. »Faune, komm zu mir. Ich fürchte mich.« Das Summen. Es konnte der deutsche SD sein. Es konnten auch die anderen sein. Er kam. Die Furcht lief noch immer in kleinen Wellen durch ihren Körper. Er hielt sie fest. Sie war davon überzeugt, dass der Anrufer und seine Gehilfen geplant hatten, sie in der Seine zu ertränken. Sie sah die Meldungen in den Zeitungen: Arletty – Mysteriöser Selbstmord. Die Untergrundblätter, vielleicht auch Radio London, hätten, vermutlich mit ausgestrecktem Zeigefinger verkündet, die Patriotin Arletty sei an ihrer Liaison mit einem Besatzungsoffizier zerbrochen; sie habe endlich auf ihr Gewissen gehört, das ihr sagte, diese Beziehung sei keine Liebe, sondern Verrat.

Mit *faune* sprach sie nicht über diese düsteren Vermutungen. Sie rätselten auch nicht, wer die Anrufer sein könnten. Wenn sie am Abend zu Hause waren und miteinander einschliefen, wich die leise Unruhe aus ihrem Herzen, die sie tagaus, tagein begleitete. Auch in der Konzentration auf die Arbeit gelang es, den Schatten zu verscheuchen. Die Anderen sahen ihn nicht. Sie fand, wenn sie unter Kollegen und Freunden war, zu dem leichten Ton, den raschen Scherzen, dem hellen Lachen zurück, das sie alle an ihr liebten.

Sie glaubte, nun auch in *faunes* Gesicht und manchmal in seiner Stimme eine gezähmte Spannung wahrzunehmen. In den ersten Dezember-Tagen 1942 ließ es sich nicht länger verbergen. Sie hatten es kommen sehen, er und auch sie, doch sie sprachen niemals davon. Eines Abends sagte er ihr, so ruhig er es vermochte: »Sie haben mich versetzt. Frontbewährung.« Sie schwieg, und sie legte die Hände vor die Augen. Er sagte stockend: Sie behaupten, das sei üblich. Jeder Richter müsse von Zeit zu Zeit zur Truppe zurück, damit er nicht vergesse, was Soldat sein heiße. Gerade die Richter müssten an sich selber erfahren, wie es denen zumute sei, die täglich ihr Leben aufs Spiel setzten. Das gelte besonders für die Privilegierten, die das Glück hätten, in Paris stationiert zu sein.

Er sagte ihr nicht, dass er in seiner zornigen Verzweiflung den General gern gefragt hätte: »Und Sie?« Er fing die Worte ein. Mit dem Ausbruch hätte er jede Chance für eine Korrektur der Entscheidung verspielt. Der General hörte sich seine Argumente gelassen an, auch ein zweites, ein drittes Mal: dass er, Feldrichter Soehring, nicht nur des Vertrauens der Truppe sicher sei, sondern auch von den Franzosen respektiert werde, weil er ihre Sprache beherrsche, weil er ihre Mentalität, ihre Traditionen, ihre Gewohnheiten kenne wie kaum ein anderes Mitglied der Militärbehörden, weil er in ihrer Kultur zu Hause sei, weil sie ihm sogar zubilligten, dass er um Gerechtigkeit bemüht sei. – »Ich weiß, ich weiß«, sagte der General. »Das ist es: Sie leben hier wie ein Franzose unter Franzosen. Sie könnten vergessen, dass Sie deutscher Soldat sind.«

Mehr als diese Andeutung ließ sich der rotgesichtige Herr mit den goldenen Litzen nicht entlocken. Es war ein Fehler, dachte Soehring, dass er sich erkundigt hatte, wie es mit seinen Chancen stünde, die Genehmigung für die Heirat mit einer Französin zu erhalten. Er hatte den Wunsch auch im Gespräch mit dem Reichsmarschall erwähnt, als der Dicke in Paris hereingeschaut hatte, um die Raubkunst mit Kennermine zu sichten. Soehring war für die Organisation der Visite und für die Sicherheit des hohen Herrn verantwortlich. Er hatte, wohl bei einer Autofahrt, Arlettys Namen erwähnt. Göring war ihr bei einem Empfang einmal begegnet, und er schien über sie informiert zu sein, vielleicht auch dank seiner Frau, die selber Schauspielerin war und sich in Film- und Theaterkreisen auskannte. Ob sie nicht Laval zu nahe stehe, dem Premierminister in Vichy, der wegen seines unbändigen Ehrgeizes so viele Feinde am Hofstaat Petains habe? Dem sage man nach, er wolle den greisen Staatschef beerben. Der Reichsmarschall hatte den Mann mit der weißen Krawatte einmal empfangen, auf Abetz' inständiges Drängen. Die Unterhaltung blieb unverbindlich. Göring interessierte sich in Wahrheit nur für Frankreichs Kunstschätze und für die Kapazität seiner Industrien, die er für die deutsche Rüstung ausbeuten ließ, doch ebenso wenig wie sein »Führer« für ein Bündnis mit

Frankreich, das den Namen verdiente. Man flüsterte sich damals ironisch zu, der Marschall wolle den Führer überreden, nach dem Sieg einen neuen deutschen Adel zu etablieren, und er träume davon, sich den Titel eines »Herzogs von Burgund« verleihen zu lassen. Dass sich der Untergrund-Klatsch solcher Narrheiten bediente, zeigte immerhin an, wie man den prunkenden Satrapen im Volk beurteilte.

Was Soehrings Heiratswunsch anging: Er werde darüber nachdenken, meinte Göring jovial, und vielleicht mit dem Führer reden. Offiziere brauchten, wenn sie eine nichtdeutsche Frau heiraten wollten, grundsätzlich die Zustimmung ihres Obersten Befehlshabers. Diese und jene Kameraden hatten in der Tat die Erlaubnis erlangt. Einer hatte sich, auf Feldmarschall Rommels Rat, als Adjutant ins Führerhauptquartier versetzen lassen, um dem »Ersten Soldaten des Reiches« in einem Augenblick der guten Laune ein Ja abzulocken. Danach ließ er sich so rasch, wie es anging, zu Rommels Stab zurückversetzen.

Gegenüber Arletty erwähnte Soehring das Gespräch mit dem Dienstherrn nie; er wagte noch nicht einmal eine Andeutung. Wann immer er das Stichwort »Heirat« nur streifte, lachte sie nur und bemerkte knapp, sie tauge nicht für die Ehe.

Es war falsch, das sah er nun ein, dass er mit seinem Pariser General und dem Reichsmarschall über seinen

Ehewunsch gesprochen hatte. Jahre später fand er es schwarz auf weiß bestätigt. Als er sich um die Aufnahme in den diplomatischen Dienst der Bundesrepublik bewarb, holten die Herren von der Personalabteilung unter anderem auch ein Gutachten seines damaligen Vorgesetzten ein, des Chefrichters der Luftflotte 3, der Soehring bestätigte, dass er dank der intensiven Kenntnis des Landes, aber auch durch seine »straffe Verhandlungsführung« und seine sicheren Urteile das ihm anvertraute Amt »gut ausgefüllt« habe. Außerdienstlich habe er unter den »Landesbewohnern« einen alten und neuen Bekanntenkreis gefunden. Er, der Generalrichter, habe sich wegen der »Geheimhaltungspflicht« ein wenig Sorgen gemacht, doch hätten ihn Soehrings »charakterliche Verschlossenheit« und seine »Pflichtauffassung« beruhigt. »Eine Neigung zu alkoholischen Exzessen war bei ihm nicht festzustellen. Seine etwaigen Liaisons gaben keinen Grund zu Beanstandungen«. Doch dann: Als Soehring vom Truppendienst wieder zu einer »richterlichen Tätigkeit abgestellt« worden sei, habe er, der Generalrichter, sich auf Anraten des Generals Hanesse gegen eine Rückkehr nach Paris ausgesprochen, »da Herr Soehring damals eine sehr bekannte französische Schauspielerin in Paris heiraten wollte, obwohl diese erheblich älter war. Da eine sexuelle Hörigkeit, ein Absinken der dienstlichen Arbeitstüchtigkeit und eine, das Ansehen des Herrn Soehring gefährdende Kritik gewisser französischer Kreise wegen der etwaigen Heirat zu befürchten war, habe ich ihn trotz seiner Bitte als Dienstaufsichtsrichter in Paris nicht mehr eingesetzt«. Soehring habe damals seine Haltung nicht verstanden, und dem General Hanesse sei er »sehr gram« gewesen.

Seine Versetzung zur Truppe entsprach, das sagte dieses Gutachten klar genug, nicht nur der Routine: Sie war ein gezielter Versuch, seine Bindung an Arletty zu brechen. Es war nicht unüblich, die Richter bei der Rückkehr in den normalen Armee-Dienst wieder auf den Grad herabzustufen, den sie vor der Berufung zu besonderen Aufgaben erreicht hatten. Freilich war es auch möglich, den militärischen Dienstrang der Richterstellung sofort anzugleichen. Soehring, der als Kriegsgerichtsrat (gleich Feldrichter) den Rang eines Majors innehatte, fand sich als Gefreiter wieder – der Dienstgrad, mit dem er 1935 aus dem Wehrdienst entlassen worden war. Dies musste, wenn nicht alles täuscht, als eine weitere Demütigung neben der Strafversetzung verstanden werden. Die schlimmste Ohrfeige: Ihm wurde nahegelegt, seine Abberufung als freiwillige Meldung an die Front zu kaschieren – ein Angebot, das er nicht ausschlagen konnte, da so der Bruch in seiner Karriere halbwegs zugekleistert wurde.

Arletty ließ er von den erniedrigenden Umständen seiner Versetzung nichts wissen. Es hätte den Schock seiner Abreise noch verstärkt und sie noch trauriger gemacht – und eine latente Traurigkeit glaubte er als das bestimmende Element ihres Wesens erkannt zu haben (so war es später in seiner Liebeserzählung zu lesen). Wie alle großen Komödianten trug sie eine unheilbare Melancholie durchs Leben. Aber sie verstand es besser als die meisten ihrer Seelennachbarn, die Anflüge der Trauer verborgen zu halten, auf den ersten Blick, oft auch auf den zweiten und den dritten, war sie die leibhaftige Lebenslust (was kein Widerspruch ist).

Der Abschied von *faune* war so schmerzlich, weil sie spürte, was sie damals weder ihm noch sich selbst gestehen wollte: dass dieser Deutsche die leidenschaftlichste Liebe ihres Lebens war. Sie öffnete sich jener Wahrheit erst in ihren Briefen, mit unverstellter Aufrichtigkeit vor allem in den Billets, die sie ihm aus dem Elend der Nachkriegsjahre schrieb. Als er davonfuhr, deutete sie mit keiner Silbe an, sie erwarte von ihm ein Kind. Ihre zweite Schwangerschaft. Sie war entschlossen, das Geschöpf nicht zur Welt zu bringen. Doch es versteht sich: Beides – die Empfängnis und die Abtreibung – banden sie noch tiefer an den Mann, von dem sie nun nicht einmal mehr wusste, wo er sich aufhielt. Manchmal gelang es ihm, sie anzurufen. (Es brauchte besondere Beziehungen, um das in jenen Zeiten zu schaffen – Verbindungen, über die Soehring offensichtlich verfügte.) Doch die Gesetze der militärischen Sicherheit verboten es, ihr seinen Standort anzugeben. Nur dies war klar: dass man ihn nach Italien beordert hatte. Da er zur Luftwaffe gehörte, nahm sie an, dass er Einsätze gegen die Amerikaner flöge. Sie malte sich – so berichtete sie es ihrem Biographen – ein wenig selbstquälerisch aus, wie er in Neapel im Schloss der Napoleon-Schwester Élisa Bonaparte Quartier bezöge und in Venedig, auf ihren Spuren, im *Danieli*; wie er den Chefkellner fragen würde, ob er noch wisse, an welchem Tisch sie mit Sacha Guitry und dessen damaliger Frau gegessen habe. Nichts davon. Die Fliegerei war ein Jugendtraum, der erst später, in seinen Erzählungen, wieder zum Leben erwachte.

In Wahrheit war er – nach einer raschen Beförderung zum Feldwebel – der Fallschirm- und Panzerdivision »Hermann Göring« zugeordnet worden. Er lernte in Süditalien die Strapazen der Rückzugskämpfe gegen die überlegenen Verbände der Amerikaner kennen, und er wurde Zeuge der amerikanischen Landungen bei Salerno und Anzio-Nettuno. Da er sich kritischen Situationen gewachsen zeigte, wurde er nach wenigen Monaten zum Leutnant be-

ıs Arbeitermädchen Léonie Bathiat
ɾd Arletty

Arlettys Vater Michel Bathiat –
1916 tödlich verunglückt

Arletty und Michel Simon
in »Le Bonheur Mesdames«
1934

Arletty, Sacha Guitry, Pauline
Carton in »Desiré«

Arletty und Fernandel
in ihrem größten
Boulevarderfolg
»Fric-Frac«

Vor ihren Klassikern:
die große Cocotte des
französischen Films.
»Tempête« 1940

Arletty und Louis Jouvet
1938 in »Hôtel du Nord«
von Marcel Carné

Jean Gabin und Arletty –
zwei Ikonen des Vorkriegs –
1939 in »Le jour se lève«

Die Herzogin
Antoinette d'Harcourt –
Freundin des Herzens

Arletty und der
Nachbarsjunge aus
der Banlieu
Louis-Ferdinand Céline

Jean Cocteau –
ein lebenslanger Freund

Hauptmann der Reserve
Ernst Jünger an der Spitze
einer Ehrenkompanie
in der Rue Rivoli

Thomas Bernard –
durch die Intervention
von Arletty und Sacha
Guitry vor der
Deportation gerettet

Im Krieg gedreht,
»Les visiteurs du soir«
von Marcel Carné

Der Luftwaffenfeldrichter
Hans Jürgen Soehring
während der
»Frontbewährung« in
Italien, mit der er für
seine Liebe zu der Französin
Arletty büßte.

Arletty und
Jean-Louis Barrault
»Die Kinder des Olymp«

Karneval in der Rue du temple in »Die Kinder des Olymp« – die teuerste Kulisse in der französischen Filmgeschichte

Als Garance in »Die Kinder des Olymp« – Die Rolle ihres Lebens

Arletty mit dem großen
Erich von Stroheim in
»Portrait d'un assassin« 1949

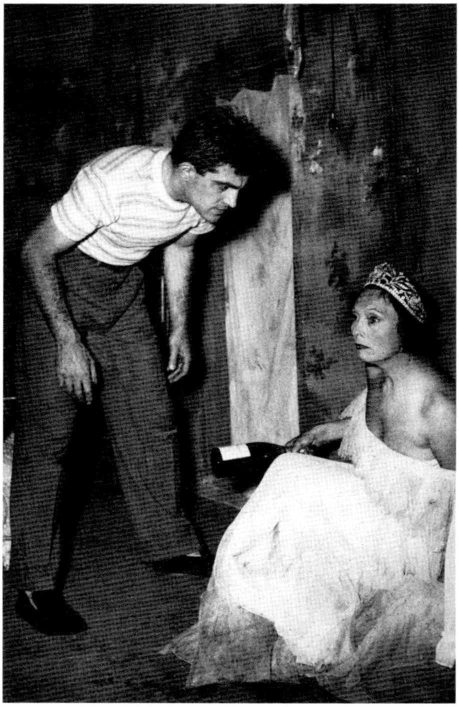

Ihr größter Theatererfolg
als Blanche in
»Endstation Sehnsucht«
1949

Hans Jürgen Soehring
(rechts) und Antoine
Wiss-Verdier am Schluchsee
1950

Ihr Ferienhäuschen auf
der bretonischen Belle-Île

1966 in Jean Cocteaus »Les Monstres sacrés« – kurz vor ihrer Erblindung

So lebt sie in der Erinnerung der Franzosen fort

fördert. Er erlebte die schrecklichste Schlacht in Italien, die Kämpfe um Monte Cassino, in denen beide Seiten bittere Verluste erlitten, bis am Ende die Deutschen, die übrig geblieben waren, erschöpft davonzogen.

Arletty wartete sehnlich auf seine Briefe und seine – seltenen – Telefonanrufe. Sie tröstete sich mit Lektüre, las Bücher seiner Empfehlung, Faulkner zum Beispiel (den man in Frankreich damals besser kannte als in den Vereinigten Staaten), den unerschöpflichen Simenon, diesen Balzac des 20. Jahrhunderts, aber auch voller Enthusiasmus den *Fremden* des jungen Albert Camus. Sie las Goethe, den er ihr so dringend ans Herz gelegt hatte. Nachts berührte sie manchmal seine Portraitbüste aus Bronze, die auf ihrem Nachtisch stand. (Wann mag sie von wem gefertigt worden sein?) Sie unterhielt sich mit ihm, als liege er neben ihr. Sie legte die Platten auf, denen sie zusammen gelauscht hatten. Um Lebensmut zu schöpfen, lud sie von Zeit zu Zeit ihre Herzogin ein, die schöne Antoinette d'Harcourt, ging mit ihr aus, ließ sich in den Nachtclub *Chez Fred* mitschleppen, der gern von Bisexuellen oder Homosexuellen beider Geschlechter frequentiert wurde. Doch sie trug, wie sie ihrem Biographen erzählte, einen *unsichtbaren Keuschheitsgürtel*. Jedenfalls was die Männer betraf.

Um sich abzulenken, akzeptierte sie das Angebot von Albert Willemitz, in seinem Theater Bouffes Parisiens die Hauptrolle in einer Farce von Marcel Achard zu übernehmen. Regie führte der große Kollege Pierre Brasseur, der sich eine der beiden männlichen Rollen zuwies. Zum ersten Mal nach fünf Jahren stand sie wieder auf der Bühne – ein Abenteuer. Es wurde mehr als das: eine harte Prüfung. Chronisten berichteten, in der ersten Reihe des prall gefüllten Saales habe der General Hanesse Platz genommen, der Vorgesetzte Hans Jürgen Soehrings, der die Quasi-Verlobte seines einstigen Kriegsgerichtsrates in ihrem professionellen Milieu sehen wollte. Ihr erster Theaterauftritt nach einem halben Jahrzehnt war ein Pariser Ereignis.

Leider hatte sie sich auf ein Boulevard-Stück von mäßigem Witz eingelassen. Es bot nur ein paar hübsche Couplets (sie wollte vor allem auch wieder singen). Originell nur der Titel: Voulez-vous jouer avec moâ? – Wollen Sie mit mir spielen? (das »mir« im Argot der Vorstadt geschrieben). Außer ihr keine andere Frau auf der Bühne. Eine Paraderolle, hätte nur der Text mehr getaugt. Zwei Herren, die um ihre Gunst buhlten, beide Rollen glänzend besetzt. Der Ausstatter Christian Bérard hatte seine Stoffreserven nicht geschont und sie mit den prächtigsten Roben versehen. Sie betonte noch Jahrzehnte danach, sie sei – in jenem Stück – die allererste in Paris gewesen, die einen Pferdeschwanz getragen habe. Dennoch, die Komödie war keine gute Wahl, der Autor Achard als Direktoriumsmitglied eines Lenkungsausschusses für die Filmindustrie umstritten, ja partiell als Kollaborateur verachtet.

Unruhe im Saal, schon ehe sich der Vorhang hob. Arletty rief ihren Partnern zu: »Wir spielen trotzdem«. Sie meinte in Wahrheit, »Wir spielen erst recht!« Gegen Ende des ersten Aktes: Pfiffe, Buh-Rufe, einige brüllten »Betrug!« Andere verlangten zeternd ihr Geld zurück. Gegenapplaus einer Mehrheit des Publikums, das die Störer zum Schweigen bringen sollte. Arletty hielt durch, unbeirrt, als sei der Protest völlig normal und nicht weiter ernstzunehmen.

In der Pause suchte sie eine junge Kollegin, der sie manche Wege geebnet hatte, in ihrer Garderobe auf, um sie zu trösten und ihr zu ihrem Mut zu gratulieren: Simone Signoret. Sie habe sich mit den Störern handgreiflich gestritten, sagte sie. Arletty dachte später mit gemischten Gefühlen an diese Bekundung der Solidarität. Es regte sich der Verdacht, Simone Signoret habe die Störaktion selbst organisiert, im Auftrag ihrer linken Widerstandsfreunde aus dem Café de Flore. Der Pianist, der Arletty begleitete, bestätigte das Gerücht. Arletty machte der Kollegin, die weiter bei ihr aus- und einging, keine Szene. Sie schwieg. Sie gestand Simone sogar zu, dass sie angesichts ihrer Gefährdung als »Halbjüdin«, vor allem aber als Tochter eines Vaters im propagandistischen Dienst General de Gaulles kein geringes Risiko auf sich genommen hatte. Als Arletty hernach wegen der Dreharbeiten für den nächsten Film längere Zeit in Paris nicht präsent war, überließ sie die schöne Wohnung ihrem Schützling Simone.

Nach der Pause mit dem bemerkenswerten Garderoben-Besuch spielten Arletty und ihre Partner weiter, als sei nichts geschehen. Am Ende der Aufführung überwog der Beifall, auch wenn er die lärmende Ablehnung nicht völlig übertönte. Die beiden Kollegen zogen es vor, sich durch einen Hinterausgang aus dem Theater zu schleichen. Arletty nahm den Hauptausgang, bahnte sich den Weg durch eine johlende Menge, nicht schüchtern, nicht gebückt, sondern lächelnd, wohl ein bisschen von oben herab. Einige Störer verfolgten sie bis an die Haustür. Sie und die Truppe hielten trotz aller Anfechtungen durch, spielten jeden Abend vor ausverkauftem Haus, aber auch jeden Abend von den Störtrupps drangsaliert. Die Meute schien gut bezahlt zu sein. Nach drei Wochen signalisierte sie dem Direktor, es sei nun genug. Am Ende der letzten Vorstellung trat sie vor und verabschiedete sich mit höflicher Ironie »Das Stück, das wir zu spielen wagten…« Noch einmal Buhrufe und noch einmal donnernder und langer Applaus.

Faune kehrte unversehens für eine Urlaubswoche zurück. Erstaunlich, dass er es zuwege gebracht hatte, die Genehmigung für die Reise nach Paris zu erkämpfen. Eine Woche Leben und Lachen und schiere Liebe. Umso härter das Adieu. Wie jeder Abschied im Kriege konnte es der eine für immer sein. Keiner sprach davon. Jeder wusste es – und gab sich, um die »Haltung« nicht zu gefährden, die eigene und die der anderen, als wüsste, als ahnte, als fürchtete man nichts. »Klasse«, sagte Arletty Jahrzehnte später zu einem Vertrauten, »das ist: sich unter allen Umständen und in jeder Situation aufrecht zu halten«.

Sie ahnte, dass harte Prüfungen auf sie warteten. Das würde der Preis der Liebe sein. Ihre Liebe war auf einen Deutschen gefallen. Die Nationalität ihres *faune* interessierte sie höchstens beiläufig. Hätte er ihr irgendwann in der Nacht zugeflüstert, er sei in Wahrheit Kanadier, Amerikaner, Brite – für sie hätte sich nicht das Geringste geändert. »Et – alors?«, hätte sie vielleicht zurückgeflüstert. Sie liebte den Mann, die Person – ganz gewiss nicht seine Uniform (sie hasste Uniformen ohnedies), wahrhaftig nicht seine Position in der Hierarchie der Besatzung. Wenn sie an etwas glaubte, dann an die Freiheit der Liebe. Ihre Liebe brauchte keine Rechtfertigung, nicht einmal eine Erklärung, schon gar keine Entschuldigung.

An die Freiheit der Liebe ließ sie nicht rühren. Der Mut und die Entschlossenheit, mit denen sie diese gefährliche Freiheit vorlebte, machten den »Fall Arletty« exemplarisch. Und dennoch entsprach er einer Normalität, die leidenschaftlich und lange bestritten wurde. Es gab sie trotzdem, auch und gerade im Krieg, auch und gerade im Zeichen der Okkupation. Was sich hier in Wahrheit vollzog, war – nicht anders als drüben in Deutschland vor und nach der Kapitulation – die Vorwegnahme der sogenannten sexuellen Revolution, die Arletty poetischer als die Freiheit der Liebe, die Freiheit in der Liebe, die freie Liebe umschrieb. Der Ausnahmezustand des Krieges bot der sexuellen Befreiung der Frau im Westen Europas eine überraschende Chance, gelebte Realität zu werden – sehr viel rascher, als dies die Vorboten in den Künsten, in der Literatur, die Visionen der intellektuell-politischen Vorkämpferinnen (und der verbündeten Männer) in ihren soziologischen Traktaten vorausgesehen hatten. Millionen Frauen lebten – in Frankreich wie in Deutschland – lange Jahre ohne die permanente Präsenz ihrer Männer oder ihrer sogenannten Verlobten, die einmal oder zweimal im Jahr für einen

Urlaub von schäbigen zwei Wochen kamen, oft beschädigt an Leib und Seele, der Frau ein Kind machten oder auch nicht. Zugleich hatten die Frauen öffentliche Verantwortungen zu übernehmen, zumal in Deutschland, die ihnen ein Jahrzehnt zuvor noch kaum eine Seele zugetraut (oder zugemutet) hätte. Sie erfuhren, was Macht ist – auch außerhalb der Familie. Für die Französinnen mag dies eine dramatischere Erfahrung gewesen sein als für die meisten ihrer Nachbarn: das aktive und das passive Wahlrecht blieb ihnen bis zum Ende des Zweiten Weltkrieges vorenthalten.

Eine Studie über die deutschen Besatzungskinder in Frankreich (von dem Journalisten Jean-Paul Picaper und dem Kultursoziologen Ludwig Norz) gab nach einer frühen Schätzung an, es seien zwischen 1941 und 1945 von französischen Frauen etwa zweihunderttausend Kinder deutscher Väter zur Welt gebracht worden. Eine erstaunlich hohe Zahl – vermutlich zu hoch. Der Historiker Philippe Burin (*La France à l'heure allemande*, 1995) nennt als Höchstzahl 75 000, vielleicht mit zu großer Vorsicht. Doch es ist gewiss nicht übertrieben, wenn man die Zahl der Abtreibungen auf wenigstens fünfzigtausend schätzt.

Diese Ziffern allein bezeugen, dass hunderttausende französischer Frauen das natürliche Recht in

Anspruch nahmen, auf ihre Weise die Freiheit der Liebe zu leben – oder, nüchterner gesagt, den Bedürfnissen ihrer Sexualität zu folgen – fast so selbstverständlich, wie es Simone de Beauvoir in ihrer Abhandlung über das *Zweite Geschlecht* (von 1949) gelehrt (und wie sie es in ihren intellektuellen Zirkeln während der Okkupationszeit ausgekostet) hatte. Frankreichs Frauen wandten sich, wiederum zu Hunderttausenden, in demonstrativer Freiheit den amerikanischen Befreiern zu – wie zuvor, ohne Jubel, den deutschen Soldaten, die erleichtert zu sein schienen, dass sie sich, zumal in den ersten Jahren der Besatzung, wie die Söhne einer zivilisierten Gesellschaft verhalten durften, fern von der kriminell entfesselten Maskulinität, die den Krieg im Osten prägte.

Der Umgang mit den Frauen Frankreichs bewies immer wieder – trotz aller hässlichen Verstöße gegen die Regeln –, wie tief der Respekt vor Frankreichs Kultur im Gemüt der Deutschen verankert war – wie in der Seele vieler Franzosen die Bewunderung für die deutsche Musik (die vor allem), für die Poeten, für die großen Denker der Nachbarn, für ihre Romantik, aber auch für ihren Ordnungssinn seit Madame de Stael starke Wurzeln geschlagen hatte, die auch die nazistische Barbarei und der mörderische Wahnsinn des Rassismus nicht auszureißen vermochten. Es gab gebildete Franzosen genug, die den Nationalsozialismus und seine Schreckensherrschaft als undeutsch, andere als die Apotheose des Teutonischen empfanden.

Es ist paradox, und es ist dennoch wahr: die »Erbfeindschaft« (die es in Wirklichkeit nicht gab), schien eine gewisse Intimität zwischen Franzosen und Deutschen geschaffen zu haben, in der sich Misstrauen und Vertrauen merkwürdig mischten – als habe sich in der Gegnerschaft schon jene Partnerschaft im Zeichen Europas vorbereitet, die mit der Kooperation von Konrad Adenauer und dem großen Außenminister Robert Schuman begann, von General de Gaulle auf seine Weise vertieft und institutionell gefestigt wurde und von der sich sagen lässt, dass sie nun in beiden Völkern zu Hause ist, in der Gesellschaft recht fest verankert. Die französischen Frauen haben das Ihre dazu beigetragen.

Von der Jahresneige 1942 an war in den Debatten der deutschen Intellektuellen in den Okkupationsbehörden mit französischen Politikern und Literaten hinter dem vertrauensvollen, oft freundschaftlichen Ton dann und wann eine leise Gereiztheit zu spüren, der Anklang einer Enttäuschung, ja ein Element von Bitterkeit. In der Regel gelang es, die lauernde Dissonanz zu überspielen. Zwar schien die »europäische Front gegen den Bolschewismus« seit dem Einbruch der Wehrmacht in die Sowjetunion eine neue Gemeinsamkeit mit den Vertretern der französischen Rechten, den Konservativen, den Exliberalen, auch einigen anti-kommunistischen Sozialisten geschaffen zu haben. Aber die Hoffnungen jener Kreise, die Erwartungen des greisen Marschalls in Vichy und die Pläne Pierre Lavals, des quirligen Chef-Kollaborateurs, erfüllten sich nicht: sie alle hatten darauf gesetzt, dass es endlich gelingen würde, den deutschen Diktator für eine offizielle, tragfähige Allianz zu gewinnen, die Frankreich zwar nicht den gleichen Rang, aber doch die Würde einer realen Partnerschaft zubilligte. Der Gefreite des Ersten Weltkriegs war nicht willens, wohl auch nicht fähig, sich von seinen antifranzösischen Ressentiments zu lösen. Mehr als eine Vasallenrolle gestand sein gekränktes Wesen der besiegten *grande nation* nicht zu – eine desillusionierende Erfahrung auch für die (allzu naiven) Idealisten in den zentralen Büros der Besatzungsmacht, die sich lange gegen die Einsicht gesträubt hatten, dass der bornierte Charakter Adolf Hitlers und die intellektuelle Immobilität des Führerstaates die auch von ihnen gewünschte Partnerschaft de facto ausschlossen.

Die Realität nahm wenig Rücksicht auf den Wandel der Stimmung, nicht bei den Franzosen, die den Weg der friedlichen Koexistenz mit der Besatzungsmacht gewählt hatten, noch bei den deutschen Militärbefehlshabern, bei der Botschaft, bei den Kontrollinstanzen. Sie gehorchten allesamt der Notwendigkeit, das Beste aus der peinlichen Lage zu machen – ganz wörtlich: gute Miene zum bösen Spiel. Die Anschläge aus dem Maquis, die schleichende Unsicherheit der Soldaten und Offiziere, die nicht mehr ganz so unbefangen am Tage und bei Nacht allein durch die Gassen liefen, die Nachrichten von den Geiselerschießungen auf dem Mont Valérien vor den Toren von Paris, die Gerüchte über die Bestimmungsorte der Deportationszüge, die sich nicht länger aus dem Bewusstsein verdrängen ließen, die immer brutalere Praxis der Zwangsrekrutierung französischer Arbeiter – die wachsenden Schatten lasteten auf den Seelen.

Dennoch, man musste miteinander auskommen. Musste so tun als ob. Jürg Altwegg, Nachfolger der großen Schweizer Frankreich-Kenner Herbert Lüthy und François Bondy, zitiert in seiner Studie über Frankreichs Intellektuellen-Republik den Historiker Amouroux, der die Lage mit der trockenen Feststellung beschrieb: »On s'installe« – man richtet sich ein. Die französische Kulturgesellschaft musste den Deutschen (und sich selber) beweisen, dass ihre Vitalität nicht zu unterdrücken sei. Und die Deutschen, die mit der Aufsicht in der Welt der Kunst und Kultur beauftragt waren, wollten den Franzosen, aber auch sich selber demonstrieren, dass sie die Freiheit der Kunst respektierten; zwar nur bis an gewisse Grenzen, versteht sich, doch sie versuchten, die Grenzen so weit wie möglich zu stecken, nicht nur aus politischer Berechnung, sondern oft mit einem gleichsam treuherzigen Interesse: die Produktivität der französischen Autoren, der Theater- und Filmleute, der Maler, der Musiker war für viele von ihnen ein Quell der Freude. Die besten Köpfe unter den Besatzungsmächtigen wie der oberste Zensor der Literatur, der legendäre Leutnant Heller, schienen für ihre Autoren, ja für ihr Frankreich einen stellvertretenden Ehrgeiz zu entwickeln.

And the show went on überschrieb der Amerikaner Alan Riding seine große historische Reportage über das *Kulturleben im Nazibesetzten Paris,* ein brillantes Werk, das auf jeder Seite die exakte Recherchearbeit des Journalisten demonstriert, der lange Jahre der *New York Times* als europäischer Kultur-Korrespondent gedient hat. Als er den Titel wählte, dachte er natürlich nicht nur an die Revue-Theater mit den Glitzergirls, die auf dem Umschlag des Buches strahlen, sondern an die Künste insgesamt, auch an die elitäre Gesellschaft, die man später »the rich and beautiful people« nannte (in den französischen Klatschblättern in Kurzform als »people« vorgeführt).

Das Salon-Leben blühte – eine gesellschaftliche Institution, die pariserischer ist als jede andere. »Man« (das heißt: wer als »zugehörig« eingeladen wurde) ließ sich gern bei den Empfängen im Hause des Grafen Chambrun sehen, vor allem seiner Frau Josée geborene Laval zuliebe, Arlettys enger Freundin. Die Konkurrenz um den Ruf der glänzendsten Gastgeberin war nicht gering. Marie-Laure de Noailles bat oft zu Konzert-Abenden in ihr luxuriöses Appartement an der Place des États-Unis (und nahm sich, laut Alan Riding, trotz ihrer heftigen sozialen Engagements, noch Zeit genug für köstliche Stunden mit einem deutschen Offizier). Musiker und

Maler fanden ein offenes Haus bei der Trägerin eines ebenso alten Namens, der Prinzessin Marie-Blanche de Polignac. Der Literatur wiederum war die Aufmerksamkeit von Marie-Louise Bousquet gewidmet, Chefredakteurin der französischen Ausgabe von *Harper's Bazaar.*

Selbstverständlich ging bei ihr auch der Leutnant Heller ein und aus – der deutsche Zensor gehörte einfach dazu. Er war nicht nur ein liebenswürdiger, gebildeter und anregender Gesprächspartner – er verfügte in gewisser Hinsicht über reale Macht (womit er niemals auftrumpfte), denn er hatte über die Publikation oder das Verbot eines Textes zu entscheiden, vor allem hatte er das letzte Wort, was die Zuteilung des knappen Papiers anging. Durch ihn gelangte Ernst Jünger in den Salon von Madame Boudot-Lamotte, wo er präsent war, als Jean Cocteau sein neues Theaterstück *Renaud et Armide* vorlas.

Die Krone gehörte vermutlich dem Salon von Madame Florence Gould, der französischen Frau eines reichen amerikanischen Industriellen, die – ganz im Stil der großen Damen des 18. und 19. Jahrhunderts – Männer von Geist um sich sammelte. Es galt als eine Auszeichnung, bei dieser außerordentlichen Frau willkommen zu sein: in San Francisco als Tochter französischer Eltern geboren, teils in den Vereinigten Staaten, teils in Paris aufgewachsen, in zweiter Ehe mit Frank Jay Gould verheiratet, einem der Eisenbahnmagnaten alten Stils, der es freilich vorzog, in Paris oder an der Côte d'Azur statt in Rhode Island, in Californien oder in Florida zu leben. Seine (achtzehn Jahre jüngere) Frau zeigte sich nicht geneigt, nach dem Ausbruch des Krieges oder der deutschen Invasion in die Vereinigten Staaten zurückzukehren – und so harrte auch er in Frankreich aus. Offensichtlich blieb er nach der deutschen Kriegserklärung an Amerika und nach der Besetzung des *midi* unbehelligt.

Freilich mied er Paris. In Juan-les-Pins fühlte er sich wohler, vermutlich auch sicherer. Seine schöne Florence aber eilte zu Beginn des Jahres 1941 in die Hauptstadt zurück. Da ihre eigenen Appartements von der Wehrmacht beschlagnahmt waren, mietete sie sich im Hotel *Bristol* ein, und auf diesem luxuriösen Parkett begann sie, die Kultur-Prominenz mit generösen Einladungen um sich zu scharen. Natürlich stellte sich Heller ein, und natürlich kam er eines Abends mit Ernst Jünger, der seinen 47. Geburtstag feierte. Es ergab sich, dass Jünger auch an seinem 48. und 49. Geburtstag im Appartement von Florence Gould in der rue Malakoff zu finden war (oder auch nicht). Vermutlich hat er sich über das selbstironische Aperçu der Dame des Hauses amüsiert, die laut Alain Riding von sich sagte: »Mag sein, dass ich wenig von Literatur verstehe – von

Schriftstellern verstehe ich viel.« In Paris raunte man sich zu, die beiden verbinde ein zartes Verhältnis. Es sind Zweifel erlaubt, dass es so war. Hatte er nicht in seinem Tagebuch angedeutet (allerdings mit dem Blick auf die »Doctoressa«), dass er die Intellektualität von Frauen als eine Einschüchterung der Erotik empfinde?

Am Donnerstag gegen Abend, an ihrem *jour fixe,* sah man im Appartement von Madame Gould ziemlich regelmäßig den Menschen-, den Talentefischer Jean Paulhan, öfter noch seinen problematischen Freund Marcel Jouhandeau, den sensiblen Lyriker und Essayisten, der sein täglich Brot als Lateinlehrer in einem Gymnasium verdiente; man traf Jean Giraudoux, den Dramatiker und Diplomaten, der mit seinem Stück *Siegfried* den Frieden zwischen den Franzosen und Deutschen herbeizuschreiben und mit der brillanten Satire *La Guerre de Troie n'aura pas lieu* (Der trojanische Krieg findet nicht statt) das Gespenst einer neuen europäischen Katastrophe zu verscheuchen versucht hatte. (Vom Ausbruch des Zweiten Weltkrieges bis zum Waffenstillstand diente er der Pariser Regierung als Chef des Informationsamtes, danach schrieb er die Drehbücher zweier Filme und die großartige dramatische Charakter-Studie *La Folle de Chaillot* (Die Irre von Chaillot), deren Uraufführung er nicht mehr erlebte. Er starb im Januar 1944, sieben Monate vor der Befreiung, nur 61 Jahre alt, die offizielle Todesursache eine Lebensmittelvergiftung, doch Gerüchte von einem Rachekomplott sind lange nicht verstummt).

Man fand unter den Gästen den meist wohlgelaunten Jean Cocteau und seinen Partner, den schönen Schauspieler Jean Marais, den immer eleganten Henry de Montherlant, der seine Homosexualität nur oberflächlich tarnte, ein geistreicher Snob, der später durch den Roman *Mitleid mit den Frauen* auch in Deutschland Ruhm gewann. Man traf – ehe er als Vertreter des Staates von Vichy nach Bukarest geschickt wurde – den schreibenden Diplomaten Paul Morand, der aus einem unerschöpflichen Vorrat von Boshaftigkeiten zu schöpfen schien. Auch Claude Mauriac, der Sohn des großen François und, mehr noch als der Vater, ein Mann des Widerstandes, kam nach langem Zögern. Auch er scheint Hellers Charme erlegen zu sein. Hinterher schrieb er: »Ein Amerikaner, zwei Deutsche und drei Franzosen. Weit von den Schlächtereien, den Lügen, dem vergossenen Blut diese Insel zivilisierter Menschen«. Wenigstens einmal ließ sich Colette zu einem Besuch überreden (doch sie bestand darauf, dass ihr Champagner statt Tee angeboten werde). Sie brachte ihren jüdischen Mann mit, dem es gewöhnlich verwehrt war, aus naheliegenden Gründen, sich in einem größeren Kreis zu zeigen. Florence Gould bestand allerdings nicht darauf, nur Autoren zu sich zu bitten. Man begegnete bei ihr manchmal Picasso oder Georges Braque, die bedeutendsten Maler, die in Paris geblieben waren.

Alan Riding beschrieb die regulären Gäste als »gemäßigte Kollaborateure, vorsichtige Abwarter, den einen oder anderen Widerstandsmann, einige Deutsche«, darunter der Luftwaffen-Ingenieur Ludwig Vogel, offensichtlich ein *amant* der Hausherrin, die ihn laut Riding auf zwei Reisen nach Deutschland begleitet hat. Durch Vogel mag auch Hans Jürgen Soehring Zutritt zu dem Kreis gefunden haben. In seiner Arletty-Erzählung *Cordelia* bediente er sich Vogels professioneller Identität und stellte den Liebhaber der Schauspielerin nicht als Militärjuristen, sondern als Luftwaffen-Ingenieur vor. Riding pochte übrigens darauf, dass keiner der betont faschistischen Schreiber Frankreichs wie Brasillach, Rebatet, Chardonne, Drieu de la Rochelle oder gar Céline den Salon jemals betraten. Zum anderen behauptete der SD-Chef Knochen nach dem Krieg, er sei bei Madame Gould eingeladen gewesen. Einmal wenigstens soll Botschafter Otto Abetz der noch immer schönen, stets unübertrefflich chic erscheinenden Gastgeberin seine Aufwartung gemacht haben.

Abetz galt, jedenfalls zu Beginn der Okkupation,

dank seiner entspannten Höflichkeit, seiner offenkundigen Liebe zur französischen Kultur und einer ironischen Liberalität, die hin und wieder eine behutsame Distanz von der nazistischen »Weltanschauung« und ihrer primitiven Praktizierung andeutete, geradezu als ein Idealtypus des Europäers deutscher Nation. So und nicht anders wollte der Botschafter wirken. Niemand hätte vermutet, dass ausgerechnet Abetz – wie neuere Prüfungen der Akten beweisen – von Anbeginn der Besatzung auf ein hartes Vorgehen in der »jüdischen Frage« drängte. Kaum einer seiner Vertrauten aus dem Umkreis der Kulturpolitik hätte ihm das zugetraut. Dieser (in der Regel) freundliche Sohn der Jugendbewegung und gelernte Volksschullehrer gab keinen Anlass zu dem Verdacht, dass er selber von der Geistes-, der Seelenkrankheit des Antisemitismus infiziert sein könnte, über die »konventionell-christlichen« Vorurteile hinweg, die im Katholizismus, aber auch im deutschnational geprägten protestantischen Bürgertum von Generation zu Generation weitergeschleppt wurden. Der Ehrgeiz-Getriebene versuchte in Wahrheit seine (nicht immer unumstrittene) Position bei Außenminister von Ribbentrop (und bei seinen Gönnern in der SS-Führung) durch vorauseilenden Übergehorsam in Sachen Judenfeindschaft zu festigen.

Einer seiner engsten Weggefährten, der Leiter des

deutschen Kultur-Institutes Karl Epting, war von den traditionellen Ressentiments nicht frei, obwohl er in den Jahren nach dem Krieg den rassistischen Vernichtungs-Antisemitismus der Nazis entschieden verurteilte. Aber kam ihm je der Verdacht, das eine habe mit dem anderen zu tun? Der Ausrottungswille der Rasse-Ideologen könne sich im religiösen Antisemitismus vorbereitet haben – was die Pogrome des Mittelalters und der Renaissance, auch die Mördereien der Kosaken bis an die Schwelle des 20. Jahrhunderts annoncierten, wenigstens für jene, die sehen und hören wollten? Allerdings war die längst nicht überwundene moralische Spaltung Frankreichs in »Dreyfusards« und »Anti-Dreyfusards« nicht geeignet, die Deutschen von ihrer Blindheit zu heilen – im Gegenteil: Sie fanden unter den Funktionären der Vichy-Republik, Anti-Dreyfusards allesamt, genug »willige Helfer und Vollstrecker«, um sich in ihrem eingeschleppten Aberglauben bestätigt zu fühlen.

Auch nach den Einsichten des Leutnants und »Sonderführers« Gerhard Heller mussten die jüdischen Autoren und Lektoren von den Verlagen ferngehalten werden. So befahl es der Auftrag der Besatzungsmacht, so befahlen es aber auch die Dekrete der Regierung von Vichy. Es brauchte seine Zeit, bis sich Heller – der zwar seit 1934 Mitglied der Partei, aber nach seinen Begriffen von geistiger, von kultureller Freiheit kein Nazi war – vom Unsinn, von der Unvernunft und von der Unmenschlichkeit des Rassismus verabschiedet hatte, nach seinem eigenen Zeugnis vor allem unter dem Einfluss von Jean Paulhan, den man den »guten Geist« der Epoche nennen könnte: er suchte die Verständigung mit den aufrichtigen Freunden Frankreichs unter den Deutschen und ermutigte zugleich – das war kein Widerspruch – den geistigen Widerstand gegen den Nazismus. Übrigens hatte auch Jean Paulhan seinen *jour fixe*. Jeden Freitag Nachmittag sammelte er die widerständigen Geister um sich: in seinem Büro beim Verlag Gallimard in dem alten verwinkelten Expalais in der gassenschmalen rue Sébastien-Bottin am linken Seine-Ufer. Jean-Paul Sartre war dann und wann dabei. Dies blieb den Deutschen nicht verborgen. Dank der Vernunft der »literarischen Aufseher« hielten die Büttel des SD still.

Übrigens sah sich Heller selten zu unmittelbaren Eingriffen gezwungen. Es gab verschiedene Listen von »unerwünschten Büchern«. Aus den Verlagen wurden die Lagerbestände der Autoren auf dem nazistischen Index abtransportiert, soweit die Verleger nicht gewitzt genug waren, die unverkauften Exemplare eines indizierten Werkes rechtzeitig in Sicherheit zu bringen. Was die Neuerscheinungen anging, konnte sich Heller – man stellt es mit einem

Anhauch von Zynismus fest – im Allgemeinen auf die Selbstzensur der Autoren und der Verlage verlassen. Es gab nicht allzu viele Konflikte, die das 1942 installierte deutsch-französische Komitee zur Beaufsichtigung des Schrifttums zu energischen Aktionen veranlasst hätte. Eher schien es einer Feigenblatt-Funktion zu dienen, wobei die konservativen Vertreter der Vichy-Regierung mitunter die stärkeren Vorbehalte anmeldeten als die Deutschen à la Heller, denen die Rolle der aufgeklärt-modernen und halbwegs liberalen Boten des »Zeitgeistes« zu schmeicheln schien. An der Position des »Sonderführers« änderte sich wenig, als sein Auftrag von der »Propaganda-Staffel« des Goebbels-Ministeriums gelöst wurde und unter die Fittiche der Botschaft geriet, damit dem Kultur-Institut Karl Eptings zugeteilt, dessen Einsichten konservativer, doch von denen Hellers nicht zu weit entfernt waren – und die vielleicht eben darum miteinander konkurrierten.

Es ist erstaunlich, welche Bücher mit Hellers Zustimmung gedruckt werden konnten. Albert Camus, den unruhigen jungen Geist aus dem französischen Algerien, mochte es schmerzen, dass er die Abschnitte über Kafka 1942 aus seinem großen Sisyphos-Essay streichen musste. Unter dem Zureden von Jean Paulhan und Gaston Gallimard beugte er sich schließlich der Einsicht, dass es wichtiger sei, die Studie über das Gesetz des Absurden, das in Wahrheit eine vehemente und revolutionäre Proklamation des »Trotzdem« ist, überhaupt an die Leser gelangen zu lassen: eines der Schlüsselwerke des 20. Jahrhunderts, das – zusammen mit seinem ersten Roman *L'Étranger* (Der Fremde) – gleichfalls während der deutschen Besatzung erschienen – den moralischen Anspruch des Autors auf den Nobelpreis für Literatur begründete. Die kritischen Geister waren sich einig, dass hier ein Schriftsteller von hohen und originellen Talenten die Bühne betrat. Camus engagierte sich in der Neige des Jahres 1943 (in dem er sich erst in Paris niedergelassen hatte) als *spiritus rector* der Untergrundszeitung *Combat* –, und er wusste sehr wohl, dass er damit Kopf und Kragen riskierte. Jean-Paul Sartre, bald sein Freund, konnte sein philosophisches Hauptwerk *L'Être et le néant* (Das Sein und das Nichts) 1943 vorlegen, dessen ideelle Sprengkraft die ersten Leser in der Zensurbehörde vielleicht übersahen, weil sich der Autor immer wieder auf Martin Heidegger bezog, den deutschen Paradephilosophen der Epoche, von dem Heller und seine Helfer vermutlich nicht wussten, dass er seinen national-sozialistischen Idolen den Rücken gekehrt und wohl auch seine charakterlosen antisemitischen Ausfälle bereut hatte (ohne je den Mut zu finden, dies hernach auch öffentlich zu tun, und sei es seiner Freundin Hannah

Arendt zuliebe). Es schien ihnen nicht aufzufallen, dass Sartre sich – wenngleich nicht so ostentativ – auf seinen anderen geistigen Vater, den jüdischen Philosophen Edmund Husserl bezog.

Während der Besatzungsjahre – »unter dem Stiefel«, um ein Stereotyp der Résistance zu zitieren – trat Sartre als Bühnenautor vor eine größere Öffentlichkeit, die in seinem ersten Stück *Les mouches* (Die Fliegen) Elemente des Widerstandes wahrzunehmen meinte. In der Tat hatte der Aufschrei des Orest »Plötzlich, aus heiterem Himmel, traf mich die Freiheit wie ein Blitz« auf viele der Zuschauer eine fast explosive Wirkung. Dreißig Jahre später schrieb der Autor mit massiver Direktheit, er habe die Franzosen mit dem Stück davon zu überzeugen versucht, »dass sich jemand des Mordes schuldig macht, der einen Deutschen ermordet, aber dass es trotzdem moralisch richtig ist, es zu tun«. Wenn dies die Botschaft des Stückes war: so wurde sie damals von kaum einer Seele verstanden.

Dem zweiten Theater-Werk *Huis clos* (Bei geschlossenen Türen) konnte man keinesfalls nachsagen, dass es die »konstruktiven« Ideale erfülle, die dem Literatur-Verständnis des Berliner Propaganda-Ministeriums in Berlin entsprochen hätten. Die seelische Destruktion, die den Akteuren lehrt, dass »die Hölle« immer »die Anderen« seien, hätte man als

Widerstand durch psychologische Zersetzung definieren können. Die Hölle auf Erden – sie gab es: die menschengemachte Hölle, die damals so viele am eigenen Leibe erlitten. Dennoch wurde das Stück bei seiner Premiere – nur vierzehn Tage vor der Befreiung – von niemandem als ein Manifest des Résistance empfunden (ausgenommen den Autor). Übrigens wäre die Uraufführung fast gescheitert, weil die beiden agierenden Schauspielerinnen verhaftet wurden. Sartre freilich zog das Stück nicht protestierend zurück. Es fand sich Ersatz. Man würde die Naivität der deutschen Kontrolleure unterschätzen, wenn man ihnen unterstellte, sie hätten bei Sartre das Fanalwort Freiheit nicht verstanden. Immerhin war im eigenen Land Schillers *Don Carlos* von der Bühne verbannt, seit der Ruf »Geben Sie Gedankenfreiheit, Sire!« allzu prasselnden Szenenapplaus gefunden hatte. In Wahrheit fürchteten sie, ein Verbot werde als Signal der Schwäche gelten. Umso empfindlicher reagierten sie bei harmlos-amüsanten Anstößigkeiten. In einem der klassischen Boulevard-Stücke von Labiche bejubelte das Publikum der »Comédie-Française« den Satz »Und wer ist's, den ich dort im Vestibül sehe? Monsieur Adolphe, der schändliche Monsieur Adolphe!..«. Prompt wurde Adolphe in Alfred umgetauft.

Sartre bemerkte, mit einem Gran Ironie, doch keineswegs unernst, er habe sich niemals so frei gefühlt wie unter der deutschen Besatzung. Er meinte damit wohl, dass er selten in solch guter Übereinstimmung mit sich selber gelebt habe. »Gerade die Grausamkeit des Feindes trieb uns an die äußersten Grenzen unseres Menschseins … So stellte sich die eigentliche Frage der Freiheit, und wir standen am Rande der tiefsten Kenntnis, die der Mensch von sich haben kann.« Gottlob, möchte man hinzufügen, musste er diese Grausamkeit niemals am eigenen Leibe erfahren. Er kannte sie nur durch das Zeugnis anderer. Seine Existenz und die seiner Partnerin Simone de Beauvoir wurde in den Besatzungsjahren nicht nur von einer erstaunlichen Produktivität, sondern vor allem von einer so noch nie erlebten Intensität des Lebensgefühls, zumal des erotischen, bestimmt. Eine Studie von Gilbert Joseph über Simone de Beauvoir und Jean-Paul Sartre in den Jahren 1940 bis 1944 trägt den zweideutigen Titel *Une si douce occupation* (Eine solch süße Beschäftigung), was sich auf den Umgang der beiden mit jungen Mädchen und jungen Burschen beziehen konnte, vielleicht im Doppelsinn des Wortes aber auch auf die Besatzungszeit, in der sie ihr Dasein in vollen Zügen genossen. Nur Simone de Beauvoir fügten die französischen Behörden eine persönliche Schmach zu: sie wurde 1943 aus dem Schuldienst entlassen, weil sie der Verführung dieser und jener ihrer Gymnasiastinnen verdächtig war. Sie nutzte die neue Freiheit, um zu schreiben und Sartres Texte aufmerksam zu redigieren.

Die Ausdeutung von Jean Anouilhs *Antigone* war komplexer als die der Sartre-Stücke. Sollte ihre kompromisslose Verachtung des »kleinen Glücks«, das ihr Onkel König Kreon mit der Staatsraison gleichsetzt, eine heimliche Botschaft des Widerstandes sein? Das »kleine Glück« ist in der Tat ein überaus französisches Ideal, das die Vichy-Konservativen dem Volke gern beschert hätten, sein Lob war Musik in den Ohren der Biedermänner unter den Pétain-Getreuen. Die Lizenz zur Aufführung war vermutlich auch diesem Missverständnis zu verdanken. Antigone will das »kleine Glück« nicht, sondern fordert kompromisslos die absolute Freiheit – auch die zum Tode (die vielleicht die Essenz aller Freiheit ist). So durfte *Antigone,* wegen der Unbeugsamkeit der rasenden Heldin, dann doch eher als eine Résistance-Botschaft gelten? Jean Anouilh war kein Dramatiker der Eindeutigkeiten, sondern der ironischen Brechungen, die er auch in diesem Stück, uraufgeführt im Frühjahr 1944, trotz der schmetternden Härte des Konfliktes zwischen dem alternden Herrscher und der jungen Frau immer wieder durchscheinen ließ.

In seinen launigen, leider nur episodischen Memoiren, auf Deutsch unter dem Titel *Das Leben ist unerhört*! 1987 erschienen, erzählte der Autor, viele deutsche Soldaten und Offiziere hätten sich zu den Aufführungen der *Antigone* im ungeheizten Theater eingefunden. Gerade darum sei der Direktor des »Atelier« eines Tages zur »Propaganda-Staffel« bestellt und streng vernommen worden, denn Friedrich Sieburg, der Autor des Buches *Gott in Frankreich,* habe in Berlin darauf hingewiesen, dass dieses Stück auf die Angehörigen der Wehrmacht eine demoralisierende Wirkung haben könne. Man legte dem Direktor nahe, doch lieber ein Werk von Kleist zu inszenieren. Zur gleichen Zeit wetterte ein Mitarbeiter der Widerstands-Zeitschrift *Les Lettres françaises,* die schändliche *Antigone* könne nur ein Mitglied der Waffen-SS geschrieben haben (Anouilh vermutete, der Rezensent sei Breton, der surrealistische Dichter, gewesen). Nach der Liberation wurden die Vorstellungen alsbald wieder aufgenommen: man sprach von einer »befreiten Premiere«. Wieder war das Theater zum guten Teil von Militärs besetzt. Als der Schlussvorhang fiel: Totenstille. Doch plötzlich habe sich General Koenig erhoben, de Gaulles Militärgouverneur in Paris, und habe ein lautes »Bravo!« gerufen: »Das Stück ist wunderbar!« Der Bann war gebrochen.

Die spätjakobinische Revolution der Befreiung bot Anouilh hernach den Stoff für ein brillantes Stück, in dem die subtile Ironie unversehens in eine schwarze Tragödie umschlug: *Pauvre Bitos ou Le Dîner de Têtes* (Der arme Bitos oder Das Diner der Köpfe): ein erbarmungsloser Blick in den Abgrund der Ressentiments – der traditionellen Linken wie der Rechten, die zwischen 1940 und 1945 mit mörderischer Unerbittlichkeit noch einmal aufeinanderprallten.

Natürlich wurden weder Jean-Paul Sartre, noch Albert Camus (der sich damals noch nicht in Paris aufhielt), weder Jean Anouilh, noch Jean Paulhan, weder Simone de Beauvoir (die ihren ersten Roman in der Besatzungszeit publizierte) noch Marguerite Duras (von der ebenfalls das erste Buch während der Okkupation erschien) zu der ersten oder zweiten Schriftsteller-Reise nach Deutschland eingeladen. Natürlich auch Paul Claudel nicht, der dichtende Diplomat, der zu Unrecht als »deutsch-feindlich« galt, jedoch – wie Jürg Altwegg in seiner Studie *Die Republik des Geistes* nachwies – in Wahrheit ein früher Anwalt der Verständigung war. (Man darf es fast als eine Geste der Wiedergutmachung betrachten, dass sein barock ausladendes und tief religiöses Drama *Le soulier de satin* im November 1943 in der *Comédie Française* seine Uraufführung erlebte). Sie hätten freundlich (oder unwirsch) abgewinkt – wohl auch Marguerite Duras, obschon sie eine einflussreiche Position zwischen den Verlagen und den deutschen Kontrolleuren der Literatur einnahm: Sie beaufsichtigte – in Besatzungsdiensten – die Zuteilung von Papier, das immer knapp war. Ihr Votum hatte Gewicht (doch sie war nicht die entscheidende Instanz).

Experten haben errechnet, dass den Verlegern insgesamt zwischen 1941 und 1944 nur 28 000 Tonnen Papier zur Verfügung standen, die den Druck von etwa 112 Millionen Büchern erlaubten. Eine bittere Einschränkung, denn allein im Jahre 1938 wurden 150 Millionen Bände publiziert. Also musste eine scharfe Auswahl getroffen werden. Der Mangel hatte, in ironischer Umkehr, auch sein Gutes. Zum Beispiel konnten die Schulen nur in beschränktem Masse mit den neuen »bereinigten« Büchern für den Geschichtsunterricht beliefert werden. Also mussten sich Lehrer und Schüler mit den Vorkriegs-Büchern behelfen. In der Literatur aber konnte es eine Existenzfrage sein, welchem Autor für welches Buch in welchem Verlag welche Auflage zugemessen wurde – die Honorare waren, wie es noch immer ist, von der Zahl der gedruckten und verkauften Exemplare bestimmt. Manches konnten Madame Duras und ihre Mitarbeiter unter der Hand regeln. Die Kollegen haben es ihr gedankt. Sie sympathisierte, trotz ihres Okkupationssalärs, mit Autoren, die zum Widerstand neigten. Sie selber war Mitglied eines losen Verbundes von Intellektuellen, dem sich im Frühjahr 1943 (nach Stalingrad) auch François Mitterrand anschloss, der zuvor im Dienste der Vichy-Regierung für die Re-Integration der entlassenen Kriegsgefangenen zuständig war, von Pétain hoch geehrt, mit manchen seiner Kollegen in der Administration der Rumpfrepublik wie dem Polizeichef René Bousquet noch Jahrzehnte später freundschaftlich verbunden.

Der katholisch-konservative Romancier François Mauriac hielt – obwohl seine Bücher gedruckt wurden – eine kritische Distanz zu den deutschen Intellektuellen in der Militärregierung, was die eine oder andere höfliche Begegnung in den großen Salons, zumal bei Madame Gould, nicht ausschloss. Auch Paul Claudel, dessen frommes Bühnenfestspiel *Der seidene Schuh* von 1924 (unter der Regie von Jean-Louis Barrault) eine Wiederentdeckung mit großem Erfolg erlebte, machte keinen Hehl daraus, dass er die Deutschen nicht als willkommene Gäste betrachtete. Henry de Montherlant, dessen Stück *La Reine morte* (Die tote Königin) seinen Ruhm in jenen Jahren mehrte, beschränkte seinen Umgang mit den Deutschen in der Regel – von gelegentlichen Essen mit Heller abgesehen – auf die zufälligen Begegnungen bei den Gesellschaften der großbürgerlichen und adligen Kreise. Jean Cocteau, Louis Aragon (der kommunistische Romancier), sein Kollege Paul Eluard, natürlich Jean Giraudoux, der frühe Anwalt der deutsch-französischen Versöhnung, wurden gedruckt und hatten Zugang zu den Bühnen. Auch der geniale Dichter des Midi Jean Giono – zu Anfang des Krieges als konsequenter Pazifist verhaftet und so auch wieder nach der Befreiung – konnte seine erdfesten und seine schwebenden Geschichten drucken lassen. André Malraux legte in der Besatzungszeit kein neues Werk vor, aber er weigerte sich auch, am aktiven Widerstand teilzunehmen. Sein pragmatisches Argument formuliert er als eine nüchterne Frage: »Wo sind Eure Tanks? Wo Eure Kanonen? Wo Eure Maschinengewehre?« Das hieß, dass er es vorzog, auf die Landung der Alliierten zu warten. Übrigens übernahm er im Jahre 1943 die Patenschaft für ein Kind von Drieu de la Rochelle, obwohl die beiden ideologisch und politisch Welten trennten. Die Fronten waren, wie dieses Beispiel beweist, keineswegs immer so klar und so schroff, wie später unter dem Schwert der Säuberung vorgegeben wurde.

Trotz des Schweigens von Malraux, Roger Martin du Gard und manch anderer ihrer Kollegen: Was für eine Fülle großer Namen stehen in den Verzeichnissen der Autoren, die während der Besatzungsjahre gedruckt und deren Stücke aufgeführt wurden! Die jüdischen, die emigrierten Dichter und Schriftsteller vermisst man umso schmerzlicher. Doch wie viele Bücher erschienen, wie viele Stücke wurden gespielt, bei denen wir uns die Augen reiben, denn wir hätten nicht zu vermuten gewagt, dass sie im besetzten Frankreich geduldet würden. Vor den schweren Schatten der Deportation der Juden, die einem kollektiven Todesurteil gleichkam, der Geisel-Erschießungen, der Verschleppung von Arbeitern für die deutsche Rüstung, der härter werdenden Lebensbedingungen – für Millionen eine Existenz am Rand des Hungers: Vor diesem düsteren Hintergrund lässt sich, es ist wahrhaftig paradox, von einer Blütezeit der französischen Literatur sprechen. Vielleicht bezogen die Bücher ihre besondere Qualität aus dem »Ernst der Lage«. Neben der intensiven und manchmal beglückenden Lektüre lockten die immer gut besetzten Theater – trotz der Mühsal der Sperrstunde –, die Oper, die Kinos, in denen exemplarisch gute Filme zu sehen waren (neben vielem marktüblichem Ramsch), die vielen, stets ausverkauften Konzerte: In jener Epoche der Entbehrung, der Ohnmacht, der Angst, des Terrors offenbarte sich ein Reichtum der Kultur, deren vitale Präsenz vielleicht die bedeutendste Leistung des Widerstandes war.

Der Leutnant Heller hätte bei der ersten, bei der zweiten von ihm organisierten Literaten-Reise nach Deutschland gern die Mitglieder der ersten Autorengarde um sich geschart. Die Mehrheit der Schriftsteller hätte sich ihm verweigert, hätte er bei ihnen angeklopft. Bei der Planung der ersten Reise im Herbst 1941 stand von Beginn an fest, dass die französische Delegation von Drieu de la Rochelle geführt werden müsse, der ein Schriftsteller von hohen Talenten war, zugleich ein bekennender Faschist, dank der deutschen Okkupation Chefredakteur der *Nouvelle Revue Française* (NRF), der glorreichen Zeitschrift des Hauses Gallimard, die André Gide und Jean Schlumberger (aus der elsässischen Finanzdynastie) zu Beginn des Jahrhunderts gegründet hatten. Der letzte Chef der Redaktion war Jean Paulhan gewesen, die graue Eminenz der französischen Literatur jener Tage, freilich alles andere als ein schleichender Intrigant und Konspirateur, vielmehr ein geselliger und eher heiterer Mann, zur Freundschaft begabt (wie es Intellektuelle nur selten sind), selbst ein glänzender Stilist und vor allem ein scharfsichtiger Kritiker. Er wusste sehr wohl, dass Drieu de la Rochelle sein Erbe bei der NRF nur zögernd, ja fast widerwillig übernommen hatte. Der eigenwillige Kopf war kein fanatisierter Nazi, wahrhaftig nicht. Im Jahre 1933 hatte er hellsichtig notiert, nun vereinten sich die beiden schrecklichsten Mythen der Moderne: der Nationalismus und der Sozialismus. Da er der Redaktionsarbeit nur seufzend und halbherzig nachkam, half ihm sein Vorgänger Jean Paulhan, seiner natürlichen Generosität, aber auch seiner bemerkenswerten Weltklugheit folgend. Er war es nun wieder, der (wie vordem lange Jahre) Beiträge von bedeutenden Kollegen erbat, die sich keineswegs zu Affen von Vichy machen ließen, sondern eher (wie er selber) mit dem Widerstand sympathisierten, manche sich auch in aller Heimlichkeit aktiv engagierten. Kurzum, er tat das Notwendige, um dem depressiven Drieu de la Rochelle unter die Arme zu greifen und zugleich eine tatsächliche »Gleichschaltung« des Traditionsblattes zu verhindern – damit aber auch die des gesamten Hauses Gallimard, das er zusammen mit Gaston, dem Patron, über die Besatzung und den Krieg hinweg zu retten gedachte, fast um jeden Preis.

Es ist ungerecht (aber es hat auch seine eigene Ironie, die Jean Paulhan als Erster belächeln würde), dass sich die Erinnerung an ihn, zumal in Deutschland, vor allem mit der Histoire d'O (der Geschichte der O) verbindet, einer der wenigen erotischen Erzählungen des zwanzigsten Jahrhunderts, der man ohne Zögern einen hohen literarischen Rang zuerkennt. Das heißt viel, denn nichts scheint schwieriger zu sein, als die physische Liebe ohne abgedroschene Klischees, ohne paralysierende Vulgarität, ohne pseudo-romantische Verniedlichungen, ohne die tausendfach wiederholten Stereotypen zu beschreiben. Der 1954 zum ersten Mal gedruckte (und lange unter dem Ladentisch gehandelte) Text wurde den unterschiedlichsten Autoren angedichtet. Jean Paulhan, der ein bewunderndes Vorwort schrieb, scheiterte mit seiner Empfehlung einer raschen Publikation im Lektorenkreis von Gallimard, obschon er zurecht darauf bestand, dass die *Histoire d'O* keineswegs Pornographie sei, sondern ein erotisches Buch von der Qualität der *Les Liaisons dangereuses* oder der *Lettres d'une religieuse portugaise*.

François Mauriac aber, der große Romancier, fand in seinem katholischen Furor das Buch schlechthin »zum Kotzen«. Es erschien schließlich in einer Auflage von 600 Exemplaren in dem Liebhaber-Verlag von Jean-Jacques Pauvert – und erreichte am Ende, von kommerziellen Unternehmen vermarktet, eine Auflage in Millionenhöhe. Das enthusiastische Engagement Jean Paulhans fand eine schlüssige Erklärung: Er nannte das Buch einen »Liebesbrief«, und das war er in der Tat – an ihn gerichtet, mit keiner anderen Absicht geschrieben, als die Glut einer verglimmenden Passion wieder anzufachen. Die Verfasserin Pauline Réage hieß in Wahrheit Dominique Aury. Sie war Redaktions-Sekretärin der *Nouvelle Revue Française*, und sie hatte – ein hohes Verdienst – den Werken von Francis Scott Fitzgerald und Jorge Luis Borges den Weg zu den französischen Lesern gebahnt.

Jean Paulhan dirigierte, neben der NRF (die er aus dem Hintergrund lenkte) von 1942 an die antinazistische Untergrundzeitschrift *Les Lettres françaises* – der erste quasi-offizielle Chefredakteur war Claude Morgan –, die er zu Hause auf einer Kopiermaschine (die vermutlich dem Haus Gallimard gehörte) mit eigener Hand vervielfältigte. Er suchte und fand die Verbindung zu dem älteren antifaschistischen Blatt *Les Cahiers du Sud*, in dem vor dem Zusammenbruch des Landes auch die deutschen Emigranten Rudolf Leonhard und Walter Benjamin schrieben.

Es war vor allem Paulhan zu verdanken, der ein genialer Brückenbauer war, dass sich liberale, sozialistische und kommunistische Schriftsteller in einem gemeinsamen Projekt zusammenfanden. Diese Koalition freilich ließ das Blatt in den Augen der Häscher von Vichy als besonders gefährlich erscheinen. Schon im Februar 1942 wurde Jacques Decour, einer der Gründerväter des Unternehmens, mit zweien seiner Mitarbeiter (beide jüdischer Herkunft) von der französischen Polizei verhaftet. Decour wurde im Mai 1942 von den Deutschen erschossen.

Auch Jean Paulhan war 1941 festgenommen worden, doch Drieu de la Rochelle erwirkte rasch seine Freilassung. Am Ende jenes Jahres lernte er den Leutnant Heller (der Zivil trug) bei einem Mittagessen *à deux* genauer kennen. Die Aufrichtigkeit, mit der Heller seine antijüdischen Vorbehalte formulierte, sein klarer Geist, mit dem er unter anderem über

Unterschiede zwischen Rainer Maria Rilke und Stefan George sprach, sein rasches Lächeln machten ihn Paulhan sympathisch, und er schickte ihm zum Dank für die Begegnung eine kostbare alte Ausgabe des Berichtes von Voltaire über seine Erfahrungen mit Friedrich dem Großen. Danach trafen sie sich mit einiger Regelmäßigkeit, jedoch immer mit einer gewissen Diskretion, die ihnen ein arabisches Restaurant eher zu gewähren schien als eine der üblichen Brasserien im Quartier Latin oder gar eines der Luxus-Lokale, die von den Deutschen und den Königen des Schwarzhandels lebten. Die Briefchen, in denen Paulhan Verabredungen vorschlug oder sich für gute Unterhaltungen bedankte, klingen herzlich, ja sie betonen *expressis verbis* den freundschaftlichen Charakter ihrer Beziehung. Das war keine taktische Finte – auch wenn sie für die Interessen seines Kreises nützlich sein mochte. Sonst hätte es für Paulhan keinen Grund gegeben, nach dem Kriegsende – noch vor der elenden Weihnacht 1945 – den Kontakt zu Heller wieder aufzunehmen. Die beiden blieben einander bis zu Paulhans Tod im Jahre 1968 herzlich verbunden.

Natürlich hätte sich Jean Paulhan niemals bereitgefunden, unter deutschem Geleit nach Weimar und danach durch die schönsten Landschaften des Reiches zu reisen, doch immerhin: Seinem Freund Jouhandeau, der ihn um Rat fragte, redete er gut zu.

Prominentestes Mitglied der ersten Delegation, die sich im Oktober 1941 auf den Weg nach Deutschland machte, war der NRF-Chef Drieu de la Rochelle. Es verstand sich von selbst, dass Robert Brasillach von der Partie war, dieser »Feingeist« (man schreibt es mit Überwindung), der in seiner Zeitung mit dem ungewöhnlichen Titel *Je suis partout* (Ich bin überall) einen lärmenden Hass produzierte, der in den schlimmsten Stücken von der Obszönität des *Stürmer* nicht allzu weit entfernt war; neben ihm Jaques Chardonne und Ramon Fernandez, beide faschistisch eingefärbt, beide in Deutschland nie bekannt geworden, beide auch in Frankreich vergessen.

Patriotische Rücksicht legte den französischen Delegierten immerhin nahe, Heller darum zu bitten, ihnen die Station Straßburg zu ersparen. Mit der Schmach des Elsass, das von den Deutschen – unter Verletzung des Waffenstillstand-Abkommens – kurzerhand annektiert worden war, wollten sie nicht konfrontiert werden. Heller willigte ohne Umstand ein. Stattdessen spazierten sie ein wenig im Schwarzwald herum, dem in Frankreich romantisch verklärten *forêt noire*. Heller hatte als Reisestationen ohnehin vor allem die Pilgerstätten der deutschen Klassik und der Romantik ausgewählt: Bonn mit dem Beethoven-Haus, Bingen, das die schönste Rheinkulisse bot und überdies die Heimat von Stefan George war, durch dessen Beaudelaire-Übersetzungen Hellers Interesse an der französischen Dichtung geweckt worden war. Weiter nach Heidelberg, das dazu einlud, in Deutschland-seligen Gefühlen zu schwelgen. Niemand glückte dies intensiver als Marcel Jouhandeau, der ein Sensibelchen war, zweifellos von latent homoerotischen Sehnsüchten getrieben, durch eine Art Dauerverliebtheit an Gerhard Heller gebunden (der für solche Signale nicht völlig unempfänglich war). Er schwärmte den Freund in seinem Reisetagebuch geradezu an – und er gab Heller die Aufzeichnungen auch noch zur Lektüre. Seine Furcht, der Leutnant könne peinlich berührt sein, beschwichtigte der »Sonderführer« mit dem knappen Hinweis, er teile Jouhandeaus Gefühle (vermutlich wollte er nur keine Verstimmung riskieren). Das Gemüt des poetischen Lateinprofessors gerät freilich erst recht in Wallung, als sich der junge Dichter Hans Baumann, gerade von der russischen Front zurückgekehrt, der Delegation anschließt (natürlich auf höhere Weisung). In dem hübschen jungen Mann erkennt Jouhandeau das Urbild des germanischen Kriegers, der überdies Poet und Sänger ist. Das war Baumann, der seinen ersten Ruhm allerdings 1933 – er zählte gerade achtzehn Jahre – mit dem sieghaft-vulgären Marschlied *Es zittern die morschen Knochen* gewann, dessen unseligster Satz nach der Behauptung des Autors hartnäckig falsch vorgetragen und falsch zitiert worden sei: »… denn heute gehört uns Deutschland und morgen die ganze Welt«. Die brutale Forderung wurde in der Tat als Akklamation des nazistischen Weltmachtanspruches verstanden.

Im Übrigen erwies sich der Hitlerjugend-Dichter als ein liebenswürdiger Mensch. Manche seiner Verse bewiesen ein bemerkenswertes lyrisches und musikalisches Talent, so sein heidnisches Weihnachtlied *Hohe Nacht der klaren Sterne*. Nach 1945 sagte er den rauschenden Fahnen adieu und schlug sich mit Kinderbüchern durch, die geschätzt wurden. (Ein Dramatiker-Preis wurde ihm aberkannt, als zutage kam, dass er sein Stück unter einem Pseudonym eingereicht hatte, womit die Jury die banale Einsicht bestätigte, dass Charakterlosigkeit 1945 nicht ausgestorben war).

Die kritische Beschreibung der Wallfahrt, die der Journalist François Dufay im Jahre 2000 publizierte, enthält den Stoff für eine groteske Komödie, deren Höhepunkt der Abend sein könnte, an dem Jouhandeau, gleichsam im Paradiese schwebend, bei einem feierlichen Essen, das der Gauleiter und Reichsstatthalter Baldur von Schirach wie gewohnt in der Wiener Hofburg gab, am Ehrentisch zwischen Gerhard Heller und Hans Baumann saß, den beiden germanischen Erzengeln, die sich vielleicht sogar heimlich über den seltsamen Vogel neben ihnen lustig machten.

Das Ergebnis der Reise war dürftig. In Weimar wurde, von Goebbels gefeiert, eine »Europäische Dichter-Akademie« gegründet, deren Präsidentschaft der arme Hans Carossa übernehmen musste, ein Feingeist, Arzt von Beruf und zweifellos um Anstand bemüht, freilich schwach wie die Mehrzahl der Dichter. Goebbels notierte in seinem Tagebuch, die Kultur-Propaganda zeige bei den Franzosen immer eine günstige Wirkung, und er wolle sie darum verstärken: Konkret bedeutete dies, dass der Spielraum der deutschen Kultur-Repräsentanten vom Schlage Gerhard Hellers nicht eingeschränkt wurde. Dies war alles in allem für die französischen Schriftsteller eher segensreich. Allerdings entging nicht allen Pilgern, die nach Weimar geeilt waren, dass nur wenige Kilometer in den Wäldern über der Stadt eine merkwürdige Ansammlung von grauen Gebäuden sichtbar war: Buchenwald. Die zweite Deutschlandreise ergab nichts weiter – außer einer schwächeren Wiederholung des Propaganda-Effektes. Eine für 1943 geplante dritte Reise fand nicht statt.

Der freizügige Umgang zwischen den in Paris stationierten deutschen Intellektuellen und den französischen Künstlern und Schriftstellern erfuhr fürs erste keine sichtbaren Einschränkungen. Es verstand sich, dass auch die Bildenden Künstler ihre Aufwartung im Reich zu machen hatten. Sie folgten der drängenden Einladung in erstaunlicher Zahl und offensichtlich recht bereitwillig. Picasso und Braque zählten natürlich nicht dazu. Aber viele der Besten gesellten sich zu der Delegation: der große Bildhauer Charles Despiau und Paul Belmondo (Vater des populären Schauspielers Jean-Paul), dazu die prominenten Maler der »Fauves« Vlaminck, Derain, van Dongen (der Arletty immer wieder portraitierte) und Segonzac (der Entdecker von St. Tropez) – dreizehn insgesamt unter der Führung des »Kunst-Offiziers« Oberleutnant Lucht. Dem alten Maillol hatte man die Reise erspart. Aber als seinem Schüler Arno Breker im Mai 1942 in der Orangerie eine geradezu gigantische Retrospektive beschert wurde, war er zur Stelle – wie nahezu alles, was in Paris Rang und Namen hatte (und zu den »Erwünschten« zählte).

An einem Nachmittag im Juli 1942 besuchte Ernst Jünger den großen Pablo Picasso, der ihn zu einer Visite eingeladen hatte. Natürlich war der Meister offiziell verfemt. Das schränkte den Handel mit seinen Bildern und Skulpturen kaum ein: Sie wurden bei Drouot ersteigert und bei Kahnweiler verkauft. Die nazistische Kategorisierung seiner Werke als »Entartete Kunst« mag die Preise gedrückt haben – die Existenz des Künstlers war keineswegs gefährdet.

Er wohnte bescheiden in der rue des Grands Augustins, die Arlettys Quai de Conti mit dem Boulevard Saint-Michel verbindet, in einem »weiträumigen Gebäude«, in dem man nur über eine enge Wendeltreppe zu Picassos Wohnung und Atelier gelangte. Der Meister – in den Augen Ernst Jüngers »der Magier« – empfing ihn in einem Arbeitskittel. Aufmerksam sah sich Jünger um. In den jüngeren Portraits des Malers glaubte er das Bild kommenden Menschentums zu ahnen – einer Art »Homunculus«. Picasso ließ sich auf solche Spekulationen nicht ein. Aber er bemerkte, offensichtlich von der Intuition seines Gastes beeindruckt: »Wir beide, wie wir hier zusammensitzen, würden den Frieden an diesem Nachmittag aushandeln. Am Abend könnten die Menschen die Lichter anzünden.« Vielleicht wurde Jünger niemals ein schöneres Kompliment zuteil.

Picassos Gelassenheit war erstaunlich. Immerhin waren in den ersten Monaten der Besatzung zwei Agenten – Deutsche, Franzosen? – in sein Atelier eingedrungen, stöberten in allen Schränken und Schubladen herum und schlitzten schließlich einige Ölbilder auf. Er wurde als »Kommunist, Degenerierter, Jude« beschimpft. Ohne Zweifel war er überwacht, was er so gleichmütig hinnahm wie den vandalistischen Einbruch. Trotz der Gefahr verbarg Picasso den prominenten Kommunisten Casanova, dem die Flucht aus einem deutschen Lager geglückt war. Durch ihn wurde der Meister zu seiner Ideologie bekehrt. Picasso hielt ihr erstaunlich lang die Treue. Er nahm es hin, dass seine verjüngte, vereinfachte, eher idealisierende Zeichnung Stalins, die aus Anlass des Todes des Roten Zaren am 12. März 1953 auf der Titelseite von *Les Lettres françaises* erschien (eingerahmt von hymnischen Feiern aus den Federn des Dichters Aragon und des Atomphysikers Joliot-Curie), vom Zentralsekretariat der Partei in einer offiziellen Erklärung aufs schärfste gerügt wurde. Ein Malergenosse nannte das Portrait eine »Profanierung«.

Unter der deutschen Besatzung konnte – Guernica hin oder her – dem weltberühmten Picasso nicht viel passieren. Prominenz, die sich auf Frankreich beschränkte, genügte nicht als Schutz, zumal nicht für eine jüdische Emigrantin. Irène Némirovsky war sechzehn Jahre alt, als es ihrer großbürgerlichen Familie – der Vater war Bankier – im Jahre 1919 gelang, aus der Sowjetunion zu fliehen. In einem Brief ihres Mannes an Botschafter Otto Abetz, geschrieben kurz nach ihrer Verhaftung, betonte Michel Epstein, dass ihrer beider Großeltern zwar israelitischen Glaubens gewesen seien, doch schon ihre Eltern hätten sich als religionslos betrachtet, seine Frau und er aber seien Mitglieder der Katholischen Kirche, ebenso ihre beiden Kinder. Seine Frau Irène habe sich wenige Jahre nach der Ankunft in Frankreich als eine erfolgreiche Schriftstellerin etabliert, und viele ihrer Bücher seien in andere Sprachen übersetzt worden, zwei auch ins Deutsche. In der Tat hatte zumindest der erste ihrer Romane Furore gemacht. Sie hatte dem Verleger Grasset das Manuskript zugeschickt, ohne ihren Namen oder ihre Adresse zu nennen – nur ein Postfach gab sie an. Grasset war von der Lektüre fasziniert. So hatte eine steile Karriere begonnen.

Am 13. Juli 1942 aber verhafteten französische Gendarmes Mme. Némirovsky in ihrem Zufluchtsort Issy l'Evêque und lieferten sie ins Gefängnis der nächstgelegenen Stadt ein. Binnen kürzester Frist wurde sie weitertransportiert, mit unbekanntem Ziel. In seinem Brief an den Botschafter Abetz zitierte ihr Mann das Zeugnis, das einquartierte deutsche Soldaten zurückgelassen hatten: »Kameraden! Wir haben längere Zeit mit der Familie Epstein zusammengelebt und sie als eine sehr anständige und zuvorkommende Familie kennengelernt. Wir bitten Euch daher, sie dementsprechend zu behandeln. Hammberger, Feldwebel.«

Der Pariser Anwalt der Familie, André Sabatier, unternahm alles nur Menschenmögliche, um wenigstens den Aufenthalt der Schriftstellerin festzustellen. Einer seiner Freunde wandte sich an Friedrich Sieburg mit der Bitte, der Kollegin zu helfen. Der Autor von *Dieu est-il Français* versprach, »sich umzusehen, nicht im Hinblick auf eine ihm zweifelhaft erscheinende Befreiung, sondern um Nachrichten von ihr zu erhalten«. Seine Erkundigungen, wenn er sie denn anstellte, blieben offensichtlich ohne Erfolg. Der Name der Autorin war Sieburg vermutlich nicht fremd. Er kannte sich in der literarischen Szene Frankreichs aus. Vielleicht hatte er sogar eines ihrer Bücher gelesen. Wie auch immer: sie war Jüdin, wenngleich getaufte. Nichts zu machen. Die Frau starb kurz nach ihrer Einlieferung in Birkenau. Der Mann, wenige Monate später deportiert, wurde in Auschwitz sofort ins Gas geschickt. Indes, die beiden kleinen Töchter überlebten, in Klöstern versteckt.

Das war die Welt im Schatten der Pariser Kulturblüte. Um Welten von den literarischen Wallfahrten nach Weimar entfernt (und zugleich nur wenige Kilometer von Buchenwald). Arletty und vor allem auch Hans Jürgen Soehring verfolgten die hymnischen Berichte von den beiden Schriftstellerreisen vermutlich mit amüsiertem Interesse. Soehring konnte nicht ahnen, dass er selber wenige Jahre später für deutsch-französische Dichtertreffen in bescheidenem Rahmen verantwortlich sein würde.

Was für ein Segen, dass Marcel Carné, der bewunderte Regisseur, und Jacques Prévert, der verehrte, der geliebte Dichter und Drehbuchautor, endlich das Placet der Regierung in Vichy für ein großes Projekt gewannen, das sie für Arletty, Jean-Louis Barrault und Pierre Brasseur erdacht hatten : *Les enfants du Paradis* - Die Kinder des Olymp. – Die Franzosen mit ihrem ironischen Hinweis auf den Garten Eden und die Deutschen mit der Anspielung auf die Residenz der griechischen Götter – sie meinten beide den obersten, den fünften Rang der Theater, das enge Reich der billigen Stehplätze, das dem armen Volk und den jungen Enthusiasten gehörte, die sich die teuren Sitzplätze nicht leisten konnten. Dort standen sie aneinandergedrängt, der Plebs und die Schwärmer. Dort oben ließen sich freilich auch die bestochenen Claqueure und die bezahlten Protestschreier postieren, die mit Klatschorgien und Beifallsgebrüll den Erfolg eines Stückes erzwingen oder es mit johlenden Protesten in den Orkus befördern konnten. Die besten Schauspieler betrachteten sich, wie Arletty in einer kleinen Hymne für ihren geliebten Filmpoeten Jacques Prévert schrieb, als die Kinder ihres Urpublikums dort droben unterm Dach, zugleich als den Spiegel seiner Träume, seiner Seligkeiten, seiner Wut und seiner Traurigkeiten.

Die erste Anregung für einen Film im Theater- und Schausteller-Milieu der Biedermeier-Epoche (die in Frankreich nach dem König Louis-Philippe benannt wird) war von Jean-Louis Barrault gekommen, den es reizte, einen stummen Pantomimen nach dem historischen Vorbild des Baptiste Deburau zu spielen. Er traf, die Welt ist klein, seine Freunde Marcel Carné und Jacques Prévert beim Spaziergang an der Promenade des Anglais in Nizza. Carné fragte (so berichtete es Barrault selber): »Hast du nicht einen Stoff für uns?« Sie setzten sich in ein Café. Barrault erzählte von seinem Pantomimen. Er kannte diese und jene Anekdote aus dem Leben des Baptiste. Dem stummen Mimen, sagte er, müsse man einen sprachgewaltigen Schauspieler gegenüberstellen, zum Beispiel den großen Frédérick Lemaître (auch er eine Figur der Theatergeschichte). Die beiden horchten auf: eine sensationelle Idee! In Paris stöberte Carné lange in den Archiven, um genauere Aufschlüsse über das Leben und die Kunst des Baptiste Deburau ans Taglicht zu bringen. Er erforschte die Karriere von Frédérick Lemaître, Baptistes Freund und Konkurrent, einer der großen Schauspieler des 19. Jahrhunderts. Jacques Prévert stieß auf den diebisch-mörderischen Dichter-Anarchisten Lacenaire, den man den »Dandy des Verbrechens« nannte. Auch für den reichen und distinguierten Grafen de Montray gab es ein Vorbild: den aufgeklärten Monsieur de Merle, der eine unstillbare Passion für das Theater hatte. Und Garance? Manche der großen Konkubinen des 19. Jahrhunderts boten Ähnlichkeiten, Parallelen, verwandte Schicksale.

Gemeinsam entwickelten Carné und Prévert in langen Gesprächen, oft von Zweifeln und Krisen aufgehalten, den epischen Stoff zu einer brillanten Filmerzählung. Die Geschichte und die Geschichten (auch die im Hintergrund) aber waren zu üppig: Sie ließen sich nicht auf die üblichen neunzig Minuten oder auf zwei Stunden kürzen. Also zwei Teile. Also würde das Werk noch teurer. Das Budget war ohnedies gefährlich geschwollen. Der Film würde der teuerste sein, der in Frankreich jemals gedreht worden ist. Das Kapital sollte, so war es fest vereinbart, zum guten Teil von einer italienischen Finanzgruppe aufgebracht werden, zum anderen Teil von dem Franzosen Paulvé.

Als Produktionsort war Nizza vorgesehen. Dazu brauchte es die Zustimmung der Behörden in Vichy. Dort waren die Widerstände beträchtlich. Carné und Prévert galten manchen verstellten Köpfen des Pétain-Staates als Krypto-Kommunisten. Ohne die beschwörenden Anrufe seiner Tochter Josée, der Gräfin Chambrun, hätte sich Ministerpräsident Laval kaum dazu bewegen lassen, die Einwände der bornierten Bürokraten aus dem Wege zu räumen. Freilich wollte er gewiss sein, dass Arletty, seine Landsfrau aus der Auvergne, eine Aufgabe übernehmen würde, die ihres Talentes würdig sei. Er konnte nicht ahnen, dass der geplante Film die Rolle ihres Lebens zu werden versprach.

Arletty hatte Préverts Drehbuch in einer Nacht gelesen, und sie war hingerissen. Sie würde Garance sein, ein schönes Kind der Musen in der Epoche des Bürgerkönigs, das geheimnisvolle Zauberwesen, das den »Boulevard du Crime« überstrahlt, wie das Volk den Boulevard du Temple im dritten Arrondissement getauft hatte, der haarsträubenden Gräuel und des reichlich fließenden Blutes wegen, die das Publikum in die Klamaukstücke der populären Theater lockten, aber auch wegen der Diebereien, der Schlägereien, der raschen Morde, die das Quartier unsicher machten.

Der szenische Aufwand, den das Drehbuch verlangte, wäre selbst in Hollywood als erstaunlich betrachtet worden. Carnés kongenialer Dekorateur Alexandre Trauner (der in den Studios nicht gesehen werden durfte) ließ den Boulevard du Temple in weiten Partien wiedererstehen – just auf jenem Gelände, auf dem im vergangenen Jahr das mächtige Schloss der *Visiteurs du Soir* aufragte. Es musste Raum genug für Hunderte von Komparsen sein.

Garance schwebte wie das Geschöpf eines schöneren Sterns durch jene turbulente Welt. Sie wurde von Frédérick Lemaître umworben, der jung und arm und voller Charme durch Zufall auf die Revuebühne der »Funambules« geraten, seine Possen trieb, vom Publikum bejubelt. Doch sie schien von den kalten Avancen des windigen Lacenaire verführt zu sein, des »öffentlichen Schreibers« mit dem Menjou-Bärtchen, dem schrägen Zylinder und dem blütenweißen Spitzenjabot, der in Wahrheit aber ein Poet, ein Dieb, ein Anarchist ist. Als sie beide zusammen dem Mimen Baptiste zuschauten, klaute der flotte Schurke einem fetten Nachbarn die Uhr und verschwand. Der Verdacht fiel auf Garance. Ehe sie abgeführt werden konnte, spielte der Mime, der den Vorgang beobachtet hatte, die Szene auf seiner kleinen Bühne nach: der überzeugende Beweis für ihre Unschuld. Zum Dank warf sie ihm eine Blume zu. Baptiste war ihr von nun an verfallen. Sie liebte ihn auf ihre Weise, und sie hätte ihm die Nacht geschenkt, wäre er nicht so schüchtern gewesen. Sie ließ – ein wenig enttäuscht? – den Charmeur Frédérick in ihr Bett. Doch sie diente hernach dem Mimen als kostbare Komparsin: als marmorweiße Statue zur griechischen Göttin erstarrt, ließ sie sich von Baptiste werbend, bittend, ja anbetend umtanzen und umschwärmen. Der Mime liebte sie, schüchtern, doch unbeirrbar (was ihn nicht davon abhielt, der hübschen Tochter des Theaterdirektors ein Kind zu machen). Zusammen mit Frédérick Lemaître – Pierre Brasseur gab den genialen Burschen mit überschäumendem Temperament – spielten sie auf der Bühne den Hergang der Dieberei nach. Abend für Abend verfolgte der Comte de Montray, selber in seiner Loge kaum sichtbar, mit der stilvollen Lorgnette jede Bewegung der bewunderten Garance.

Jahre später, im zweiten Teil, finden wir sie als große Dame wieder, unübertrefflich in ihrer Eleganz, verzaubernd und voller Rätsel, unterdessen zur (Pseudo-)Gräfin Montray avanciert – vielmehr eine zweite Joconda, wie François Mauriac schrieb, Leonardos diskret und unergründlich lächelnde Mona Lisa im Blick. Baptiste aber war, vom Publikum vergöttert, der König der »Funambules«-Bühne geworden. Frédérick aber hatte das Grand Théâtre erobert, und er juxte sich, virtuos improvisierend, durch das Repertoire der Boulevard-Stücke, aber auch durch ernstgemeinte Texte zeitgenössischer Autoren, die er in die albernsten Komödien verwandelte, zum Entzücken des Publikums. Er begann, die großen Dramen Shakespeares zu präsentieren. Sein *Othello* war ein Triumph. Oft folgte in der Loge des Grafen – durch duftige Schleier nur flüchtig getarnt – Garance seinem passionierten Spiel.

Sie schaute mit intensiverer Anteilnahme Baptiste zu, der als unübertrefflicher Meister der mimischen Kunst gefeiert wurde. Frédérick verriet ihm, dass Garance im Hause sei. Doch wann immer Baptiste zu ihrer Loge eilte, war sie leer. Dennoch, sie schien endlich bereit zu sein, seine Liebe anzunehmen. Er war, wir wissen es, Vater eines Söhnchens geworden. Seine junge Frau setzte, als sie die beiden zusammen antraf, ihre Liebe (und die seines Knaben) gegen die der schönen Garance. Indes verdächtigte der Graf den Bühnenheros Frédérick einer Affäre mit seiner Gefährtin. Die heftige Auseinandersetzung unterbrechend öffnete der Schuft Lacenaire, der sich ins Theater geschlichen hatte, den Bühnenvorhang: Garance und Baptiste in inniger Umarmung. Die beiden versuchten zu fliehen. Der Bösewicht Lacenaire erstach anderntags den Grafen im türkischen Bad. Nathalie, die Frau des Baptiste, spürte die Flüchtigen auf. Auf dem Boulevard du Temple tobte in orgiastischer Ausgelassenheit der Karneval. Garance schritt ruhig durch das Gewühl davon. Der arme, verzweifelte Baptiste versuchte vergebens, sie aufzuhalten. Die Menge – an die zweitausend Komparsen – hielt den Mimen mit trunkener Entschlossenheit fest – ihren Baptiste, den sie liebten. Es war, als ertränke er in den Wogen eines tödlichen Frohsinns.

Anfang Juli 1943 begannen endlich die Dreharbeiten. Carné wollte die Massenszenen zuerst hinter sich bringen. Drei Tage bewegten die Anordnungen des Regisseurs und die Befehle seiner Gehilfen die Volkmassen auf dem Boulevard. Am Abend des 10. Juli die Meldung, dass amerikanische und britische Truppen im Südosten Siziliens gelandet seien. Panik. Die Behörden führten sich auf, als würden sich die Amphibienboote der Alliierten schon am nächsten Morgen den Stränden von Nizza nähern. Carné vermerkte in seinen Memoiren trocken, es habe ein Jahr gebraucht, bis die Amerikaner in Südfrankreich an Land stapften. Ein Telegramm aus Vichy verlangte den sofortigen Abbruch der Dreharbeiten. Die gesamte Ausrüstung und, so weit möglich, die Dekorationen müssten unverzüglich nach Paris transportiert werden. In langen Telefongesprächen bettelte der Regisseur um Aufschub: noch fünf Tage mit den engagierten Komparsen müsse er drehen, dann habe er die wichtigsten Außenaufnahmen im Kasten. Die Antwort war ein kategorisches Nein. Er hoffte noch immer. Seine Hauptdarsteller, befand er, sollten zunächst nach Vichy reisen (wo die Frau von Jean-Louis Barrault Theater spielte) und dort drei

Tage warten, ob sich die Entscheidung revidieren lasse. Im *Negresco* aber fand er einen Bescheid von Arletty, in ihren großen Buchstaben auf einen Bogen des Hotels gefetzt: »Marcel, alles geht zu schnell, eine Garance, die Dir alles schuldet. Arletty«. Sie war mit ihren Kollegen abgereist.

Es war durchaus begreiflich, dass Jean-Louis Barrault nicht zu lange von Madeleine Renaud, seiner Partnerin im Leben, auf der Bühne, am Regiepult und im Direktorenbüro, getrennt sein wollte. Oder plagte ihn ein schlechtes Gewissen, weil er die Kussszene mit Arletty zu intensiv genossen hatte? Sie hatte dem Regisseur, aber auch den Akteuren keine geringen Schwierigkeiten bereitet, die nicht psychisch, sondern physisch bedingt waren: Jean-Louis Barrault war einen halben Kopf kleiner als Arletty. Also musste er durch diskrete Aufbauten auf Augenhöhe mit der Angebeteten befördert werden, und dennoch durfte er nicht aus der Balance geraten. Die zwanzig Sekunden Kuss (oder wie lange die Szene gedauert haben mag) kosteten einen ganzen Drehtag. Wenn Arletty hernach ihren Freunden die Komik jenes Aktes der Liebe vorführte, fügte sie gern hinzu, dies sei das einzige Mal in ihrer Filmkarriere gewesen, dass sie einen Partner realiter geküsst habe. Nicht einmal Jean Gabin sei ihr in dem gemeinsamen Vorkriegsfilm so nahegekommen. Obwohl sie wahrhaftig nicht prüde war und nicht die geringsten Hemmungen hatte, vor der Kamera ihre physischen Vorzüge und die Künste der Verführung zu demonstrieren, schätzte sie den allzu intimen Kontakt mit unerprobten Männern eher nicht – auch wenn er nur vorgetäuscht war. Nach dem Abbruch der Dreharbeiten sagte sie ihrer schönen Suite im Hotel *Negresco* an der Promenade des Anglais und dem Strand zu ihren Füßen nicht gern adieu. Sie hatte das tägliche Bad im Meer sehr genossen, und es störte sie wenig, dass sie von einer Avantgarde der Paparazzi im Schwimmkostüm fotografiert wurde.

Jean-Louis Barrault hatte einen zweiten, triftigeren Grund, nach Paris zurückzudrängen: er hatte den ehrenvollen Auftrag übernommen, an der Comédie Française die Uraufführung von Claudels *Seidenem Schuh* zu inszenieren. Darum war exakt vorausgeplant, wann er in Paris sein musste und wann er Carné zur Verfügung stehe. Aber warum hatte es Arletty so eilig? Vielleicht, dachte sie, werde Hans Jürgen Soehring, der in Italien stationiert war, telefonisch nach ihr suchen? Für ihn wurde der Krieg zum Ernstfall: Er war, als Soldat in der kämpfenden Truppe, Zeuge der amerikanischen Landung bei Salerno (am 9. September 1943), die von den schwachen deutschen Verbänden nicht verhindert werden konnte, und er erlebte die Bitterkeiten eines unfreiwilligen Rückzugs.

Der Duce war entmachtet. Am 12. September wurde er von einem deutschen Kommando aus seiner Verbannung auf den Grand Sasso im Apenninen-Gebirge befreit. Wie zu befürchten war, nahmen die italienischen Finanzmenschen, die für Carnés gewaltiges Filmprojekt aufkommen wollten, die politischen Wirrnisse und das militärische Chaos zum Anlass, sich aus dem Engagement zurückzuziehen. Die Zeiten waren ihnen zu unsicher, die Verhältnisse zu unübersichtlich geworden. Die Wehrmacht besetzte Nizza und trieb die bisherigen Partner der Achse Rom-Berlin brutal aus der Stadt. Die Regierung in Vichy aber verbot jede französisch-italienische Kooperation.

Carné und Prévert gaben das ehrgeizige Projekt nicht verloren, das nun unter der Aufsicht der deutschen Besatzungsbehörden weitergeführt werden musste. Ein Glück war, dass die Offiziere der »Propaganda-Staffel« und die Beamten des Deutschen Kulturinstitutes die künstlerische Bedeutung des Werkes verstanden zu haben schienen. Sofort nach ihrer Rückkehr begann Carné mit neuen Verhandlungen über alternative Möglichkeiten der Finanzierung. Schließlich übernahm Pathé, die größte französische Produktionsfirma, das Projekt. Die

Deutschen, das machte nichts leichter, hatten darauf bestanden, dass sich André Paulvé aus dem Unternehmen zurückziehe. Eine Intrige von Alfred Greven, dem Chef der Continental-Film, den der Erfolg (auch an der Kasse) des vorausgegangenen Filmes *Les Visiteurs du Soir* geärgert haben mag – dies umso heftiger, da Arletty seine generösen Angebote abgelehnt hatte? Vielleicht. Ein anderes Gerücht wollte wissen, Paulvé habe den Unmut der deutschen Kontrolleure erregt, weil er Juden und Sympathisanten der Résistance in seinen Produktionen beschäftigt habe – natürlich nicht offiziell, aber auch nicht sorgsam genug getarnt – , und er lebe überdies mit einer Jüdin zusammen. Einen Verdacht könnte Alexandre Trauner geweckt haben, der (wie in jedem Carné-Film) für *Die Kinder des Olymp* die Szenerie entworfen und die Kulissen gebaut hatte, in aller Heimlichkeit; oder auch Joseph Kosma, der Haupt-Komponist der Film-Musik, Carné in treuer Kooperation verbunden. Gottlob zeigt keiner der Berichte über die Entstehung des Werkes an, dass die beiden jüdischen »Schwarzarbeiter« (sie waren nicht die Einzigen) entdeckt, unter Druck gesetzt oder verhaftet wurden. Nur einmal, noch in Nizza, hatten französische Polizisten ein jüdisches Résistance-Mitglied mit einem schmutzigen Trick aus der schützenden Menge der Komparsen herausgelockt: über Lautsprecher verkündeten sie, der Monsieur X. möge sich unverzüglich melden. Seine Frau habe bei einem Unfall beide Beine verloren und verlange nach ihm. Carné bedrückte es lange, dass er selber auf die gemeine Finte hereingefallen war. Lange bemühte er sich um eine Auskunft über das Geschick des Unglücklichen. Niemand schien es zu kennen.

Es mag sein, dass in Paris ein wohlmeinender Offizier seine schützende Hand über das Projekt gehalten hat. (Freilich, als nach der Befreiung bei der Endfertigung des Werkes über die Titelei entschieden werden musste, wollte Joseph Kosma nicht anerkennen, dass sein »Strohmann« Maurice Thiriet dem gefährdeten Kollegen nicht nur seinen Namen zur Tarnung überlassen, sondern selber keinen geringen Teil der musikalischen Arbeit geleistet, einige der Chansons komponiert und die Orchestrierung arrangiert hatte, die bei diesem Film besonders wichtig war, denn kein geringerer als Charles Munch hatte die musikalische Leitung übernommen. Kosma zog vor Gericht, um seinen Anspruch durchzusetzen, in der Rubrik »Musik« als einziger genannt zu werden. Das Urteil fiel nicht zu seinen Gunsten aus.)

Die Dreharbeiten in Paris wurden im Oktober endlich aufgenommen. Sie gingen schleppend voran. Es konnte nur gedreht werden, wenn die Stromversorgung gesichert war – in der Regel nachts. In den

Studios war es eiskalt. Arletty trug zwar die kostbaren Roben, die bei Lanvin – eine der ersten Adressen der *Haute couture* – gefertigt worden waren, doch die prachtvollen Gewänder wärmten nicht. Im Februar 1944 kehrte die Truppe noch einmal nach Nizza zurück. Ein Sturm hatte die riesigen Kulissen beschädigt. Die Reparaturen waren schwierig. Auch dort kam das Werk nur in unregelmäßigen Sprüngen voran. An manchen Tagen hockte Arletty wartend im Studio, flanierte durchs Gelände, las (laut Demonpion) Goethe und Kleist und Hölderlin – Dichter, die *faune* ihr ans Herz gelegt hatte. Es war für den Regisseur und die Produktions-Assistenten nicht leicht, noch einmal an die zweittausend Komparsen für die Karneval-Szenen zusammenzutreiben. Überdies war dem Film der Darsteller einer der wichtigsten Nebenrollen abhanden gekommen: der berühmte und berüchtigte Komödiant Le Vigan, ein Freund Célines und wie der Dichter ein fanatischer Antisemit, der seine unappetitlichen Vorurteile auch in eigenen Radio-Sendungen lauthals verkündet hatte. Alle Berichte über die Geschichte des Filmes besagen, Le Vigan habe schon im Frühjahr seinem Fracksausen nachgegeben und sei mit Céline nach Baden-Baden abgereist. Das freilich kann so nicht gewesen sein. Die Dreharbeiten wurden im März 1944 abgeschlossen. Céline aber floh erst im Juni

1944, kurz vor oder kurz nach der Landung der Alliierten, nach Deutschland, Le Vigan im Gefolge. Warum hatte er sich von dem Film zurückgezogen? Oder wollte ihn Carné nicht mehr, weil der Name nach einer radikalen Veränderung der Verhältnisse eine Belastung sein konnte? Oder hielten ihn die Deutschen vom Set fern? Ein Rätsel. Er wurde – als wandernder Kleiderhändler, der stets böse Gerüchte und schlechte Nachrichten durch die Gassen trägt – von Pierre Renoir ersetzt, der die Rolle mit einschüchternder Dämonie interpretierte.

Céline hätte lieber Asyl in der Schweiz gesucht, doch die Botschaft hatte ihm – zweifellos auf das Geheiß der Regierung in Bern – ein Visum verweigert. Nun strebte er – via Deutschland – nach Dänemark. Am achten Juni wurde ihm ein deutscher Fremdenpass ausgestellt. Er stand zuvor schon auf den Fahndungslisten verschiedener Widerstandsgruppen. Vergebens versuchte er, Arletty, die Kindheitsnachbarin von Courbevoie, zur Flucht zu überreden. Auch als sie im Radio über einen gaullistischen Sender in Algerien hörte, sie sei zum Tode verurteilt, änderte sich ihr Entschluss nicht, in Paris auszuharren, was immer das Schicksal für sie plante. Le Vigan aber begleitete Céline auf allen Stationen seiner Emigration bis nach Dänemark. Von dort schlug er sich, weiß der Himmel wie, nach Südamerika durch. In Argentinien baute er sich eine bescheidene Existenz auf. Arletty sah ihn noch einmal für ein paar Stunden wieder, als sie 1952 nach der Einladung zu den Filmfestspielen im mondänen Badeort Punta del' Este nach Buenos Aires herüberkam.

Aus Nizza schickte Arletty eines ihrer knappen, fast auf Stichworte verkürzten Briefchen an ihren Faun: »... Ich werde den Tag über in Monte Carlo sein. (Pierre) Brasseur reist heute ab. Der einzige ... in dieser Bande falscher Narren, der meine Gefühle begreift ... Das Spiel der Wellen lässt mich einmal an den Weihnachtsmann glauben, ein anderes Mal an ihm zweifeln. Und Du? *Der Frühling kommt*« – sie schrieb es auf deutsch – »und ich bleibe dabei, Dich zu lieben. Biche.«

Sie hatte ihn im Herbst zuletzt gesehen: das große Glück, zusammengedrängt auf wenige Tag, das einzige in jener verhangenen Zeit, in der sich die Schatten des Krieges und der Besatzung schwerer denn je auf ihr Leben legten. An einem Oktober-Morgen hatte Sacha Guitry bei ihr angerufen: Ihr beider Freund, der Philosoph, Romancier und Theater-Autor Tristan Bernard sei mit seiner Frau von der Gestapo in Cannes verhaftet worden. Nun säßen die beiden in Drancy. Es gehe ihnen schlecht. Arletty und er, sie müssten alles Menschenmögliche versuchen, die beiden Alten – Tristan war siebenundsiebzig – aus dem Deportationslager herauszuholen. Sie verabredeten, ganz entgegen ihrer Vorsätze, am Abend gemeinsam an einem Empfang teilzunehmen, zu dem der deutsche Gesandte eingeladen hatte: Rudolf Schleier, der Otto Abetz während der Monate seiner Rückberufung nach Berlin vertrat. Zwar war Schleier ein altgedientes Mitglied der Nazi-Partei, doch schien er ein freundlicher und bedächtiger Charakter zu sein. Arletty und Sacha Guitry sahen ihn am Eingang des Empfangssaales im Gespräch mit Friedrich Sieburg und dem großen Pianisten Alfred Cortot. Herzlich wandte sich der Gesandte ihnen beiden zu, und sie trugen unverzüglich ihre Bitte vor. Tristan Bernard, der seit Jahrzehnten eine hohe Reputation genoss, schien auch Schleier ein Begriff zu sein. Aufmerksam hörte er zu. Sie sagten ihm mit der notwendigen Klarheit, dass ein Mann dieses Alters und seine kränkelnde Frau den Aufenthalt im Lager nicht lange überstehen würden. Schleier versprach, sofort mit den zuständigen Stellen zu sprechen, und er gab den beiden beredten Anlass zu der Hoffnung, dass ihr Rettungsversuch Erfolg haben werde. Die Bernards wurden in der Tat sofort aus Drancy ins Hospital Rothschild gebracht, wo sie sich erholen sollten, und wenige Tage später freigelassen.

Der Gesandte rief schon am Tag nach dem Empfang bei Arletty an, um ihr mitzuteilen, dass die Bernards in Sicherheit seien. Sie sagte später, dies sei das einzige Mal gewesen, dass sie die Deutschen um einen Gefallen gebeten habe. Doch sie war zu stolz, die Rettung der Bernards nach ihrer Verhaftung und bei ihrem Säuberungsverfahren mehr als nur beiläufig zu erwähnen, denn sie betrachtete es als selbstverständlich, Freunden zu helfen – wenn es denn in ihrer Macht stand. Drei Jahre später, 1947, erreichte sie ein Brief von Rudolf Schleier, der aus einem Internierungslager bei Hamburg schrieb. Der Ex-Gesandte bat sie, die Befreiung des Ehepaars Bernard dank seines raschen Eingriffs zu bestätigen. Er brauche dieses Zeugnis für sein »Entnazifizierungsverfahren«. Sie schrieb ohne Zögern, Schleiers Angaben entsprächen der Wahrheit, und sie ließ ihre Unterschrift von einer Behörde beglaubigen.

Nicht lange danach las sie Guitrys Bericht über die vier Jahre Besatzungszeit. Er schilderte den Fall Bernard mit übertreibender Ausführlichkeit. Arletty und ihr Engagement erwähnte er nur flüchtig. Sein Text legte die Vermutung nahe, die Befreiung sei vor allem sein Werk gewesen. Alfred Cortot und Mademoiselle Arletty hätten ihn lebhaft unterstützt, doch auch Friedrich Sieburg habe den Gesandten ermutigt, ihm, Sacha Guitry, Genugtuung zuteil werden zu lassen. Arletty hat dem Kollegen und Freund fast alle seine eitlen Narreteien verziehen. Hier ging er zu weit. Sich mit der Befreiung der Bernards als seiner persönlichen Heldentat zu brüsten – das mutete ihrer Großherzigkeit allzu viel zu. Sie schickte ihm sein Buch mit der Bemerkung zurück: »Quatre ans d'occupation … ou le roman d'un tricheur« – »Vier Jahre Besatzung – oder der Roman eines Betrügers«.

Die Gestapo schlug in jenem Herbst 1943 ein zweites Mal im Kreis ihrer Freunde zu: Antoinette, die Herzogin d'Harcourt, wurde verhaftet, und mit ihr eine Reihe anderer Damen aus dem Corps der Fahrerinnen des mobilen Sanitätsdienstes, die meisten dem Adel zugehörig, einige dem hohen. Die Gründe der Festnahme sind bis heute nicht geklärt. Arletty, die ihrer Freundin nicht helfen konnte, wusste kein Motiv zu nennen. Auch der Mann Antoinettes, mit dem sie unmittelbar nach der Verhaftung sprach, konnte sich den plötzlichen Zugriff der Gestapo nicht erklären. Der Sohn, damals fast noch ein Kind von dreizehn Jahren, erfuhr niemals, warum seine Mama zuerst im Gefängnis »Fresnes«, danach im Deportationslager Romainville bei Compiègne festgehalten wurde (wo er sie einmal für zehn Minuten sehen durfte, beide in Wahrheit fast blind von Tränen). Sie wurde, wie sie selbst angedeutet hat, harten Verhören unterzogen, doch sie betonte, sie sei niemals physisch gefoltert worden. Man vermutete, die Arretierten könnten in ihren Transportautos Juden und andere Verfolgte an die Schweizer und die spanische Grenze geschmuggelt haben. Man munkelte auch über Schwarzmarkt-Aktivitäten. Manche erinnerten an die jüdische Urgroßmutter in ihrem Stammbaum, aber das konnte nicht der Grund für ihre Festnahme gewesen sein. Ein anderes Gerücht, das sich zu einem Mythos auswuchs, wollte wissen, dass sie Mitglied einer geheimen Elitegesellschaft gewesen sei, die sich »La Synarchie« nannte: ein Zusammenschluss des Großbürgertums und des vermögenden Adels, dem auch hohe Funktionäre des Staates angehörten. Man raunte, jene illustre Garde habe versucht, die Tür für eine stille Verständigung zwischen dem Lager des Generals de Gaulle und dem des greisen Marschalls zu öffnen, damit Frankreich beim Regimewechsel nicht in einem Blutbad versinke. Die seriöse Geschichtsschreibung vermerkt den elitären Verein höchstens in einer Randnotiz. Aber konnte es nicht sein, dass die Gestapo durch die Verhaftung der Herzogin d'Harcourt und ihrer Freundinnen in dieses Netzwerk vordringen wollte?

Genauso mysteriös wie die Festnahme war die unerwartete Freilassung der Frauen kurz von dem

Abzug der Deutschen. Hunderte, wenn nicht Tausende Gefangene wurden noch im letzten Augenblick vor der Ankunft der Alliierten in die Viehwagen gepfercht und nach Osten abtransportiert. Wer hatte zugunsten der Damen interveniert? Laval? Marschall Pétain, vor dem Aufbruch nach Sigmaringen? Oder ein deutscher Freund von hoher Autorität? Dem Sohn d'Harcourt kam später zu Ohren, der SD-Chef Helmut Knochen habe die Herzogin selber nach Paris zurückgebracht. Das klingt nicht allzu wahrscheinlich. Antoinette d'Harcourt sprach kaum von jener Heimsuchung.

Die Dreharbeiten für *Les enfants du Paradis* wurden im Frühjahr 1944 abgeschlossen. Die Gesamtlänge des Filmes kalkulierte Carné nun auf drei Stunden und fünfzehn Minuten. Er sollte, so war es geplant in zwei Teilen gezeigt werden: *Boulevard du Crime* und *L'homme blanc* (nach dem stets weiß gewandeten Pantomimen benannt). Schließlich aber entschlossen sich Marcel Carné, Jacques Prévert und die Produzenten, das Werk denn doch nicht aufzuteilen, sondern dem Publikum die gesamte Länge zuzumuten. Einstweilen aber, nach der Landung der Alliierten, ruhte die Produktion. Der Schnitt und die Tonsynchronisierung waren nicht abgeschlossen.

Lange hatten die Pariser auf die Landung der Amerikaner, der Briten und der französischen Truppen unter dem Kommando des Generals Leclerc gewartet. Endlich, im Morgengrauen des sechsten Juni – im Kanal drängten sich abertausend Schiffe – wateten die ersten schwerbewaffneten Kommandos von ihren Amphibien-Fahrzeugen durch die Brandung zur festen Erde des Kontinentes, suchten Schutz im Schatten einer Düne oder eines Felsens. Die Deutschen waren gewappnet, die Zahl der Opfer unter den Alliierten war höher als befürchtet. Auch die unablässigen Bombardements der amerikanischen und britischen Luftflotten, die Jagd der Tiefflieger auf alles und jedes, was sich dort unten bewegte, schien die Verteidiger des Atlantikwalles zunächst nicht zu erschüttern. Immerhin, Brückenköpfe waren gewonnen, und sie wurden nicht wieder preisgegeben, im Gegenteil, es gelang in zähen Kämpfen, sie Schritt für Schritt zu erweitern. Erste Durchbrüche glückten. In Paris begannen die furchtsamsten der Kollaborateure, ihre Koffer zu packen. Die Züge nach Deutschland waren überfüllt – und dennoch rollten gleichzeitig die Waggons mit den Deportierten nach Osten, noch immer. Nach dem Bericht von Thankmar von Münchhausen in seinem großen Paris-Buch wurde wenige Tage vor der Befreiung vom Verschiebebahnhof Pantin – einem Vorort der Hauptstadt – ein Zug mit mehr als dreitausend Gefangenen Richtung Buchenwald abgefertigt.

Ob die deutsche Verteidigung unter dem Befehl des Feldmarschalls Rommel, der am Vorabend der alliierten Landung bei einem Fliegerangriff schwer verletzt wurde, stabiler gewesen wäre, darf man bezweifeln. Die unangefochtene Beherrschung des Luftraumes durch die Alliierten, die überlegene Ausrüstung, die klarere Motivierung der Soldaten hätte auch seine Autorität nicht auszugleichen vermocht. Die Verschwörung des 20. Juli aber hätte in ihm, wäre er zur Führung des Aufstandes der Offiziere tatsächlich bereit gewesen, über eine Persönlichkeit verfügt, die mit einem klaren Versprechen der Waffenruhe (und sei es nur im Westen) vielleicht eine Mehrheit der Soldaten und der Bevölkerung hinter sich gesammelt hätte. Denn ein bezwingendes Charisma hatte der ausgelaugte, zitternde, physisch und psychisch labile »Führer« nicht mehr vorzuweisen, und der schiere Terror des Reichsführers der SS und seiner Schergen wäre der Autorität des ruhmreichsten deutschen Militärs kaum gewachsen gewesen. Immerhin war Paris der einzige wichtige Standort, an dem die Kommandeure den Befehlen der Verschwörer um den Obersten Stauffenberg ohne Zögern gehorchten. Gegen Abend des 20. Juli wurden sämtliche SS-Soldaten und die Funktionäre des SD festgenommen und auf Lastwagen in die Armee-Gefängnisse abtransportiert. Als die Nachricht durchdrang, dass Hitler am Leben und die Rebellion in Berlin niedergeschlagen sei, wurde die Nazigarde unverzüglich aus den Gefängnissen und Arrestlokalen entlassen. Ein Missverständnis … Die hohen Herren beider Seiten, der Armee und des SD, tranken ein Glas Champagner miteinander – eine gespenstische Szene. Am nächsten Tag sah sich der Militärbefehlshaber General von Stülpnagel seines Amtes enthoben. Auf dem Weg Richtung Berlin schoss er sich bei einem Aufenthalt in der Nähe von Verdun eine Kugel durch den Kopf, die ihn nicht tötete, sondern blind werden ließ. Er wurde wie fast alle seine Kameraden in Plötzensee gehenkt.

Die Bevölkerung von Paris hatte die Verhaftung der SS kaum wahrgenommen. Sie wartete sehnlich (eine Minderheit eher angstvoll) auf den Einmarsch der Alliierten. Die schienen sich Zeit zu lassen. General Eisenhower, der Oberkommandierende, hielt es für wichtiger, so rasch wie möglich zum Rhein vorzustoßen, trotz des Drängens von de Gaulle, der nicht zu Unrecht fürchtete, der geplante Aufstand in Paris werde losbrechen, ehe die regulären Streitkräfte zur Stelle seien, um ein Blutvergießen und die Zerstörung der Stadt à la Warschau zu verhindern.

Arletty, von keiner Arbeit abgelenkt, verfolgte die Ereignisse mit einer leisen Unruhe, die sie wie üblich zu beherrschen wusste. Völlig überraschend meldete

Hans Jürgen Soehring seine Ankunft – und er kam, irgendwann im Juli (das genaue Datum ließ sich nicht ermitteln). Am 14. Juni hatte ihm Arletty noch eines ihrer *billets doux* geschickt, wie üblich in großen, schwungvollen Lettern: »Faune … Es knallt an allen Ecken! Ich, ich lebe für Dich. Biche.« Sie spielte auf die rapide Zunahme der Attentate auf die Besatzungssoldaten an, freilich auch auf die immer härteren, immer grausameren Strafmaßnahmen, obschon sie von dem Kollektivmord in Oradour nichts wissen konnte, dem Dorf von knapp siebenhundert Seelen, in dem die gesamte Bevölkerung, Frauen und Kinder nicht ausgenommen, von einer Einheit der Waffen-SS in der Kirche zusammengetrieben und verbrannt wurde – die sogenannte Vergeltung für einen Partisanenangriff. Es war nicht das einzige Verbrechen in den Monaten des deutschen Rückzugs, in dem die ungetarnte Brutalität des Nazismus zutage trat.

Wie hatte es Soehring zuwege gebracht, sich zu diesem späten Zeitpunkt eine Reise nach Paris genehmigen zu lassen? Der Oberleutnant war im Begriff, von der regulären Truppe erneut zur Militärjustiz versetzt zu werden. Sein Wunsch, an seinen Posten in Paris zurückzukehren, wurde, man weiß es, von den Vorgesetzten verworfen. Sie hatten vielmehr die Absicht, ihn als »Hilfsrichter« zum Reichskriegsgericht in Leipzig zu schicken (was einer Beförderung gleichkam).

Es mag sein, dass er für wenige Tage zu seiner alten Arbeitsstelle zurückkehren durfte, um das Wichtigste aus dem Hab und Gut zu retten, das er in Paris zurückgelassen hatte. Natürlich kam er in Wahrheit, weil ihn die Angst um Arletty quälte. Die Drohungen gegen sie waren kein gutes Vorzeichen. Er beschwor sie, mit ihm nach Deutschland zu reisen (und natürlich deutete er an, dass er nichts sehnlicher wünsche als eine Heirat). Wenn sie sich scheue, Schutz im Reich zu suchen, werde er ihr die Einreise in die Schweiz verschaffen; er verfüge über die Beziehungen, die es brauche, um die Formalitäten zu regeln. Oder Schweden? Er arrangierte ein Abendessen bei einem großen Advokaten, der nach den Feststellungen von Denis Demonpion von ihm beauftragt war, sich um Arletty zu kümmern. Mit ihnen war der schwedische Generalkonsul Raoul Nordling geladen, der sich wenige Wochen später mit zäher Klugheit dafür engagierte, dass die Deutschen sich aus der Stadt zurückzogen, ohne Verwüstungen anzurichten. Auch Nordling hätte helfen können. Im Gespräch mit ihrem Biographen wiederholte Arletty, was sie ihrem *faune* gewiss in sanfteren Worten, doch unbeugsam gesagt hat: »Ich soll davon reisen? Niemals.« Sie fügte hinzu: »Ich hätte mir lieber in Frankreich den Kopf abschneiden lassen. In meinem Land. Als ich Hans damals wissen ließ, dass ich mich weigerte, Frankreich, ja Paris zu verlassen, sagte er nur: 'Ich wusste es.'«

Es verlangte ihre ganze Disziplin – auch die seine –, um bei diesem Abschied nicht der schwarzen Verzweiflung nachzugeben. In jenen Tagen klopfte noch einmal Simone Signoret bei ihr an. Sie schlug Arletty vor, sich ihrer Widerstandsgruppe anzuschließen. Das werde sie schützen. Es sei nicht zu spät. Arletty dankte, doch sie lehnte das Angebot ab, obschon böse Gerüchte über das Geschick der Frauen umgingen, die sich mit deutschen Soldaten eingelassen hatten.

Sie bewahrte nach außen ihren Gleichmut, doch in Wahrheit suchten sie tiefe Ängste heim. Sie telefonierte öfter mit Sacha Guitry, der ihr in jenen Tagen der Nächste unter den Freunden war. Meist scherzte sie, wie er in seinem Tagebuch notierte – »doch nur, um die Form zu wahren«. Diese Person, deren Namen er hier streiche – so stand es im später veröffentlichten Bericht über seine Erfahrungen während der Befreiung –, sei ihm aus mehr als einem Grund sehr teuer. Wegen der Unabhängigkeit ihres Charakters, wegen ihrer Freimütigkeit und wegen ihres außerordentlichen Talentes als Schauspielerin sei sie von besonderen Repressalien bedroht.«

Ein Trost: ihr Schützling Marianne, ein Mädchen von dreizehn oder vierzehn Jahren, das sie im Jahr zuvor bei einem Spazierweg am Abend dabei beobachtet hatte, wie es sich an einem der Plätze in der Nachbarschaft im Gesträuch verkroch. Sie ging zu dem Mädchen hinüber und fragte, was es dort treibe. Marianne antwortete unbefangen, sie suche sich ein Versteck für die Nacht. Es sei zu spät geworden, um vor der Sperrstunde nach Hause zu kommen. Sie wohne draußen in der *banlieu*, in Fontenay-sous-Bois, das sie mit dem Zug nicht mehr erreiche. Wenn sie von der Polizei aufgelesen würde, unterstellten ihr die *flics* alles Mögliche. Außerdem würden die Burschen zudringlich. Also bleibe sie lieber bis zum Morgen in ihrem Versteck. Arletty nahm sie mit. Ein sympathisches Mädchen. Offen erzählte es von seinen Schwierigkeiten. Seine Mutter habe sich, als der Vater bei der Armee war, einen *amant* zugelegt. Marianne berichtete weiter, sie sei mit dem Vater nach dessen Rückkehr ausgezogen, und sie lebten nun in einem Pavillon. Der Papa habe wenig Zeit für sie. So habe sie sich angewöhnt, am Nachmittag durch die Stadt zu streichen, wo es immer etwas zu sehen gebe. Gelegentlich treffe sie Kerle ihres Alters, mit denen sie sich gut unterhalte. Arletty glaubte ihr. Sie erinnerte sich an ihre eigenen Mädchenjahre, als sie – nur wenig älter – am Nachmittag und am Abend ziellos durch die Straßen streunte, weil ihr zu Hause die Decke auf den Kopf fiel und sie die immer schlecht gelaunte, raunzende Mutter nicht mehr ertrug. Sie gab Marianne zu essen, zu trinken, zeigte ihr das Bad und das Bett im Gastzimmer. Am Morgen zog die Kleine davon. Sie sagte, am Abend werde sie beim Vater bleiben. Anderntags rief sie an. Arletty lud sie ein. Sie kam nun fast jeden Tag. Irgendwann fuhr Arletty mit ihr nach draußen, um den Vater kennenzulernen, der erleichtert zu sein schien, dass die Tochter ein zweites Zuhause in der Stadt gefunden hatte. Arletty war über Nacht zu einer Ersatzmutter für das Mädchen geworden, zugleich zu einer älteren Kameradin. Es mag sein, dass sich die so entschlossen Kinderlose selber ein wenig belächelt hat, wenigstens dann und wann.

Die Unruhe in der Stadt schien von Tag zu Tag zu wachsen. Schon am 14. Juli hatten sich in der *banlieu*, aber auch in den Arbeiterquartieren von Paris (die es damals noch gab) angeblich mehr als hunderttausend Menschen zu Kundgebungen versammelt. Die immer schlechtere Versorgung der Bevölkerung und der blühende Schwarzmarkt gaben Anlass genug zu Protesten, wie sie in den vergangenen Monaten immer wieder aufgeflackert waren, in der Regel angeführt von den Kommunisten, die den

Widerstand und die Untergrundaktivitäten im Industriegürtel um Paris kontrollierten. Zum Stadtkommandanten war General von Choltitz ernannt worden. Der »Führer« hatte ihn, wie Münchhausen berichtet, bei einem gespenstischen Antrittsbesuch im ostpreußischen Hauptquartier »Wolfschanze« mit Instruktionen für »die Sicherung des Bereiches Groß-Paris gegen Aufstandsbewegungen, Terror- und Sabotageakte« versehen lassen. Am 17. August räumten die Deutschen ihre Büros, ihre Unterkünfte, ihre Kasernen. Lange Kolonnen von Artillerie-Transportern, Lastwagen, Bussen, edleren Karossen für das Personal von Rang stauten sich auf den Ausfallstraßen. Hinter ihnen formierten sich die Fluchtkolonnen der militanten Kollaborateure und ihrer Chefs. General von Choltitz wusste gut genug, dass ein genereller Aufstand wegen des Waffenmangels der Résistance-Verbände von der kleinen Streitmacht, die ihm noch zur Verfügung stand, im Notfall niedergeschlagen werden konnte. Neue Führerbefehle forderten die Verteidigung von Paris mit allen Mitteln. Im schlimmsten Fall sollte der Feind nur noch ein Trümmerfeld vorfinden. Dem Drängen des schwedischen Generalkonsuls Nordling, Paris zur »Offenen Stadt« zu erklären, konnte der General nicht nachgeben – er wäre sofort seines Amtes enthoben worden –, aber er ließ die politischen Häftlinge, die in Pariser Gefängnissen geblieben waren, unter den Schutz des Roten Kreuzes stellen. Die Bitte um die Schonung der Stadt, die Pierre Taittinger, der Präsident des Stadtrates, mit bewegenden Worten vortrug, beeindruckte ihn tief. Er setzte mit der gebotenen Vorsicht die (inoffizielle) Anweisung in Umlauf, dass nur gekämpft werden solle, wenn es die Selbstverteidigung verlangte, dass vor allem die historischen Gebäude und die Wohnquartiere zu schonen seien. Er weigerte sich, die Brücken und die Fabriken am Stadtrand sprengen zu lassen. Aber er machte auch deutlich, dass er sich nur regulären Streitkräften, nicht den Partisanen-Verbänden ergeben werde.

Eine Woche lang flackerten die Gefechte zwischen den deutschen Soldaten, die in der Stadt auszuharren hatten, und den Résistance-Trupps da und dort auf, und sie ebbten unversehens wieder ab. Jean-Paul Sartre, der bisher nicht die geringste Neigung zu einem Engagement im Untergrund gezeigt hatte, erwachte aus seiner Lethargie (und aus der Welt des libertinen Amüsements im Schatten der Besatzung): als Reporter für Albert Camus' Widerstandsblatt *Combat* streifte er nun zu Fuß und mit dem Fahrrad unermüdlich durch die Quartiere an der Seine und schrieb in der Nacht sorgsam auf, was er gesehen hatte. Es mutet freilich merkwürdig an, dass er die

Gefechtssituationen immer wieder mit den spanischen Stierkämpfen verglich: ein Hinweis, dass er den schrecklichen Ernst des Sterbens der Menschen vor seinen Augen nicht verstand – oder nicht verstehen wollte. Natürlich liefen den Kämpfern der Untergrund-Armee nun die jubelnden Menschen in Scharen zu. Sie setzten sich Gefahren aus, die sie nicht zu ahnen schienen, denn immer wieder schossen die Deutschen, in schierer Panik oder auch mit blinder Wut, in die Massen.

Der schwedische Gesandte Nordling brachte es schließlich zuwege, einen Waffenstillstand zu vermitteln, der rasch wieder gebrochen wurde. Es entsprach dem Willen General de Gaulles, dass sich Paris durch einen Aufstand des Volkes selber befreien sollte – und die Kommunisten waren darin mit ihm eines Willens. Das kostete Opfer. Die Aufständischen zählten schließlich mehr als fünfzehnhundert Tote, Zuschauer eingerechnet. Die Verluste der Deutschen waren doppelt so hoch.

Trotz der Schießereien wagte sich Arletty immer wieder auf die Straße. Als das Radio meldete, dass sich die Armee des General Leclerc der Stadt nähere, beförderte sie die Büste von Hans Jürgen Soehring auf dem Fahrrad zu Georges Baudoin, dem Privatsekretär von Marcel Carné. Ihre Unruhe schien zur Panik zu werden – so Sacha Guitry, bei dem sie sich noch einmal zum Mittagessen einfand. Er beschwor sie, in ihrer Wohnung zu bleiben. Bei ihrem nächsten Telefonat am 23. August um zehn Uhr am Vormittag, als er noch beim Frühstück saß, wurde er verhaftet. Im Pyjama und im Morgenmantel, den Strohhut auf dem Kopf, ließ er sich von den Häschern zum Rathaus des siebten Arrondissements eskortieren. Arletty steckte Louis d'or-Münzen, die sie als eiserne, nein goldene Reserve im Hause hatte (wenngleich nicht unter der sprichwörtlichen Matratze) in ihr Schminkköfferchen. Dann suchte sie Zuflucht bei Baudoin in Montmartre. Bald genug klopften Freischärler an. Sie verlangten Geld. Arletty gab ihnen dreißigtausend Francs – ein kleines Vermögen. Sie zogen davon.

Unterdessen suchte die kleine Marianne nach ihr. Schreckliche Gerüchte liefen um. Es wurde behauptet, man habe Arletty bei ihrer Verhaftung die Brüste abgeschnitten. Mit dem Rad fuhr das Mädchen zu Jacques Prévert. Seine Frau öffnete ihm. Als er kam, schrieb er ein Gedicht für sie auf, und er beruhigte sie: Arletty sei ein Fels, sagte er. Sie lasse sich von nichts und niemanden erschüttern. Dann schickte er sie zu ihrem Papa. Im Gang der nächsten Monate wurde er ihr so vertraut wie ein zweiter Vater.

Arletty fand Unterschlupf bei einer der Kolleginnen von Antoinette d'Harcourt aus dem Corps der

Sanitätsfahrerinnen. Nach wenigen Tagen wurde sie weiter empfohlen an eine Gräfin, deren Namen sie in ihrem kleinen Erinnerungsbuch nicht nannte. Dort begegnete sie einem jungen Mann der Résistance, der sie in einem Cadillac, seinem Dienstwagen, zu einem Arzt in Choisy-le-Roi beförderte. Der schmucke Hausherr empfing sie in Majorsuniform. Er brachte sie in einem Zimmer unter, in dem sich angeblich Robespierre einige Tage vor seiner Verhaftung aufgehalten hat. In den folgenden Tagen lehrte sie der Gastgeber die Grundzüge des Schachspiels. Dafür blieb sie ihm dankbar – auch, als sie aus der Zeitung erfuhr, dass er des Mordes an seiner jungen, schönen Frau beschuldigt werde, die er vermutlich im Drogenrausch umgebrachte hatte.

Nach zwei Wochen riet ihr der seltsame Arzt, sich im Hotel *Lancaster* einzumieten, einem noblen Haus, das sie gut genug kannte. Es sei besser, dort verhaftet als in einem Versteck aufgegriffen zu werden. Er hatte recht. Arletty wartete lange. Eines Tages rief ein Monsieur Bellanger an, dem sie 1943 bei einem Essen mit Freunden begegnet war. Er und seine Frau Lelette luden sie in ihr Schloss in La Houssaye-en-Brie ein, zwei Fahrstunden von Paris entfernt. Dort sei sie sicher. Arletty dankte sehr für die Freundlichkeit, doch sie ließ den liebenswürdigen Herrn wissen, dass sie es vorziehe, einstweilen in Paris zu bleiben. Am 19. Oktober meldete sich der seltsame Arzt: am kommenden Tag werde sie gegen 15.00 Uhr festgenommen.

Fast pünktlich fragten in der Tat beim Concierge zwei Herren nach ihr. Sie war bereit. Die Herren beriefen sich auf eine Verordnung des Staatschefs Charles de Gaulle, die eine »administrative Internierung von Personen« vorschrieb, »von denen eine Gefahr für die Verteidigung der Nation oder der öffentlichen Sicherheit« ausgehe. Arletty stellte nicht die naheliegende Frage, wie sie, eine Schauspielerin, die von der Politik nichts wissen wollte, die nationale Verteidigung und die öffentliche Sicherheit gefährden könne. Die diskreten Herren hätten sich kaum auf eine Diskussion eingelassen. So zitierte sie nur Madame Raymonde aus ihrem Film *Hotel du Nord*: »Eine schönes Schnäppchen ist ein schönes Schnäppchen.« Endlich verhaftet, dachte sie, fast erleichtert, als sie das Fahrzeug der beiden Herren bestieg.

Bei ihrem ersten Verhör im Oktober 1944 wurde Arletty von dem Vernehmenden höflich, vielleicht mit einem spöttischen Unterton gefragt, wie sie sich fühle. »Pas très résistante«, antwortete sie mit dem raschen Witz, der längst zum Bild ihrer Persönlichkeit gehörte. Mit souveräner List nutzte sie die Doppeldeutigkeit des Begriffes »résistante« (gleich »widerständig«, aber auch »widerstandsfähig«), um die Fragwürdigkeit ihrer Lage mit einem einzigen Wort ins Licht zu rücken. Die Formulierung behauptet seitdem ihren Platz unter den geistreichen Bonmots der Zeitgeschichte. Jener knappe Dialog war der Auftakt ihres erstens Verhörs nach der Einlieferung in die Präfektur der Polizei. Vielleicht wiederholte er sich bei der Eröffnung ihres offiziellen »Säuberungsverfahrens« vor einem »Tribunal d'épuration« – so der Titel der Sondergerichte, eine französische Entsprechung der deutschen »Entnazifizierungs-Kammern«.

Wie konnte man nur »épurateur« sein, fragte Arletty voller Staunen und einer Spur von Verachtung, als sie Anfang der siebziger Jahre ihre Erinnerungen diktierte. In der Tat, was für eine groteske Amtsbezeichnung, die mit Stalins großen Säuberungen vor dem Krieg ein für allemal in Verruf geraten war. Wusste man in Paris nichts von dieser trüben Vorgeschichte des Begriffes? Wollte man nichts davon wissen? Das Talent, sich blind und taub zu stellen, war auch vielen Franzosen nicht fremd (nicht nur den Deutschen) – namentlich den Mitgliedern der intellektuellen Garde, gleichviel ob der orthodoxen Linken oder der faschistisch infizierten Rechten zugehörig.

In Wirklichkeit war Arletty damals kaum so heiter gestimmt, wie es ihre Scherze vermuten ließen, obwohl sie von sich sagte, sie habe zwar Angst vor physischen Schmerzen und vor Krankheiten, Angst zumal vor Ratten, aber von »politischer Angst«, wie sie es nannte, sei sie nicht heimgesucht gewesen, und im Kerker habe sie sich nicht gefürchtet. Sie sei kalt geblieben, habe sich nicht herausfordernd verhalten, zum anderen habe sie ihr Gemüt von nichts berühren lassen. Sie wurde, vom ersten Verhör im berüchtigten »Depot« an, nicht mehr als Madame oder Mademoiselle Arletty angeredet, sondern mit ihrem Familiennamen Bathiat (ohne »Madame«). Das empfand sie keineswegs, sie sagte es wieder und wieder, als eine Erniedrigung (wie sie ihr zugedacht war). Sie sei stolz auf den Namen ihrer Herkunft, sagte sie, stolz auf die schlichten Verhältnisse, aus denen sie stammte, stolz auf den Bruder, den bescheidenen

»Metallo«, der vom Beginn seines Berufslebens bis zum Ende für das Rüstungsunternehmen Hispano-Suiza im Depot Courbevoie gearbeitet habe. Der Bruder wiederum war stolz auf seine Schwester, ohne jede Spur von Neid; er sammelte heimlich Zeitungsartikel, in denen über sie, ihre Filme, ihre Theaterauftritte berichtet wurde. Zwei Jahrzehnte später, als sie die Särge ihrer Eltern und auch des Bruders exhumieren ließ, weil sie im Familiengrab auf dem Friedhof von Courbevoie Platz für sich selber schaffen wollte, nahm sie den Schädel von Pierrot ohne Scheu in die Hand und streichelte ihn zärtlich. Sie hatte den Bruder immer geliebt, der ein ruhiger, nachdenklicher, ja sanfter Mann war, einsilbig, wenn er es nicht vorzog, einfach zu schweigen. Später warf sie sich vor, dass sie niemals genug Zeit für ihn hatte. Als er, siebenundsechzig Jahre alt, 1963 in den Ruhestand ging, fand ihn das Unternehmen mit ein paar Aktien ab. Nach dem Verkauf der Papiere stellte er fest, dass ihm eine Rente von 400 Francs im Monat blieb. Die Schwester wollte ihm ein Häuschen in der Normandie schenken, wo er ganz seiner Leidenschaft, der Angelfischerei, hätte leben können, doch offenbar mochte er sich nicht von den Freunden und Nachbarn in Courbevoie trennen. So ließ sie ihn wissen, er könne mit seinen Kameraden jederzeit Urlaub in ihrer bescheidenen Zuflucht auf der bretonischen Belle-Île machen, die sie inzwischen gekauft hatte, könne kommen so oft ihm danach sei und bleiben so lange er möge. Sie ließ – ohne ihn zu fragen – neue Möbel in seine Wohnung schaffen, in der er seit dem Tod seiner Frau allein lebte. Wann immer sie ihn besuchte, legte sie diskret einen Umschlag mit zehn- oder zwanzigtausend Francs in die Küche. Vermutlich hatte er ihre Liaison mit dem deutschen Offizier nicht gebilligt. Einige Jahre herrschte Stille zwischen den beiden. Die geschwisterliche Liebe war am Ende stärker.

Der Säuberer fragte Leonie Bathiat alias Arletty in jenem Verhör, ob sie für den Geheimdienst der Deutschen oder des Vichy-Staates gearbeitet habe – »l'Intelligence Service«. Nein, hat sie angeblich erwidert: »Non, je suis au service d'intelligence« – sie stünde nicht im Dienste des »Intelligence Service« (nämlich eines Geheimdienstes), sondern im Dienste der Intelligenz. (Vielleicht hat sie das Wortspiel erst später ausgedacht – ihre Lust an der Pointe verließ sie nie.) Der Frager erkundigte sich mit merkwürdiger Hartnäckigkeit nach ihren Beziehungen zu der Herzogin d'Harcourt und den gräflichen Damen ihres Kreises. Sie hatte freilich den Eindruck, dass er sich eher für die erotische Komponente der Verbindung interessierte als für die politischen oder humanitären Aktivitäten von Antoinette d'Harcourt, die im Sommer 1943 in die Fänge der Gestapo geraten war. Arletty bemerkte knapp, sie ziehe es vor, über die privaten Neigungen der Herzogin zu schweigen: »Ich bin Gentleman«, sagte sie. Waren jene gutgelaunten Antworten, die in Paris von Mund zu Mund gingen, tatsächlich immer die ihren? Oder wurden sie ihr einfach zugeschrieben (wie Winston Churchill nahezu jede britische Kriegsanekdote angehängt wird)? – Sie könne sich nicht allzu genau an jede Formulierung erinnern, sagte sie als sehr alte Dame. »Aber die frechen Bemerkungen gehören zur Legende. Also lassen wir es dabei.«

Vielleicht sollte ihr Bericht von einem Überraschungsbesuch des Polizeipräfekten in ihrer Zelle im »Depot« (der historischen Conciergerie) mit einer Prise Skepsis gelesen werden. Der mächtige Herr, der mit den Truppen de Gaulles nach Paris zurückgelangt war, schien sie nicht zu erkennen, denn er fragte, ob sie wisse, wo die Arletty sei. Nein, sie kenne sie nicht. – Man sagt, dass sie verhaftet worden sei? Ja, das träfe wohl zu. »Hat man ihr den Kopf rasiert?« »Ja«. »Hat man ihr die Brüste abgeschnitten?« »Ja«. »Ist sie tot?« »Ja«. »Was denken Sie?« »Ich hoffe, dass das Schicksal all das nicht erlaubt hat«. »Warum?« »Weil ich sie bewundere.« »Was ist ihr wirklicher Name?« »Ich habe Ihnen den Namen schon genannt.« Sie erzählte weiter, der Präfekt habe ihr geradewegs in die Augen geschaut, und sie habe genauso prüfend zurückgestarrt. Plötzlich habe er ihr brüsk den Rücken gekehrt. Sie habe ihm nachgerufen: »Monsieur!« »Was wollen Sie?« »Wenn sie Neues über Arletty erfahren – würden Sie so freundlich sein, es mich wissen zu lassen?« Nach einem Augenblick des Zögerns: »Wird gemacht«. So ihr Bericht.

Es steht dahin, ob jene absurde Unterhaltung jemals stattgefunden hat. Aber es ist wahr, dass in Paris die schrecklichsten Gerüchte umgingen. In Wirklichkeit haben sich ihre Säuberer und Wächter gehütet, sie jemals physisch zu drangsalieren. Sie hatten offensichtlich Weisung, ihr nicht zu nahe zu kommen. Als zwei uniformierte Burschen mit ihren Maschinenpistolen vor ihrem Kopf herumfuchtelten, fauchte sie die Kerle an: »Schießt doch endlich, dann muss ich wenigstens eure dreckigen Schnauzen nicht mehr sehen.« Die beiden trollten sich.

Die Szenen der öffentlichen Demütigung, die damals so viele »Liebchen der Deutschen« erlitten, blieben ihr erspart. Vorsichtige Schätzungen besagen, dass wenigstens zwanzigtausend Frauen – stets inmitten einer johlenden Menge (in der Mehrzahl Männer) – die Haare geschoren wurden. Die rachsüchtigen Widerständler (wenn sie denn welche waren) rissen ihren Opfern oft genug die Kleider vom

Leibe und jagten sie nackt durch die Straßen, schlugen sie blutig, brannten im schlimmsten Fall den Sünderinnen ein Hakenkreuz in die Stirn; die weniger rabiaten malten es nur mit roter oder schwarzer Farbe auf die Glatzen oder auf den Hintern. Unter den Gequälten waren manche – wirkliche oder vermeintliche – Prostituierte, was die barbarische Aufführung nicht besser machte, öfter freilich junge Mädchen, einsame Frauen, Familienmütter, deren Männer gefallen, vermisst, vielleicht auch seit Jahren in Gefangenschaft waren, die sich deutschen Soldaten in aufrichtiger Zuneigung verbunden fühlten. Verzweifelt versuchten sie, ihre Gossenrichter davon zu überzeugen, dass die Liebe nichts mit der offiziellen Feindschaft zwischen Deutschen und Franzosen, nichts mit Kollaboration und Widerstand zu schaffen hatte, dass sie niemandem geschadet hätten – im Gegenteil, die »Fritze« und »Fridoline« seien gut zu den Kindern gewesen. Es half ihnen nichts. Sie galten als »bochisiert«. Sie hatten sich der »collaboration horizontale« schuldig gemacht. An die zwanzigtausend weitere Frauen wurden vor ordentlichen Gerichten oder vor den Säuberungstribunalen wegen ihrer erotischen Beziehungen zu deutschen Soldaten nach dem Paragraphen 75 des Strafgesetzbuches angeklagt – angeblich der »Vermittlung von Nachrichten an den Feind« schuldig. Aber welche Geheimnisse konnten sie verraten haben? Die des »Alkovens«, wie man früher gesagt hätte? Die der französischen Liebeskunst? In Wahrheit wussten sie nichts, das die militärischen und politischen Späher der Besatzung oder der Vichy-Miliz interessiert hätte. Ihre deutschen Bettschätze fragten gewiss nicht, ob ein Onkel Mitglied der kommunistischen Partei sei. Oder ob Monsieur le Curé eine heimliche Freundin habe. Die Formel »Vermittlung von Nachrichten« ließ sich freilich auf die Bedeutung »Intimität mit dem Feind« frisieren. So wollten sie die Säuberer verstanden wissen.

Der Zeithistoriker und Essayist Patrick Buisson charakterisierte in seiner Studie über die Sitten der Besatzungszeit – die allerdings erst im neuen Jahrtausend geschrieben und publiziert wurde – die Frauenhatz von 1944 als Racheaktionen der beleidigten »nationalen Virilität«, die durch die Sommerkatastrophe 1940 und die »erotische Vorherrschaft« der »supervirilen« Besatzungsmacht erniedrigt worden sei. Aber lässt sich mit der These von der gekränkten Maskulinität der Franzosen alles erklären? Es ist wahr, die Freundinnen der Besatzungssoldaten schienen nicht länger bereit zu sein, die traditionellen Normen der »nationalen Würde« und der »patriotischen Disziplin« zu akzeptieren – pathetische Abstraktionen, die ihrem Alltag zu weit entrückt waren. Jeanne d'Arc und Marianne mit der phrygischen Mütze über dem wallenden Haar symbolisierten die Weiblichkeit der Republik – in den Augen der Männer: Idealisierungen ihres Besitzerstolzes. Aber erkannten sich auch die französischen Frauen in den Symbolgestalten der Nation? Hörten sie nicht lieber, sie seien die feinsten, die elegantesten, die raffiniertesten Geschöpfe der europäischen Weiblichkeit? Felix Hartlaub, der junge Historiker, vom Herbst 1940 bis zum Frühsommer 1941 in Paris stationiert, hatte damals in einem Brief geschwärmt, »auch mit alten, abgetragenen Sachen« sei »der unnachahmliche Chic« der Französinnen »nicht tot zu kriegen«. Die Pariserin sei eben »das abendländische Höchstprodukt.«

Die patriotische Empörung gegen die »vaterlandslosen Flittchen« nach der Befreiung war ein temporärer Rückfall in die Welt der unkontrollierten männlichen Gewalt. Patrick Buisson kommentierte ein Foto, das neun geschorene und mit Hakenkreuzen gezeichnete Frauen auf den Knien vor einer triumphierenden Kohorte von Partisanen zeigt: »Sadismus, Voyeurismus und Phallokratie geben sich hier ein Rendezvous mit der nationalen und maskulinen Wiederauferstehung.« Es war wohl so: für einen historischen Augenblick kehrten diese Vertreter der Männerwelt der Zivilisation den Rücken, die Frankreich in langen Jahrhunderten entscheidend geformt hatte. Allerdings, der Zweite Weltkrieg konfrontierte die Menschheit mit schlimmeren Zeugnissen des Versagens aller sittlichen Sperren: In den Vernichtungskriegen gegen Polen und Russland hatten deutsche Soldaten, durch das arrogant-idiotische Geschwätz ihrer Führer vom slawischen und vom jüdischen »Untermenschentum« enthemmt, die Grundgesetze der Zivilisation kurzerhand außer Kraft gesetzt.

Erklärt sich der Zusammenbruch Frankreichs im Sommer 1940 – von den strikt militärischen Gründen abgesehen – tatsächlich durch die Kapitulation der französischen Männlichkeit vor den teutonischen Heerscharen? War die Moral der Armee nicht auch durch die Unlust der Kommunisten beschädigt, die nicht einsahen, warum sie im Zusammenprall zweier kapitalistischer Systeme ihr Leben und das ihrer Generationsgenossen aufs Spiel setzen sollten? Forderte der Stalin-Hitler-Pakt nicht eher ihre Neutralität? Und gibt es für den mangelnden Widerstandswillen – der nicht immer und nicht überall zu registrieren war, denn manche Truppen kämpften mit verzweifelter Tapferkeit – am Ende nicht eine tiefere Erklärung, die Jahrzehnte lang niemand zur Kenntnis nehmen wollte? Könnte es nicht sein, dass ein guter Teil der französischen Soldaten, vielleicht auch eine Mehrheit der zivilen Bürger und vor allem der Frauen einer Weisung ihrer Instinkte gehorchten, die von ihnen forderte, nicht ein zweites Mal das

Opfer von Millionen Menschenleben zu riskieren, von dem das Volk im Ersten Weltkrieg bis zu Erschöpfung ausgelaugt wurde? Kein zweites Verdun, keine Neuauflagen des Infernos an der Somme, als Hunderttausende auf beiden Seiten der Front in den »Materialschlachten« verreckten – »Menschen-Material« (wie man sich damals ausdrückte), für die hirnlose und lebensfeindliche Strategie der Generalität und der Regierungen in den Tod gejagt, die den Gegner »weißbluten« lassen wollten. Zehn Prozent der französischen Männer im arbeitsfähigen Alter kamen damals nicht von den Schlachtfeldern zurück. (Die Deutschen verloren an die zwei Millionen Menschen.) Eine halbe Million französische Soldaten, zu Krüppeln geschossen, waren für den Rest ihrer Tage zu einem Invalidendasein verurteilt. Der Norden und der Osten des Landes waren verwüstet, die Industrie-Produktion war auf sechzig Prozent des Vorkriegsstandes zurückgefallen, die Kriegsschäden insgesamt wurden auf fünfundfünfzig Milliarden Goldfrancs von 1913 geschätzt.

Dies ein anderes Mal? Der Zweite Weltkrieg kostete Frankreich höchstenfalls eine halbe Million Menschenleben, Soldaten und Zivilisten zusammen genommen – weniger als vierzig Prozent der Verluste im ersten Krieg, den die Franzosen bis heute »la Grande Guerre« nennen. Freilich, der Preis, den

Frankreich für den raschen Waffenstillstand am Ende zu bezahlen hatte, war hoch. Der schrecklichste: die Preisgabe der jüdischen Bürger, die beschämend blieb, auch wenn – um es zu wiederholen – drei Viertel der Juden Frankreichs überlebte, zum guten Teil dank der couragierten Hilfe ihrer Landsleute – mehr als in jedem anderen besetzten Land (Dänemark ausgenommen).

Auch Arletty hatte die rasche Kapitulation als einen Segen empfunden, das ist gewiss. Sie war (auch wenn sie sich niemals so nannte) eine konsequente Pazifistin – wie es der provenzalische Dichter Jean Giono war, der für seine Gesinnung zweimal eingekerkert wurde, 1939 und nach der Befreiung 1944. Sie hasste das Militär. Sie ertrage nur zwei Arten von Uniformen, sagte sie oft: die der Feuerwehr und die der Heilsarmee. Als ein sehr junges Mädchen hatte sie sich – es wurde früher notiert – unter dem Eindruck des Grauens im Ersten Weltkrieg geschworen, niemals zu heiraten und niemals Kinder zu haben, weil sie niemals eine »Kriegerwitwe« und eine »trauernde Heldenmutter« werden wollte. Auf ihre Weise war sie sehr wohl eine Patriotin. Sie war stolz auf Frankreichs Kultur. Sie liebte das Land und seine Menschen. Sie sah freilich nicht ein, warum sie nur ihre Landsleute lieben sollte. Für sie waren die Deutschen, die in der Mehrzahl ja auch nicht freiwillig in den Krieg gezogen waren, Menschen wie andere auch. Sie hätte nicht bestritten, dass die Herrschaft der Nazis ein Regime der Mörder war. Darin war sie mit ihrem *faune* Hans Jürgen Soehring einer Meinung, obwohl die beiden es strikt vermieden, politische Gespräche zu führen. Das hätte ihrem Versuch widersprochen, inmitten des Kollektivgeschicks eine völlig private, individuell gesonderte Existenz zu behaupten – ein Experiment, das an den härteren und »höheren« Gewalten scheitern musste. Als sie wegen ihres intimen Umgangs mit einem Offizier der Feindesmacht des »Verrats« beschuldigt wurde, verteidigte sich Arletty mit dem immer wieder zitierten Wort: » mon cœur est français, mais mon cul est international« – »Mein Herz gehört Frankreich – mein Hintern kennt keine Nation«. Der Vorwurf, sie sei zynisch, berührte sie nicht. Draußen in der Stadt, in der das gesalzene Bonmot sofort seinen Weg durch alle Bars, alle Kneipen, alle Büros, alle Schulen und Hochschulen, alle Fabriken und vermutlich auch die Kasernen machte, ließ es Arlettys Ruhm im Lachen ihrer Landsleute von neuem aufleuchten. Selbst wenn ihr der Satz in den Mund geschoben worden sein sollte: Die Pariser trauten ihr den galligen Witz durchaus zu.

In ihrer Einzelzelle in der »Conciergerie«, dem Kellergeschoss des Justizpalastes auf der Île de la

Cité, hatte sie Zeit, sich vieles durch den Kopf gehen zu lassen. Sie dachte, das versteht sich, oft an ihren Faun, von dem sie nicht wusste, wo er sich aufhielt und wie er sich durchschlug. Sie bangte um sein Leben. Von der Kriegslage wusste sie nicht allzu viel, aber sie zweifelte nicht länger, dass Deutschland zum Untergang verurteilt war. Was würde mit Hans geschehen, wenn er überlebte? Gab es eine Chance, ihn jemals wiederzusehen? Es quälte sie, dass sie viele Monate, vielleicht ein Jahr, vielleicht noch länger auf eine Nachricht warten müsse – wenn es ihn noch gab. In ihren Gedanken schrieb sie ihm viele Briefe, die ihm ohne Umstand von ihrer Liebe, von ihrer Sehnsucht sprachen, vielleicht auch von der Traurigkeit, die sie so sorgsam verbarg.

Er hatte ihr, bei seinem Blitzbesuch im Juli, mitteilen können, dass er von der Truppe zum Reichskriegsgericht versetzt sei, nach Berlin, von dem sie wohl wusste, dass es Tag für Tag und Nacht für Nacht von den alliierten Geschwadern bombardiert wurde. Trotz der Störungen arbeiteten viele Institutionen, viele Stäbe, viele Kommando-Zentralen in der heimgesuchten Stadt mit erstaunlicher Effizienz weiter. Doch manche Dienststellen begannen damals, für ihr Personal und ihre Aktivitäten geschütztere Unterkünfte im Land zu suchen. So auch das Reichskriegsgericht.

Soehring, der als »Hilfsrichter« tätig sein sollte –

eine in der Justiz, auch der höheren, völlig übliche und keineswegs diskriminierende Dienstbezeichnung – hatte das Glück, an keinem der Prozesse, die vor dem höchsten Gericht der Wehrmacht geführt wurden, teilnehmen zu müssen. Die gravierenden politischen Verfahren wurden zu jener Zeit in der Regel von den »Volksgerichtshöfen« des Blutrichters Roland Freisler an sich gezogen, zumal seit dem Attentat des Zwanzigsten Juli 1944. So blieb es Soehring erspart, Urteile gegen sein Gewissen fällen zu müssen. Ihm wurde eine Sonderaufgabe zugewiesen. Die Wehrmacht hatte an der Ostfront eine dramatische Niederlage erlitten. In einer machtvollen Offensive der Sowjetarmee war die »Heeresgruppe Mitte« über die Weichsel zurückgedrängt worden. Funktionäre der Nazi-Partei streuten das Gerücht, die Truppen seien von Agenten des Komitees »Freies Deutschland« und des »Bundes der Offiziere« in Wehrmachtsuniformen durchsetzt und von jenen in eine haltlose Flucht gehetzt worden, mit anderen Worten: sie seien den Mitgliedern jener antifaschistischen Gruppen von Kriegsgefangenen auf den Leim gegangen, die unter der Aufsicht kommunistischer Kommissare ihre Kameraden durch Lautsprecher-Propaganda und Flugblätter dazu aufriefen, sich nicht für den Diktator Hitler und seine Bonzen abschlachten zu lassen, sondern die Front zu wechseln.

Die getarnten Boten der Sowjets hätten sich in die Stäbe eingeschlichen, behaupteten die gestreuten Gerüchte, und die Strategie der Wehrmachtsführung durch falsche Befehle unterlaufen, ja sie hätten einige Generale dazu überredet, ihre Truppen im Stich zu lassen und sich den Sowjets zu ergeben. Der Oberfeldrichter Soehring sollte untersuchen, ob sich jene Verdächtigungen bestätigen ließen. Diese Aufgabe scheint ihn bis ins Jahr 1945 gebunden zu haben. In seinem Bericht stellte er fest, es hätten sich keine Anhaltspunkte gefunden, dass die Gerüchte der Wahrheit entsprächen. Also gebe es keinen Anlass für die Vorbereitung einer gerichtlichen Anklage. Die Gerüchtemacherei war nichts anderes als der Versuch, die militärische Überlegenheit der Sowjets zu vertuschen und zugleich die Zuverlässigkeit der Wehrmachtsgeneralität in Zweifel zu ziehen.

Arletty hätte nur interessiert, dass ihr Faun nicht wieder an die Front geschickt wurde. Im Häftlingstrakt der Conciergerie wurde sie von den Säuberern immer wieder gefragt, warum sie, der berühmte Bühnen- und Filmstar, ihr Herz und ihren Körper einem Offizier der *boches* geschenkt habe. Sie fand es nicht ziemlich, denen auch nur anzudeuten, wie glücklich sie mit ihrem Deutschen gewesen war. Für diese Erfahrung des Glücks nahm sie, da sie sich vom ersten Schock der Befreiung erholt hatte, die Rache der Überpatrioten ohne Klage in Kauf. Auch das karge Gelass: Strohsack, Tisch, Waschbecken, Toiletteneimer. Hernach spottete sie, ihr Verließ habe schon die unglückliche Königin Marie-Antoinette beherbergt. Sie kannte den traurigen Ruhm, den das düstere Gemäuer in den Terrorjahren der Französischen Revolution gewonnen hatte – als die letzte Station so vieler, ehe sie auf der Todeskarre zum Schafott transportiert wurden. Damen von Stand und Frauen aus dem Volk saßen hier ein, deretwegen draußen junge Burschen herumlungerten, bei denen es sich herumgesprochen hatte, manche würden von den bestochenen Kerkermeistern in die Zelle einer Schönen geschmuggelt – mit dem Auftrag, sie zu schwängern. Denn Frauen wurden nicht hingerichtet, solange sie ein Kind im Leibe trugen.

Soweit kam es während der Konfusionen in jenen Monaten nach der Befreiung denn doch nicht. Doch manchmal wurden die Épurations-Gerichte in der Tat als verspätete Erben der Wohlfahrtsausschüsse von Robespierre und Saint-Just ironisiert. Wie sich denn 1944 und 1945 überhaupt ein Element von Revolution zu regen schien, angefeuert vom schmetternden Pathos der Kommunisten, die sich nur zögernd der Autorität des Staatschefs de Gaulle gebeugt hatten (vermutlich auf Weisung des Genossen Stalin, der das lauernde Misstrauen mancher

Kreise im Westen keinesfalls durch einen kommunistischen Griff nach der Macht in Frankreich oder Italien bestätigen wollte – noch nicht). In aller Stille entsandte der General wenige Wochen nach der Befreiung »Kommissare der Republik« in die wichtigsten Départements, um die Kommunisten aus den Schlüsselpositionen zu verdrängen, die sie nach dem Rückzug der Deutschen erobert hatten, Furcht und Schrecken verbreitend.

Die linken Kader der Résistance ließen bei der Befreiung der angeblichen »Volksjustiz« freie Hand. Man schätzte zunächst, dass mehr als fünfzigtausend Franzosen in »spontanen« Strafaktionen hingerichtet wurden. General de Gaulle nannte nach einer genaueren Untersuchung die Zahl von etwa fünfunddreißigtausend – eine Ziffer, die realistisch sein dürfte. Die Behörden fanden später halbwegs zuverlässige Beweise für die »wilde Exekution« von neun- bis elftausend Menschen. (Es versteht sich, dass dabei die Chance genutzt wurde, auch manche private Rechnung zu begleichen.)

Die Aufsicht in den Lagern für die Kollaborateure und in den Gefängnissen – es waren zeitweilig mehr als zweihunderttausend Menschen arretiert – teilten sich die Kommunisten mit den Anhängern des Generals. In der Conciergerie und im Lager Drancy gesellte sich eine dritte Macht hinzu: Katholische

Schwestern. Sie sorgten oft für einen Hauch von Menschlichkeit. Doch ihre Oberinnen und manche allzu herbe Nonne demonstrierten zugleich einen unbeirrbaren Moralismus, der an die Inquisition erinnerte. Arletty freute sich an der Gegenwart der frommen Damen nur begrenzt. Eine Nonne mit dem schönen Namen Schwester Colombe drückte Arletty zur Bekehrung und Erbauung eine Schrift von Teilhard de Chardin in die Hand, eines damals modisch umschwärmten katholischen Philosophen. Die illustre Gefangene ließ sich nicht locken. »Sie verschwenden Ihre Zeit«, sagte sie der armen »Taube«, sie sei Gott begegnet, aber es sei nichts aus der Bekanntschaft geworden.

Die Existenz hinter Gittern wurde ihr ein wenig leichter, als sie entdeckte, dass ein entfernter Verwandter in der Verwaltung der Conciergerie für die technische Instandhaltung verantwortlich war (wie Denis Demonpion berichtet). Die Schlosserei, die Schreinerei, die Maler-, die Maurerarbeiten unterstanden seinem Kommando. Er konnte sich in der gesamten Anstalt frei bewegen. Abends besuchte er die Cousine oft in ihrer Zelle, und man darf gewiss sein, dass er ihr dieses und jenes zugesteckt hat – Schinken, eine Pastete, Brot, kleine Leckereien, vielleicht sogar Schokolade, besser noch Seife, Shampoo, womöglich ein Eau de Toilette.

Tagsüber konnte sie sich mit den anderen Gefangenen unterhalten, zu denen auch die Chefin des illustren Bordells »One-Two-Two« gehörte, der Beziehungen zur Gestapo nachgesagt wurden. Im Männertrakt saß der gefeierte Tenor Tino Rossi, der bei der Sonntagsmesse schmelzend das *Ave Maria* sang. Die Teilnahme an der Messe sei eine Pflicht, redeten die missionierenden Schwestern den Gefangenen ein. Niemand scheint die Frage gestellt zu haben, wie sich dies mit der strikten Trennung von Kirche und Staat vertrüge, die durch das bigotte Regime von Vichy freilich weitgehend aufgehoben war. Unter dem Zepter des Marschalls hatte die Kirche manche der Privilegien zurückgewonnen, die ihr von der laizistischen Republik aberkannt worden waren. Erst eine neue Verfassung, die auf sich warten ließ, kehrte zu den Regeln der Dritten Republik zurück.

Es ist nicht festzustellen, wann genau Arletty ins Lager Drancy (im Nordosten von Paris) transportiert wurde. Sie mag einen Monat, vielleicht auch sechs Wochen in der Conciergerie gesessen haben. An dem Namen Drancy aber haftete der Geruch des Todes. Drei Jahre lang war es das berüchtigte Übergangslager für Juden, die zur Deportation bestimmt waren. Dort traf sie Sacha Guitry wieder, den eitlen, hochgescheiten, geistreichen und ein wenig wankelmütigen Freund und Kollegen. Neben ihm war Arletty gewiss der prominenteste Name in der Liste der Gefangenen. Die kargen Verhältnisse und die nervende Beengung, die keinen Augenblick des Alleinseins erlaubten, setzten dem luxusgewohnten Guitry sichtbar zu. Außerdem hatte man ihm hinterbracht, seine erste Frau befinde sich in einem anderen Trakt. Laut Demonpion seufzte er heftig und rief: »Ein Unglück kommt niemals allein.« Arletty ertrug die bedrückenden Haftbedingungen mit ihrem gewohnten Stoizismus – die überfüllten Baracken, schlechte Luft, durch de Ausdünstungen zu vieler Leiber zum Atmen zu schwer geworden, elende Toilettenverhältnisse, Schmutz, karge Kost. Ihr Gesicht kannte fast jeder, auch dort draußen in der Schattenwelt der Internierten. Aus dem Lager der Männer, von den Frauen nur durch einen Gitterzaun getrennt, flogen ihr bewundernde Worte zu – der Beginn mancher Freundschaft. François Dupré zum Beispiel, der Besitzer des Fünf-Sterne-Hotels *Plaza Athénée* in der Avenue Montaigne, lud sie ein, nach ihrer Entlassung ein Zimmer in seinem Palais zu beziehen, und er verfügte (sogar in seinem Testament), dass Mademoiselle Arletty freie Wohnung und freie Kost bis an ihr Lebensende zu gewähren sei. Immerhin riet die Vorsicht des erfahrenen Kaufmanns dem großzügigen Finanzier zu dem Zusatz, für die Bewirtung von Gästen müsse sie selber aufkommen. Er fürchtete wohl insgeheim, er werde ohne diese Einschränkung womöglich die gesamte Lotterwelt vom Film und vom Theater ernähren müssen.

Die großen Namen von der Bühne und der Leinwand schienen das besondere Interesse der Geldmenschen herauszulocken. Wohlgemerkt: die Unterhaltung mit den Herren waren auf zufällige Begegnungen oder Verabredungen am Zaun beschränkt. Von Drancy datiert auch Arlettys herzliche Beziehung zu dem Magnaten Charles Gillet, ein Multimillionär, der wegen dieser und jener Geschäfte mit der Besatzungsmacht einsaß – Abmachungen, die Frankreich in der Regel nicht zum Schaden werden sollten. Sie versprachen, sich draußen so bald wie möglich wiederzusehen. In jenen Tagen lernte sie auch den jungen, strahlenden René Bolloré kennen, Papierlieferant für das Verlagshaus Gallimard, dessen Chef Gaston ein »Épurations«-Verfahren angehängt wurde, das er dank der treuen Assistenz seines guten Hausgeistes Jean Paulhan mit einem kleinen Kratzer bestand. Für die Anpassung der *Nouvelle Revue Française* an die Wünsche der Besatzungsmacht wurde ihm eine Rüge erteilt. Bolloré half Arletty später beim Ausbau ihres kleinen Fischerhäuschens auf der Belle Île. Beim Einbau eines großen Kamins war er mit handwerklichem Geschick am Werk, ein gut gelaunter Partner vieler Gespräche.

Zu jener Zeit saß auch der schillernde Intellektuelle Alfred Fabre-Luce im Lager, der sich zunächst dem Regime von Vichy zugesellt, später eine kritische Distanz gewählt hatte. Ein origineller Kopf und ein brillanter Stilist, dessen Annäherung an die »Neue europäische Ordnung« der Nazis vor allem von seinem rabiaten Antikommunismus diktiert war. Er kannte Arletty aus den Pariser Salons, zumal durch Begegnungen im Hause des Grafen Chambrun und seiner Frau, der Tochter des verhassten Laval. Die beiden Chambruns konnten sich nach der Befreiung einer Verhaftung entziehen, da sie auch amerikanische Pässe besaßen, dank des Ahnherrn Lafayette, des Helden im Krieg um die Unabhängigkeit, dem George Washington die Staatsbürgerschaft verliehen hatte, die er auch seinen Nachkommen vererben durfte – ein ungewöhnliches und vermutlich einmaliges Privileg. Arletty nahm mit Erleichterung zur Kenntnis, dass ihre Freundin Josée in Sicherheit zu sein schien.

Während Arletty in Drancy festgehalten wurde, ohne die geringste Ahnung, was mit ihr geschehen würde, nahm die Produktionsgesellschaft Pathé die Arbeiten an der Endfertigung ihres großen Filmes *Les Enfants du Paradis* wieder auf. Es wurde festgestellt, dass eine ihrer Szenen mit Pierre Brasseur »nachsynchronisiert« werden musste (wie die Filmleute sagen), weil die Tonspur nicht stimmte. Das erkläre, meinte ihr Biograph, meinte sie wohl auch selber, warum die Säuberer es plötzlich eilig hatten, sie noch einmal zu verhören und über ihr Geschick zu entscheiden. Am neunten Dezember 1944 wurde sie von der Polizei in das Büro des M. Kaouza geführt, der sich in der »Präfektur für die Épuration« ihres Falles bemächtigt hatte. Es war inzwischen geklärt worden, dank der Aussage einer Kollegin, dass sie an der Befreiung der Bernards aus dem Lager einen entscheidenden Anteil hatte. Nur, der Säuberer schien sich dafür nicht sonderlich zu interessieren. Er verkündete ihr, dass ihr bis auf weiteres ein überwachter Aufenthaltsort zugewiesen werde. Dies kam, darüber täuschte sie sich nicht, einem Auftritts- und Arbeitsverbot gleich.

Das Ehepaar Bellanger hatte die Präfektur wissen lassen, dass Arletty in ihrem Schloss La Houssaye-en-Brie willkommen sei. Der Säuberer, den sie im Gespräch mit Freunden knapp den »L'Épu« nannte, fragte sie misstrauisch, ob die Bellangers dem Widerstand zugehört hätten. »Natürlich«, sagte sie. Dorthin werde sie sich schleunigst auf den Weg machen, wurde sie beschieden. Eine amtliche Begründung des Urteils werde sie in Kürze erreichen.

Doch erst im April 1945 legte der Polizeiinspektor Chastanet einen abschließenden Bericht über seine Recherchen vor. Der wichtigste Punkt: Sie war von dem Leutnant Doléans – wer immer das sein mochte – beschuldigt worden, dass sie für die Verhaftung eines gewissen Goupil durch die Deutschen verantwortlich sei. Bei Verhören der Betroffenen hätten sich keinerlei Anhaltspunkte ergeben, schrieb der Inspektor, dass die Bathiat jenen Goupil oder jemand anderen bei der Besatzungsmacht denunziert habe. (In Wahrheit kannte sie weder den einen noch den anderen.) In den Dossiers der Kriminalpolizei-Abteilung, die für die Zusammenarbeit mit der Gestapo oder militärischen Diensten zuständig sei, finde sich ihr Namen nirgendwo. Überhaupt gebe es in den Archiven der Kriminalpolizei keinerlei Hinweis auf ihre Person. Es blieb in dem Resümee des Inspektor Chastanet bei der Feststellung, dass sie zwischen September 1941 und März 1943 die Maitresse eines Offiziers der Luftwaffe namens Soehring gewesen sei und mit Josée Chambrun geborene Laval und der Gräfin d'Arcourt Umgang gepflegt habe. (Dass beide Namen falsch geschrieben waren, schien niemandem aufzufallen.) Entscheidend laut Denis Demonpion, dass Arletty von jedem Vorwurf eines Kontaktes mit der Gestapo entlastet und ihr Strafregister »völlig jungfräulich« war.

Was allerdings die Neu-Synchronisierung einer Szene aus *Les enfants du Paradis* angeht: In den Erinnerungen des Regisseurs Marcel Carné ist darüber nichts vermerkt. Er nahm in der Autobiographie im Zusammenhang mit den Vorbereitungen der Premiere des Werkes Arlettys Haft und ihre Verbannung an einen überwachten Wohnort außerhalb von Paris nicht zur Kenntnis. Erst später, als er von seinem eigenen Säuberungsverfahren berichtete, wies er auch auf Arlettys Geschick hin. Wenig taktvoll notierte er, die Arme sei nicht mehr ganz jung gewesen, und die galanten Handküsse eines Deutschen hätten gewiss eher die Bewunderung für den Star als das Feuer der Leidenschaft demonstriert. Diese Anmerkung beweist am Ende nur, dass der Regisseur, den sie aufrichtig verehrte, zu ihrer privaten Existenz keinen Zugang hatte.

Im Dezember 1944, nach dem abschließenden Rendezvous mit ihrem Säuberer, kehrte Arletty noch einmal ins Lager zurück. Offensichtlich konnte sie dem Freund Jacques Prévert eine Nachricht von ihrer Entlassung zukommen lassen. Als sie Drancy verließ, wurde sie von ihrer getreuen Wahltochter Marianne am Tor erwartet. Die Kleine war zweifellos von Prévert informiert worden. Auch der Autor und seine Frau hatten unterdessen das liebenswerte

Mädchen adoptiert. Marianne erfuhr durch den Dichter, über die warmherzige Zuwendung hinaus, eine kluge Förderung. Er regte ihren Bildungswillen an, nahm sie ins Kino und ins Theater mit, ermutigte sie zur Lektüre, sorgte auch für das tägliche Brot und, soweit das in jener Zeit möglich war, für eine hübsche Garderobe, die ihrer attraktiven Erscheinung entsprach. Später verschaffte er ihr beim Film dieses und jenes kleine Engagement.

Begleitete Marianne, nach dem bewegten Wiedersehen, Arletty auf dem Weg zu ihrem Schloss, das fünfzig Kilometer von Paris entfernt und nur über Landstraßen zu erreichen war? Arletty hatte die Weisung, sich in der Residenz noch am Tag ihrer Entlassung einzufinden. Aber wie kam sie an den einsamen Ort, weit außerhalb des dazugehörigen Weilers gelegen, inmitten eines riesigen Parks, von der Außenwelt fast völlig abgeschirmt? Sie berichtete davon nichts, und es gibt keine Zeugen mehr, die Auskunft geben könnten.

Die Premiere des Films war auf Mitte März 1945 datiert, in zwei zentralen Pariser Kinos zugleich: im Madeleine und im Colisée. Die Vorstellung wurde ein Triumph – für den Regisseur, der seitdem als eine der großen Persönlichkeiten der Filmgeschichte betrachtet wird, für den genialen Drehbuchautor

Prévert, aber auch für Arletty, deren Abwesenheit vom Publikum durchaus zur Kenntnis genommen wurde. Umso mehr wurde ihr Name bejubelt. Obwohl die Kinos, wegen der Überlänge des Filmes, den Eintrittspreis von vierzig auf achtzig Francs verdoppelt hatten, waren die Vorstellungen an die zwei Jahre (oder mehr als hundert Wochen) ausverkauft. Das hätte keine Seele für möglich gehalten. Auch in London war den *Kindern des Olymp* ein triumphaler Erfolg beschieden.

Die Pariser Kritik freilich zeigte sich dem Ereignis nicht gewachsen. Hohes Lob oder schmetternde Verrisse – je nach dem ideologisch-politischen Lager, dem die Rezensenten und ihre Blätter zugehörten. Die *Lettres françaises,* die zuerst im Untergrund erschienen waren, sprachen von einem Meisterwerk. Die Arletty habe »ihrem Publikum mit der besten Rolle ihres Lebens Adieu gesagt«. (Für den Autor dieser Kritik schien festzustehen, dass sie nie wieder auf die Leinwand zurückkehren würde.) Dafür meinte der Kritiker der Zeitung *Fraternité* (der Titel wies auf die kommunistische Front), dass sie nicht die Persönlichkeit sei, die diese Rolle verdient habe, keineswegs schön genug. Andere verschwiegen ihren Namen ganz. Marcel Carné verlor darüber kein Wort. Auch Arletty selber äußerte sich nicht.

Vom langsamen Tod einer Passion

Sie mag an die mittelalterlichen Kulissen ihres so erfolgreichen Filmes *Les Visiteurs du Soir* gedacht haben, als sie am Abend des 11. Dezember 1944 durch den riesigen Park auf den dunklen, kaum beleuchteten Koloss des Chateau La Houssaye zulief, ein strenges Renaissance-Gemäuer mit einem untersetzten Turm, den sie in den kommenden Wochen und Monaten manchmal bestieg. Als das Tor geöffnet wurde, strahlte die Eingangshalle im Licht der mächtigen Kronleuchter. Ihre Gastgeber empfingen sie so festlich, wie es die kargen Zeiten erlaubten, und vor allem so herzlich wie eine alte Freundin. Sie war den beiden vordem nur einmal – davon war die Rede – Ende 1943 bei einer Pariser Abendgesellschaft begegnet. Jene Unterhaltung schien Jacques und Lelette Bellanger davon überzeugt zu haben, dass sie sich mit der gefeierten Arletty nicht langweilen würden – darum das frühe Angebot, in ihrem Schloss Zuflucht zu suchen. Der Hausherr war einer der bedeutenden Industriellen Frankreichs, steinreich, doch niemals dazu geneigt, mit seinem Geld zu prahlen oder seine Beziehungen ostentativ auszuspielen. Im Gegenteil, er kultivierte eine gelassene

Bescheidenheit. Er schätzte Arlettys rasche Intelligenz, ihren Witz, ihre beträchtliche Bildung – und ihren Verzicht auf Allüren, die damals den Umgang mit vielen Kinostars so mühsam machten. Mit seiner lebhaften Frau Lelette, sehr viel jünger als er und ein unabhängiger Geist, verstand sich Arletty glänzend. Das Paar schien mehr nebeneinander als miteinander zu leben. Die freundliche Distanziertheit schuf für die Gäste eine überaus angenehme Atmosphäre. Arletty konnte mit beiden immer anregende Gespräche führen, zu zweit oder dritt. Am Abend saßen sie oft beim Schachspiel zusammen, wenn sie es nicht vorzog, sich auf ihr großes und komfortables Zimmer im ersten Stock zurückzuziehen und zu lesen, oder Spaziergänge durch den Park und hinüber zu dem zugehörigen Weiler zu unternehmen.

Sie las viel, nun am liebsten die Klassiker, die französischen, auch einige der deutschen (in Übersetzungen). Vielleicht holte sie sich aus der riesenhaften Bibliothek dann und wann auch einen der galanten Romane des »grand siécle«, von denen Rousseau in einem heiteren Augenblick gesagt hatte, das seien die Bücher, die man nur mit einer Hand lese. Sie las auch, wie aus einem ihrer Briefe an Soehring zu ersehen ist, die Romane des Marquis de Sade. Zum anderen las sie Pascal, von der Schönheit seiner Gedanken und seines Stils berührt. Zum

Glauben konnte auch dieser bezwingende Geist sie nicht bekehren. Im Gespräch mit ihrem Freund Demonpion bemerkte sie, dass sie am liebsten im Jahrhundert der Enzyklopädisten gelebt hätte, an der Seite von Männern wie Diderot, Voltaire, Rousseau. Bedachte sie, die »kulturelle Chauvinistin« (wie sie sich selbst gelegentlich mit einem Gran Ironie bezeichnete), dass zum engen Kreis um Diderot auch zwei Deutsche gehörten – der reiche Baron Holberg (aus der Pfalz) und Melchior Grimm, der Pfarrerssohn aus Regensburg, dessen *Fürstenbriefe* an allen europäischen Höfen gelesen wurden? (Grimm war es auch, der die Konzerte des kleinen Mozart in Paris und Versailles arrangiert hatte, wo der Wunderknabe kurzerhand auf den Schoß der Königin Marie-Antoinette geklettert war? Und bei ihm wohnte der achtzehnjährige Mozart während seines zweiten Pariser Aufenthaltes, dieses Mal von der Mutter begleitet, die in Paris plötzlich dahinschied.)

Arlettys geistiger »Chauvinismus« nährte sich, wie sie zu ihrem Vertrauten Demonpion sagte, nicht zuletzt aus dem *Discours sur l'universalité de la langue française* von Rivarol, diesem Meister des Aphorismus, der als ein passionierter Parteigänger des »Ancien régime« vor der Revolution nach Preußen geflohen war, wo er im Jahre 1801 verstarb. Übrigens gehörte dem brillanten Kopf, der sich hochstaplerisch mit einem Grafen-Titel schmückte, auch die besondere Bewunderung von Ernst Jünger.

Jeden Sonnabend hatte sich Arletty, vielmehr Mademoiselle Léonie Bathiat, bei der Gendarmerie zu melden, die sechs Kilometer entfernt war – eine Formalität, der sie pünktlich genügte. Sie radelte meist über die holprige Landstraße nach Mortcerf, manchmal ging sie auch zu Fuß, hin und zurück zwölf Kilometer – ein ordentlicher Marsch. Übrigens ließ sie sich während des Aufenthaltes in Houssaye vom Personal und vom ländlichen Volk, der Anpassung wegen vielleicht auch von den Gastgebern, nach ihrem zweiten Vornamen »Marie« nennen. Es musste nicht jeder wissen, dass sich die große Arletty dort draußen verbarg. Bei der Gendarmerie war sie ohnedies nur mit ihrem bürgerlichen Namen registriert.

Sie fühlte sich in der ländlichen Stille nicht allzu einsam, wenigstens nicht am Tage. Denis Demonpion aber bekannte sie Jahrzehnte später, dass sie in den Nächten oft von Albträumen heimgesucht wurde, von Verlassenheitsängsten, manchmal von Todeswünschen. Sie sehnte sich nach ihrem Faun. Ungeduldig suchte sie nach Möglichkeiten, Verbindung mit ihm zu gewinnen. Doch vor der deutschen Kapitulation am achten Mai 1945 und noch lange Monate danach war jeder Kontakt ausgeschlossen. Ihr erster Brief an Soehring, datiert vom Montag

25. Februar 1946 (mit der Maschine geschrieben), war die Antwort auf eine Nachricht von ihm, von der wir nicht wissen, auf welchen Wegen sie zu ihr fand. Sie war überwältigt: »Faune … Bonjour Faune … Bonjour Faune … Bonjour Faune …« Liebesseufzer eines jungen Mädchens. In den wenigen Zeilen, die folgten – der Brief musste mindestens eine Zensur passieren (die amerikanische) – fanden sich etwas kryptische Hinweise, die ein gutartiger Mitleser für eine seltsame Art von Liebesgestammel halten mochte. Vermutlich hatte Soehring von einem Land geschrieben, das sie beide aufnehmen könnte – »ce pays-fantôme et pas trop chimérique«, dieses Phantomland, das dennoch keine Schimäre sei, wie sie sagte. Sie wünsche für sich, was er für sich wünsche – einen Ort, an dem sie »bis zur Erschöpfung« arbeiten könne. Doch sie warte darauf, frei zu sein, ehe sich eine Entscheidung treffen lasse. Sie nannte auch eine Pariser Adresse, doch nur mit einem Vornamen, nannte ihre ländliche Residenz. »Faune … ma Faiblesse … ma Force … Biche«.

Es war noch nicht so weit. Geduld, Geduld, Geduld. Das ganze Jahr 1945 musste sie ohne ein Wort von Faun überleben. Im Schloss blieben ihr dank der generösen Gastgeber die Entbehrungen des ersten Nachkriegsjahres erspart, das für die Pariser noch hart war – knappe Rationen, Mangel an Heizmaterial, miserable Verkehrsverhältnisse. Sie hätte jene Heimsuchungen gern auf sich genommen, hätte sie arbeiten, hätte sie ihre Freunde sehen, hätte sie das Wiedersehen mit Hans Jürgen Soehring in Paris energischer vorbereiten können.

Sie klagte nicht. Viele der Freunde nahmen die Mühsal der Reise nach La Houssaye auf sich, um bei ihr zu sein. Vor allem die kleine Marianne kam regelmäßig, natürlich kam auch Jacques Prévert, ihr Ziehvater, bald danach Sacha Guitry, der ihr noch einmal mit seinen Heiratsanträgen zusetzte, von denen sie später spöttisch bemerkte, er habe in Wahrheit nur eine Fürsorgerin für die alten Tage gesucht – und eine Frau, die im Bett nichts von ihm wollte (weil nicht mehr viel zu wollen war). Die Bellangers waren gesellige Menschen, und sie luden gern ihre Vertrauten ein, unter ihnen der Autor, Redakteur und Kritiker Emmanuel Berl, der für eine kurze Frist die Reden für den greisen Staatschef Pétain aufgesetzt, Vichy freilich schon im Frühjahr 1941 den Rücken gekehrt hatte, um in einem ländlichen Refugium seine *Geschichte Europas* zu schreiben. Er war eine fast mythische Figur der intellektuellen Szene Frankreichs in jener Epoche.

Es fand sich im Schloss schließlich ein zweiter behördlich zugewiesener Gast ein: Charles Gillet, der Großindustrielle, den Arletty in Drancy kennengelernt hatte. Er war durch die »Säuberer« fürs erste von Paris und seinem Schreibtisch verbannt worden, weil er am Jahresende 1940 mit den Deutschen eine gemeinsame Firma zur Entwicklung und Produktion von Kunststoff-Fasern gegründet hatte. Einer seiner engen Gefährten war Jean-Pierre Dubost, der Urfreund Arlettys, der sich in der Zeit ihrer flammenden Liebe zu Hans Jürgen Soehring zurückgezogen hatte und ihr auch in den Monaten der Haft und der öffentlichen Verdammung ferngeblieben war. Soehring bot in seiner verfremdeten Erzählung über Arlettys und seine Liebe ein anderes Bild. Er sei nur auf *einen* Mann im Leben der Diva eifersüchtig gewesen: den Mann, der ihr ein Schminkkästchen aus schwerem Gold, geschmückt mit seinem Wappen, geschenkt hatte, das sie immer bei sich trug und am Abend auf den Nachttisch legte. Jener Mann war, in Soehrings Erzählung *Cordelia,* lange schon tot, und dennoch habe er seinetwegen Szenen gemacht, den Beleidigten gespielt, sie angeschwiegen – zum Beispiel nach einem Theaterabend während der Heimfahrt mit einer klapprigen Pferdedroschke. »›Ich will nicht, dass etwas zwischen uns steht‹, sagte Cordelia … Dann warf sie das goldene Kästchen durch das Fenster der Droschke in den Fluss«.

Ein literarischer Geniestreich war diese Passage gewiss nicht. Aber das Goldetui gab es in der Tat, ein

Geschenk von Jean-Pierre, von dem sie sich wohl kaum in einer solch melodramatischen Szene getrennt hätte. Doch es ist wahr, Jean-Pierre hielt einige Jahre ungewohnten Abstand, vielleicht weil Soehring an dem Urfreund Anstoß nahm, vielleicht auch weil Jean-Pierre, der sonst niemals eine Regung der Eifersucht gezeigt hatte, der uniformierte *amant* nicht passte. Es war – laut Denis Demonpion – ausgerechnet Sacha Guitry, der in der Zeit ihrer Verbannung beide, Arletty und Jean-Pierre, hartnäckig ermahnte, sich zu versöhnen, mit Erfolg.

Übrigens verschwanden nach der Befreiung die Pferdedroschken so rasch nicht aus dem Straßenbild von Paris. Es herrschte nachts nicht mehr die beklemmende Stille der Besatzungsjahre, die nur vom Klirren der Nagelschuhe deutscher Streifen durchbrochen wurde. Die Avenuen und Boulevards waren auch zu später und sehr früher Stunde nicht länger tot. Doch Taxis blieben eine Rarität – und so klapperten die Droschkenklepper noch eine Weile gemächlich weiter. Privatautos wurden, so weit es sie noch gab, nur zögernd aus den Garagen geholt, denn das Benzin war knapp – es sei denn, man verfügte über Beziehungen zu den kleinen oder größeren Machtverwaltern, die nach dem Abzug der Deutschen die wichtigeren Schreibtische erobert hatten, oder zu den Amerikanern, die ihre materiellen

Schätze, zu denen auch der Treibstoff zählte, am liebsten charmanten Französinnen am Lenkrad zukommen ließen.

Das Pariser Leben im ersten Winter nach der Befreiung bescherte den Bürgern wahrhaftig nicht das Paradies. Die Kälte war harsch, und die leeren Regale in den Läden füllten sich nicht so rasch. Vielleicht war auch das ein Grund für die »Generalin« Edmée Nicolle – einst die Chefin des Corps der illustren Sanitätschauffeusen – in La Houssaye um Asyl zu bitten. Eine eindrucksvolle, freilich schillernde Erscheinung. Sie hatte sich während des Zusammenbruchs im Sommer 1940 in London aufgehalten – und war prompt unter Spionageverdacht verhaftet worden. Es war damals für alle Welt ein Rätsel, wie sie es zuwege gebracht hatte, wenige Monate später über Gibraltar und Lissabon zurück nach Frankreich zu gelangen. Sie nahm ihren Dienst wieder auf und tuckerte durchs Land wie die Herzogin d'Harcourt, allerdings bald mit einem Holzgas-Vehikel. Die Abenteurerin (wie Demonpion sie bezeichnete) schmuggelte tatsächlich manchmal Juden und andere Gejagte, die auf den Fahndungslisten der Gestapo und der Vichy-Miliz standen, an die spanische Grenze. Vermutlich betrieb sie nebenbei auch einen lukrativen Schwarzhandel wie manch andere der Damen des Corps. Bei ihr und einer ihrer aristokratischen Fahrerinnen hatte sich Arletty in den Paniktagen der Befreiung für einige Tage versteckt. Kurze Zeit später wurde auch die »Generalin« verhaftet, doch nach zwei Monaten wieder freigelassen, da ihr keine Sünden nachzuweisen waren. Im Februar 1945 steckte man sie ein weiteres Mal hinter Gitter. Nun gestand sie (was sie vordem aus guten Gründen für sich behalten hatte), dass sie seit ihrer Rückkehr aus London im Herbst 1940 für den Geheimdienst de Gaulles tätig gewesen war. (Damit erklärte sich die mysteriöse Entlassung aus britischer Haft.) Indes, sie schien ihre Freiheit nicht in vollen Zügen zu genießen. Offensichtlich langweilte sie sich in Paris mit der Prinzessin de Broglie, die sie generös bei sich aufgenommen hatte. Die Bellangers luden sie bei einer Begegnung im Hause der Prinzessin nach La Houssaye ein. Die nächste Zuflucht war damit gesichert.

Oder strebte sie zum ländlichen Schloss, weil sich Arletty dort aufhielt, auf die sie schon lange ihr Auge geworfen hatte? Nun lebte sie mit der Frau ihres Begehrens unter einem Dach. Sie ließ nicht zuviel Zeit dahingehen, ehe sie sich ein Herz fasste und der schönen Dame ihre Liebe gestand. Laut »Generalin« reagierte Arletty kühl. Sie sagte: »Ich bin keine Frau, die man liebt, und man macht mir nicht den Hof.« Offensichtlich war sie damals auch zu femininen

Amouren nicht aufgelegt, und der allzu maskuline Typ lesbischer Frauen war ihr ohnedies nicht geheuer. Außerdem war sie – es wurde hier schon zitiert – seit der Trennung von Faun mit einem (im wahren Sinn des Wortes) »virtuellen« Keuschheitsgürtel gewappnet. Ihre eigene Schilderung des Angriffs auf ihre Tugend nahm sich etwas drastischer aus: die »Generalin« sei eines Abends in ihr Zimmer gestürmt, um sie kurzerhand hopp zu nehmen – wie eine robuste Hirtin, die ein verirrtes Schaf in den Stall scheucht. »Sie hielt sich wohl für Jeanne d'Arc«, sagte sie, die lothringische Jungfrau, von Voltaire als eine erdhaft robuste Magd geschildert, die einst ihre Schafe energisch über die Weiden trieb.

Die »Generalin« schien die Verbindung zu Antoinette d'Harcourt, ihrer einstigen Corpsgenossin, verloren zu haben, und auch Arletty schien von ihr abgeschnitten zu sein, seit sich die Herzogin nach der Befreiung von Paris an die Côte d'Azur zurückgezogen hatte. Vielleicht war die Beziehung nach ihrer Entlassung aus dem Deportationslager nicht wieder belebt worden. Nach dem Zeugnis ihres Sohnes Jean sah seine Mutter in der Liaison Arlettys mit dem deutschen Offizier niemals einen »Verrat«. Überdies glaubte sie, dass Talent jeden Irrtum auslösche. Arletty sei eine treue Freundin gewesen. Die Mutter habe nur mit einer Frau gebrochen, mit der sie eine intimere Beziehung unterhalten hatte: mit Madame Chanel, die ein doppeltes, wenn nicht dreifaches Spiel zwischen Franzosen, Deutschen und womöglich auch den Briten gespielt habe. Antoinette starb im September 1958 in Antibes, erst vierundvierzig Jahre alt. Sie war sechzehn Jahre jünger als die Schauspielerin, die vielleicht die große Liebe ihres Lebens war.

Arletty langweilte sich nicht dort draußen in der ländlichen Stille. Aber sie sehnte sich nach Arbeit, nach dem Lärm und dem Geruch der Stadt, sehnte sich vor allem nach *faune*. Wenn sie wieder auftreten wolle, wurde ihr bedeutet, müsse sie sich zuerst einem offiziellen Épurations-Verfahren unterziehen. Allerdings hatte der Innenminister Adrien Tixier am 30. Mai 1945, drei Wochen nach der deutschen Kapitulation, ihre Verbannung in eine »überwachte Residenz« auf unbestimmte Zeit verlängert. Warum? Bot sie gerade wegen ihres Ruhmes, ihrer Attraktivität, ihrer Beliebtheit den Ressentiments ein besonders lockendes Ziel: das Idol so vieler Landsleute, das sich des unpatriotischen Frevels schuldig gemacht hatte, mit einem Deutschen ins Bett zu gehen? Wie lange – laut Demonpion bis in die späten Fünfziger Jahre – zischten Passanten auf der Straße ein verächtliches »Schlampe!«, »Verräterin!« oder »Dich kriegen wir noch am Schlafittchen!«, wenn sie des Weges kam. Man könnte von einem überpatriotischen Erziehungseifer reden, der sich an ihr austobte, selbst von einem camouflierten Rassismus. Die nationalistischen Eiferer, aber auch manche der schlichteren Franzosen zeigten mit dem Finger auf die Kinder deutscher Väter, und sie erlaubten es, dass ihnen die Schulkameraden das Leben zur Hölle machten. Viele hatten später im Beruf mit Diskriminierungen zu kämpfen (vielleicht sogar mehr als die schwarzen Besatzungskinder in Deutschland, für die das Leben wahrhaftig kein Zuckerschlecken war, trotz des warnenden Beispiels des nazistischen Rassenwahns). Erst in den achtziger Jahren des letzten Jahrhunderts wurde das Geschick der »deutschen Bastarde« in Frankreich ein Problem, über das man öffentlich zu diskutieren wagte.

Auch dort draußen in La Houssaye suchte Arletty unverdrossen nach einer Chance, wieder eine Verbindung zu Hans Jürgen Soehring zu gewinnen. Postverkehr zwischen Frankreich und dem besetzten Deutschland gab es nicht, vom Telefonverkehr nicht zu reden. Schließlich stieß sie, dank gesellschaftlicher Kontakte, auf einen Offizier, der in Berlin stationiert war, für französische und amerikanische Nachschubfragen verantwortlich, darum berechtigt, die Grenzen zwischen den Besatzungszonen zu passieren: Commandant Jean Nogrette. Er erklärte sich bereit, Briefe nach Bayern, in die amerikanische Zone, zu befördern – zunächst wohl seinem Vater zuliebe, den Arletty kannte. Er hatte eine Wirtschaftszeitung herausgegeben, auch in der Besatzungszeit, mit der er sich nicht kompromittierte. Dennoch wurde das Blatt sofort nach der Befreiung beschlagnahmt. Vielleicht hatte er, sozusagen als Freiheitsgeschädigter, ein besonderes Verständnis für die Not Arlettys. Sie nannte ihn in ihren Briefen an *faune* oft fast zärtlich den »Vert galant« – den galanten Alten. Vielleicht war sie auch dem Sohn das eine oder andere Mal begegnet. Seine militärische Karriere war offensichtlich nicht durch »Sippenhaft« beeinträchtigt worden. Die Familie stammte – das ergaben die Forschungen von Demonpion – wie die Eltern der Arletty ursprünglich aus der Auvergne. Ein anderes Mal erwies sich, wie stark die Bindung unter Landsleuten war. Sie nannte den Vater Nogrette schließlich sogar ihren Vetter. Man wurde in jener Region rasch miteinander verwandt – fast so rasch wie in der Bretagne.

Die schiere Sympathie für einen Auvergnaten bestimmte ihre Gefühle und Kommentare während des Prozesses gegen Pierre Laval. Sie sagte ihren Freunden, der Mann mit der weißen Krawatte habe aus patriotischen Motiven gehandelt, um in der gegebenen Situation sein Land vor Schlimmerem zu bewahren – ein Argument, das man in Deutschland damals nur zu gut kannte –, und er habe »kein Herz aus Stein«. Sie wollte nicht zur Kenntnis nehmen, dass er, was das Geschick der jüdischen Bürger anging, tatsächlich ein Herz aus Stein hatte, das sich nicht einmal für die jüdischen Kinder erweichen ließ, um deren Rettung Menschen vom Rang des Pastors Boegner, Präses der Reformierten Kirche, und gleichermaßen katholische Geistliche von hoher moralischer Autorität mit ihm gerungen hatten – vergebens. Die Todesstrafe, die in Frankreich erst vier Jahrzehnte später abgeschafft wurde, traf keinen Unschuldigen. Aber hatte er sich, von einem ungezügelten Ehrgeiz gejagt, mehr schuldig gemacht als andere, die mit ein paar Jahren Haft davonkamen, wenn sie denn überhaupt zur Verantwortung gezogen wurden? Wie zum Beispiel der Polizeichef von Vichy, René Bousquet, der für die Juden-Razzien verantwortlich war, doch nach der Wende des Krieges im Jahre 1943 Distanz von den Deutschen gesucht hatte? Prompt verschleppten sie ihn im Juni 1944 ins Reich. Nach der Heimkehr wurden ihm für fünf Jahre die Ehrenrechte entzogen, doch hob man die Strafe rasch wieder auf, da er auf seine angeblichen Aktivitäten in der Résistance pochte. Er erwarb Anteile an der prosperierenden Zeitung *Dépeche,* ja er versuchte, sich 1958 in die Nationalversammlung wählen zu lassen. Im Jahre 1991 wurde – gegen den Willen seines Freundes aus Vichy-Tagen, nämlich des Präsidenten François Mitterrand – schließlich doch ein Verfahren wegen seiner Verbrechen gegen die Menschlichkeit eröffnet. Ehe es zum Prozess kam, wurde er kurz vor dem Beginn des Prozesses 1993 in seiner Pariser Wohnung von einem (angeblich) rachsüchtigen jüdischen Bürger erschossen. Missliebige Enthüllungen waren nicht länger zu befürchten.

Bousquet hatte seinen alten Chef und Förderer Pierre Laval bei seiner Verteidigung unterstützt. Ohne Erfolg. Als der Mann mit der weißen Seidenkrawatte in der Morgendämmerung des 15. Oktober 1945 zum Hinrichtungsplatz im Gefängnis Fresnes eskortiert wurde, zerbiss er eine Zyankali-Kapsel, die er durch alle Kontrollen geschmuggelt hatte. Die Hülle spuckte er dem Generalstaatsanwalt vor die Füße. Man schleppte ihn ins Gefängnishospital, wo ihm der Magen ausgepumpt wurde. Gegen Mittag wankte er ein zweites Mal zur Exekution. »Vive la France!«, rief er. (Was auch sonst.) Dann zerrissen die Kugeln seine Brust. Die Szene bewegte die Gemüter – seiner Gegner und seiner Anhänger. Dennoch: er hatte den Tod von vielen tausend Geiseln, den Tod ungezählter Mitglieder der Résistance, den Tod von mehr als siebzigtausend jüdischen Bür-

gern hingenommen – mehr noch: er hatte die Deportationen befürwortet und partiell in die Wege geleitet.

Wusste Arletty nichts von der Tragödie, die durch Lavals Mitwirkung über die Juden Frankreichs hereingebrochen war? Das ist undenkbar. Stellte sie sich taub und blind – wie zu lange auch gegenüber dem pathologischen Antisemitismus Célines, ihres Spielkameraden in den Gassen von Courbevoie? Als sie schließlich die antisemitischen Texte des Nachbarjungen zur Kenntnis nahm, war sie entsetzt: »Quelle horreur«, rief sie, »ein Narr, ein Kranker, ein Paranoider!« An ihrer Bewunderung für das literarische Genie änderte dies nichts – und es konnte sie nichts davon abhalten, ihm bei seiner Beerdigung im Juli 1961 Respekt zu erweisen.

Sie selbst machte gelegentlich spöttische Bemerkungen über diese und jene jüdischen Karrieristen im Film- und Theatergewerbe. (Aber über wen spottete sie nicht?) Noch einmal: Antisemitin war sie nicht – siehe die lebenslange Freundschaft mit »Edelweiß«, dem Basler Bankierssohn, ihrem ersten Geliebten, siehe die selbstverständliche Loyalität gegenüber den illegalen jüdischen Mitarbeitern in den Filmproduktionen (nach neueren Einsichten kam ihr das Hauptverdienst an der Rettung des Filmarchitekten Alexandre Trauner zu).

Sie bestand darauf, ein »unpolitischer Mensch« zu sein. Das hielt die Politik nicht davon ab, immer wieder – und im Fortgang der Jahre mit wachsender Vehemenz – in ihr Leben einzudringen. Sie verteidigte mit leidenschaftlicher Energie die Privatheit ihrer Existenz. Aber sie war, als eine der Großen des französischen Films und Theaters, eine »öffentliche Person«. Sie hätte gern mit dem Rücken zur Zeitgeschichte gelebt, aber die ließ sie nicht aus den Fängen. Sie drang auch, ob sie es wollte oder nicht, in die Abgeschiedenheit von La Houssaye vor. Die Nachrichten über die Prozesse gegen den Marschall und Laval mussten – via Radio, Zeitung oder durch die Anrufe von Freunden – auch dort draußen zur Kenntnis genommen werden. Sie wollte wissen, was in Deutschland vor sich ging. Sie hatte sich darüber informiert, wie die Alliierten das Land unter sich aufgeteilt hatten und wo die Grenzen der Besatzungszonen verliefen. Sie wusste – dank Jean Nogrette, dass alle vier Okkupationsmächte in Berlin präsent waren. Sie war auch darüber informiert, dass der Ort, den Hans Jürgen Soehring als Adresse »für alle Fälle« aufgeschrieben hatte, irgendwo hinter München in den bayrischen Voralpen zu suchen war, im Machtbereich der Amerikaner: in dem Dorf Marquartstein, das Haus einer Freundesfamilie, der Besitzer ein Kollege des Vaters, beide Diplomaten und beide lange Jahre in Südamerika stationiert. Dorthin wurde Soehring nach einigen Wochen in amerikanischer Gefangenschaft entlassen. Wie und wo er die chaotischen letzten Monate und Wochen des Krieges erlebt und überlebt hatte, ist nirgendwo verzeichnet. Auch die Erzählungen in seinen beiden Büchern und die literarischen Versuche im Nachlass geben darüber keine Auskunft. Vermutlich gelangte er noch vor dem Anbruch des Herbstes 1945 nach Marquartstein, wo er gastlich in dem Häuschen der Familie Pistor aufgenommen wurde. Er hatte die Pistors in Chile kennen gelernt, als er nach einem Besuch bei den Eltern – im Rahmen seines Studiums internationalen Rechtes – ein Praktikum in einem Anwaltsbüro in Santiago de Chile absolvierte. Die Tochter, von aller Welt »Hansi« genannt, war damals ein kleines Mädchen. Als ihre Mutter später nach Buenos Aires zurückkehrte, weil sie sich um den argentinischen Besitz der Familie kümmern wollte, übernahm Hansi, erwachsen geworden, die Führung des Haushaltes. Der Gesandte Pistor war früh gestorben, und Soehrings Vater, der den Rang eines Generalkonsuls erreicht hatte, war aus der sowjetisch besetzten Zone nach Russland verschleppt worden und seitdem verschollen.

Der Commandant René Nogrette klopfte eines Tages am Haus Prügelweg 6 in Marquartstein an, um eine Nachricht von Arletty zu überbringen, vielleicht nur eine mündliche. Ihr Brief vom 25. Februar 1946 war die Antwort auf seine Post. Ihr Zusatz, sie warte darauf, ganz frei zu sein, um dann eine Entscheidung zu treffen, bezog sich auf das Säuberungsverfahren, das sie beantragt hatte. Es war ihr damit eilig: Die Bellangers hatten sie informiert, dass sie nach Nordafrika reisen wollten. Während ihrer Abwesenheit würde das Chateau geschlossen sein.

Ein Wechsel im Innenministerium kam ihr zugute: der neue Hausherr, der Sozialist André Le Troquer, unterzeichnete ein Dekret, das ihre Freilassung am achtzehnten März 1946 verfügte. (Der Politiker, zum Präsidenten der Nationalversammlung avanciert, gewann hernach durch den Skandal seines »Ballet rose« eher fragwürdigen Ruhm, der ihm einen Platz in der Sittengeschichte seines Landes sicherte.)

Dankbar nahm Arletty Abschied von den Bellangers. In Paris mietete sie zunächst ein Zimmer in dem kleinen, nicht allzu teuren Hotel *Regine* an der Place des Pyramides. Aus ihrem Fenster schaute sie auf das golden gleißende Reiterstandbild der Jeanne d'Arc. Die Nachricht von ihrer Rückkehr nach Paris hatte sich über Nacht herumgesprochen. Jeden Abend war sie woanders eingeladen. Ihr trauriges

Bonmot, aus der »femme la plus inviter« sei die »femme la plus éviter« geworden, traf nicht mehr zu. »Die meist Gefragte« war nicht länger »die meist Gemiedene«.

Sie musste sich allerdings bis zum sechsten November 1946 gedulden, ehe sich ein »Säuberungs-Tribunal« ihres Falles annahm. Ironisch bemerkte sie, dass sie sich vor dem seltsamen Gerichtshof wie Charlotte Corday gefühlt habe, die edelmütige Mörderin des Marat im Vierten Jahr der Revolution. Fünf Gewerkschaftsfunktionäre bildeten den Gerichtshof, darunter drei Vertreter der CGT, des damals noch fast übermächtigen kommunistischen Syndikats. Keine der üblichen Kollaboration-Anschuldigungen trafen für sie zu – lediglich ihr Verhältnis mit einem deutschen Offizier blieb als Element der Anklage übrig. Dafür kassierte sie eine »Rüge«. Sie konnte darauf hinweisen, dass sie immerhin schon an die drei Jahre nicht mehr auftreten und an keinem Film mitwirken durfte. Ein weiteres Arbeitsverbot wurde nicht verhängt. Ihr Vermögen und ihr Besitz wurden nicht konfisziert.

Zur Zeit des Prozesses wohnte sie nicht mehr im bescheidenen Hotel *Regine*, sondern im *Plaza-Athenée* in der Avenue Montaigne. François Dupré, der Besitzer des noblen Etablissements, hatte sie in ihrer kargen Unterkunft aufgespürt und die Einladung, in seinem Haus kostenfrei zu logieren, energisch erneuert. Die Freunde aus der Auvergne bewährten sich weiter: Sohn und Vater Nogrette sorgten für einen fast regelmäßigen Austausch von Briefen. Der Sohn machte es möglich – auch dank der Unterstützung eines amerikanischen Offiziers, mit dem sich Soehring angefreundet hatte –, dass die beiden von Zeit zu Zeit miteinander telefonieren konnten. Sie setzte überdies Himmel und Hölle in Bewegung, um *faune* via Schweiz mit Paketen zu versorgen, in denen er alle Pariser Köstlichkeiten fand (die zu jener Zeit nicht mehr ausschließlich auf dem Schwarzmarkt gekauft werden mussten). Sie hatte es sich in den Kopf gesetzt, ihren Faun wiederzusehen, ja sie wollte versuchen, ihn schon in den Weihnachtstagen 1946 in seinem oberbayrischen Nest zu besuchen.

Ihre Briefe, von Anne-Marie Springer in einem prächtigen Faksimile-Band herausgegeben, berichten von den Fortschritten, die sie ihrem Ziel, der Reise zu dem geliebten *faune* näherbrachten. Im Sommer 1946 hatte sie melden können, dass ihr ein Pass ausgestellt worden sei. Nun brauche es nur die Papiere, die sie zur Einreise in die amerikanische Zone berechtigten. Im September schrieb sie ihm auf dem Papier des Hotels in großen Blockbuchstaben: »Jahr VI der Herrschaft von Faune über das Herz von Biche« – Die Zeitrechnung ihrer Liebe in römischen Zahlen (nach dem Vorbild der französischen Revolution). Keiner der anderen Männer – und auch keine der Frauen – konnte ein solch demonstratives, ja geradezu monumentales Zeugnis ihrer Liebe vorweisen: den eigenen Kalender als Beweis, dass für sie mit dem Eintritt des Geliebten in ihr Leben ein neues Zeitalter begonnen habe.

Drei Tage nach dem Urteilsspruch des Säuberungs-Tribunals bestätigte sie Soehring den Erhalt des Zertifikats für eine behördlich genehmigte Unterkunft während ihres Besuches – ein Papier, das er nur mit äußersten Schwierigkeiten von den Bürokraten hatte erlangen können. Zum ersten Mal gab sie in ihren Briefen zu erkennen, wie tief sie die Würdelosigkeit der Prozedur ihrer »Säuberung« verletzte. »Ich kann nicht mehr kämpfen«, schrieb sie, »ich leide, aber ich liebe Dich so sehr … Biche«. Eine Woche später, nach einem Telefonat, hatte sich ihre Stimmung aufgehellt: »Endlich habe ich Dich gehört. C'était magnifique!« Aber dann meldete sie ihm, dass sein Zertifikat für ihre Unterkunft von den Behörden als ungenügend zurückgewiesen worden sei. Doch sie sei im Begriff, ein entsprechendes Papier von Freunden zu erlangen.

Hindernis nach Hindernis: die Reise brauchte die Genehmigung der zivilen und der militärischen Regierungen in Frankreich und in der amerikanischen

Zone Deutschlands. Sie fand, zäh wie sie war, mit der Hilfe neuer und alter Freunde, für jedes Problem eine Lösung. Und am Abend des 23. Dezember 1946 stieg sie wahrhaftig am Gare de l'Est in einen Schlafwagen von Paris nach München, schlicht und warm gekleidet, höchstens an der Schönheit ihrer Züge als Diva erkennbar. Sie reiste aus guten Gründen unter ihrem Mädchennamen Léonie Bathiat. Laut Denis Demonpion war ihr Koffer mit den Leckereien, die für Franzosen zur Weihnacht gehören, mit Wollsachen und mit Büchern beladen, die kostbaren Farbbänder für *faunes* Schreibmaschine nicht zu vergessen. Er stand in München am Bahnsteig. Mit Blumen (die damals kaum zu finden waren)?

Die Überwältigung durch das Wiedersehen haben sie beide nicht geschildert. Vielleicht war es zu groß für ihre Worte. Faun hatte es zuwege gebracht, dass ihnen für eine Woche die Villa von Richard Strauss in Garmisch zur Verfügung stand. Vielleicht hatten ihm seine amerikanischen Freunde dabei geholfen. Wahrhaftig eine Überraschung – mit diesem fürstlichen Empfang hatte sie nicht gerechnet. Sie bewunderte das Organisationstalent ihres Geliebten. Maestro Strauss, der Hausherr, hielt sich in der Schweiz auf, um in einiger Ruhe an seinen letzten Werken arbeiten zu können. Vielleicht gab er der spirituellsten seiner Kompositionen, den *Metamor-*

phosen für Streichorchester, den letzten Schliff, vielleicht polierte er das seltsam heitere *Konzert für Oboe und kleines Orchester* aus dem Jahre 1945 noch einmal auf, vielleicht begann er die Gedichte zu lesen, von denen er vier für die letzten Lieder auswählte (Verse von Hermann Hesse und von Eichendorff). Vor allem blieb er in der Schweiz von zudringlichen Fragen nach seiner Haltung im Dritten Reich verschont, bei denen kaum je bedacht wurde, dass sich viele der Konzessionen mit seiner Pflicht erklärten, die jüdische Frau seines Sohnes und ihre Familie zu schützen. Und er konnte sich zugute halten, dass er wie ein Löwe für die Fortsetzung der Arbeit mit Stefan Zweig gekämpft hatte, der Einzige, der nach seinem Urteil fähig war, das Erbe von Hugo von Hofmannsthal als ebenbürtiger Librettist zu übernehmen. Wohl kaum ein anderer hat Joseph Goebbels, dem Kulturdiktator, so brüsk seine Meinung ins Gesicht gesagt.

Arletty betörte die Vorstellung, dass Richard Strauss in diesem Haus den Rosenkavalier-Walzer komponiert hatte (so sagte man ihr). Das erzählte sie bis ans Ende ihrer Tage. Die Woche mit *faune* war paradiesisch. Die physischen und psychischen Heimsuchungen der Nachkriegs-Epoche waren weit entrückt. Sie lernte seine Freunde kennen, zumal den amerikanischen Captain Prondzinski, zu dem

Soehring vielleicht so raschen Kontakt fand, weil seine Mutter polnischen Ursprungs war. Arletty stellte fest, dass er die Nähe zu deutschen Autoren suchte, ob etablierten Schriftstellern oder Anfängern, die alle im Bann der neu entdeckten Amerikaner standen, Hemingways natürlich, Steinbecks, aber auch Faulkners und Thornton Wilders. Soehring plante, die Großen zu übersetzen, die sich jenseits des Atlantik Weltruhm erschrieben hatten, aber auch die Werke Sartres und des genialen Theater-Routiniers Anouilh – Stücke, mit denen er seit Paris vertraut war. Er zeigte Arletty seine Unterkunft in Marquartstein. Biche entging nicht, dass zum Hause Pistor eine blonde, recht hübsche, überaus höfliche und sehr junge Dame gehörte, die »Hansi« genannt wurde. Sie nahm die bewundernden Blicke zur Kenntnis, mit der das freundliche Geschöpf zu ihrem Faun hinüberschaute.

Es konnte nicht ausbleiben: Vor dem Abschied fragte Soehring ein zweites Mal, ob sie nicht heiraten sollten. Um ihr seinen Wunsch so dringlich und ernsthaft ans Herz zu legen, wie ihm zumute war, hatte er die notwendigen Formalitäten schon eingeleitet, auch beim französischen Konsulat in München. Dort bestanden die Bürokraten freilich darauf, dass er eine von den Pariser Behörden beglaubigte Erklärung seiner Verlobten vorlege, die bestätigte, dass sie tatsächlich bereit sei, einen Deutschen zu heiraten. Die Bescheinigung traf niemals ein. Arletty respektierte Soehrings Wunsch, eine Familie zu gründen. Aber sie zählte fast achtundvierzig Jahre. Er achtunddreißig. Schloss sie in ihren Gesprächen dennoch die Möglichkeit einer Heirat nicht ein- für allemal aus, um ihn nicht zu verlieren?

Nach der Rückkehr, am ersten Tag des Jahres 1947, schrieb sie: »Noch völlig von Dir durchtränkt finde ich mich wieder in diesem anonymen Zimmer … Faune, setzen wir alles daran, dass wir für immer zusammensein können. Bin davon mehr und mehr besessen … unheilbar. Rette mich. Diese Abreise … dieser Zug … diese Gleichgültigen, und zwei Wesen, die nichts von dieser letzten Minute verlieren wollten.« Sie schrieb, dass Marie, ihre Hilfe in der Wohnung am Quai de Conti, bei ihr sei, und die Rückkehr von Hans wünsche. Sie schrieb von seinen Geschichten, den Bildern seiner Phantasie, die präzis und heftig seien – und »diese erotischen Momente … die so rein, weil sie voller Lust sind«. Und dann ein Satz, den keine Seele von ihr je erwartet hatte: »Faune, beklage mich. Was habe ich getan, um einen solchen Schmerz zu verdienen? … Ich bin müde; aber ich kann noch immer durch Dein Reich gehen, Deine Hände im Schatten küssen, Dich ansehen und denken, dass ich Dich liebe. Biche«.

Das nächste Billet, schon einen Tag danach geschrieben, gibt Rätsel auf, die auch der französische Biograph nicht lösen konnte. Es ist von einem Abbé Galli die Rede, den sie aufsuchen werde, vermutlich auf Soehrings Wunsch. Dann zitierte sie das berühmte Wort, das Heinrich IV. vor seinem Übertritt zur katholischen Kirche gesagt haben soll: »Paris ist eine Messe wert!« Verbarg sich hinter der geistlichen Tarnung Gaston Gallimard? Sollte das Gespräch die Möglichkeit einer Übersiedlung Soehrings nach Paris prüfen? Dies schien, nicht einmal zwei Jahre nach der deutschen Kapitulation, nur kraft eines Wunders gelingen zu können. Auch der nächste Brief, auf der Maschine geschrieben, gibt Rätsel auf. »J'ai donné ton curic ... à l'Apôtre et aux Paraz-Pora et nous verrons Cohen à ce sujet«. Es handelte sich wohl um sein Curriculum vitae, seinen Lebenslauf, und mit dem »Apostel« könnte der Abbé, aber auch Gallimard gemeint gewesen sein, mit »Cohen« vielleicht ein Anwalt. Albert Paraz war ein (seither vergessener) Romancier, der Céline nahestand. Was er mit Soehring zu schaffen hatte, wissen wir nicht. Arletty geriet sich mit ihm später in die Haare, weil sie sich weigerte, als Zeugin im Prozess gegen Céline aufzutreten. Sie legte dar, dass sie von den politischen Implikationen nichts verstehe, dass sie sich nur Ärger einhandeln (und ihm nicht nützen) würde. Sie selber habe im Gefängnis, im Lager, mit der Verbannung von Paris und drei Jahren Auftrittsverbot genug gebüßt. Das mache sie zu keiner glaubwürdigen Zeugin. Doch sie fügte hinzu, dass sie die nächste Reise zu ihrem *amant* nicht gefährden wolle – ihr Altruismus kannte Grenzen.

Sie bemühte sich weiterhin um die Chance, einen zweiten Exkurs nach Deutschland zu unternehmen. Sie meinte, Baden-Baden, das Hauptquartier der französischen Besatzungsbehörden, sei für sie einfacher zu erreichen, doch ihre Bitte um eine Reisegenehmigung wurde abschlägig beschieden. Zugleich suchte sie nach Möglichkeiten, Soehring in Paris anzusiedeln. Er hatte sich in den Kopf gesetzt – sie sprachen in Garmisch darüber –, eine neue Existenz als Schriftsteller und Journalist aufzubauen. Das machte ihn beweglicher. Zwar versicherte sie ihm, er wohne im hübschesten Winkel der Welt, aber für sie gab es dort nichts zu tun. Er könnte auch in Paris schreiben. Nur brauchte es ein offizielles Engagement, um das Einverständnis der Ämter zu erlangen. Das würde schwer halten, so kurz nach dem Krieg, obwohl bei der französischen Polizei und bei der Justiz nichts gegen ihn vorlag (sie hatte Auskünfte einholen lassen). Doch niemand schien bereit zu sein, den Deutschen zu engagieren. Die letzte Hoffnung: ihre Freundin Lelette, draußen in La

Houssaye, die ihn vielleicht als Hausmeister anstellen könnte oder als Mechaniker (er war geschickt in technischen Dingen), im äußersten Fall als Gärtner.

Soehring schien nicht zu erwägen, dass er eine juristische Aufgabe übernehmen oder in den Staatsdienst treten könne. Zweimal war er im Dritten Reich zum »Beamten auf Lebenszeit« ernannt worden. Die Amerikaner hatten, das ist wahr, in ihrer Zone das Berufsbeamtentum abgeschafft. Doch die beiden europäischen Besatzungsmächte – Frankreich und Großbritannien – schlossen sich der Reform nicht an, und es war abzusehen, dass die Deutschen kaum bereit sein würden, diese heilige Kuh zu schlachten, obwohl dieser harte Eingriff in die soziale Struktur für die Entwicklung der Demokratie, für die Bereitschaft zum friedlichen Machtwechsel (auf allen Ebenen der Verwaltung), für die Flexibilität und Durchlässigkeit der Gesellschaft ein Segen gewesen wäre. (Die Bundesrepublik setzte, über den Paragraphen 131 des Grundgesetzes, das Berufsbeamtentum unverzüglich wieder in seine Rechte ein.) Unmittelbar nach dem Kriege aber mangelte es auch in Bayern an erfahrenen Richtern, Staatsanwälten, höherem Verwaltungspersonal – und die Altnazis versuchten mit Vehemenz, die Rückkehr in ihre alten Positionen zu erzwingen. Außer seiner nominellen Parteizugehörigkeit lagen keine Belastungen gegen Soehring vor, weder in Frankreich, noch in Deutschland. Doch er wollte frei sein und nicht ein anderes Mal der Gefangene eines Apparats. Vermutlich war dies das Hauptmotiv seiner Zurückhaltung.

Draußen in Marquartstein hatte Soehring einen überaus anregenden Gesprächspartner gefunden, der seine journalistischen und literarischen Pläne fachmännisch prüfen konnte: Hans Werner Richter hatte sich in den Flecken (vorübergehend) zurückgezogen, nachdem seinem Blatt *Der Ruf* im April 1947 von der Militärregierung der Garaus gemacht worden war. Die Amerikaner hatten sozusagen ihr eigenes Kind sterben lassen, denn das Blatt war ein Produkt der »Umerziehung«, von Richter, dem geeichten Antinazi, zusammen mit einigen Kameraden im Kriegsgefangenenlager konzipiert und mit dem Segen der Amerikaner Anfang 1946 in München publiziert. Die hungrigen deutschen Leser rissen den *Ruf* ihren Kioskverkäufern und den Buchhändlern geradezu aus der Hand. Darauf hatten viele sehnsüchtig gewartet: eine Zeitung, die mit der Freiheit der Meinungen Ernst machte, auf eine fast naive Weise radikal in ihrer Kritik, auch an der Besatzungspolitik.

Indes, so wörtlich wollten manche der amerikanischen Presse-Offiziere das Recht, ja die Pflicht zur Kritik nicht verstanden wissen. Im Januar 1947 war eine Erhöhung der Auflage auf siebzigtausend, das hieß: die entsprechende Papierzuteilung genehmigt worden. Doch ein neuer Chef der »Information Control Division«, Col. Kleitz, setzte zur Strafe für zwei aufmüpfige Artikel den Druck wieder auf fünfzigtausend herab. Manchmal schossen die Autoren ganz gewiss übers Ziel, und zuweilen schlug eine allzu national gestimmte Tonlage durch. Das gehörte zum unvermeidlichen Risiko der Meinungsfreiheit, die immer selber für die notwendigen Korrekturen sorgt. Letzten Endes gab wohl eine Intrige in der Nymphenburger Verlagsanstalt, bei der das Blatt erschien, den Ausschlag für die Kündigung von Hans Werner Richter und Alfred Andersch (mit dessen heroischem Antifaschismus es nicht so weit her war, wie wir inzwischen lernten). Auf die Entlassung der beiden reagierten die meisten der Autoren mit der Verweigerung jeder Mitarbeit. Der Verlag versuchte dennoch, den *Ruf* mit einer neuen Redaktion unter der Leitung von Erich Kuby (ausgerechnet) weiter erscheinen zu lassen, jenem talentierten und erstaunlich wandlungsfähigen Journalisten, der hernach einer der Star-Reporter des *Stern* unter der Leitung des einstigen NS-Propagandisten Henri Nannen wurde. In einem Gutachten über die erste Ausgabe des *Ruf* hatte Kuby angemerkt, das Blatt sei »zu einseitig westlich«, »zu proamerikanisch«, die »deutsche Lösung« könne »keine amerikanische Lösung« sein, Deutschland aber sei zu einer »Mittlerrolle« zwischen Ost und West bestimmt, die »auch praktische deutsche Politik« sein müsse, »denn andernfalls würden wir auf die Hälfte des Volkes von vornherein verzichten«. Obwohl Kuby für die »Publications Control Branch« der Militärregierung – mit anderen Worten: für die Zensur – gearbeitet hatte, redete er hier einem deutschen Neutralismus das Wort, der künftig das Kernargument aller Nationalisten sein würde, gleichviel ob der linken oder der rechten.

Richter wählte sich eine neue Aufgabe. Er suchte einen Ort der Sammlung und eine Form des Gespräches für die junge deutsche Literatur, die sich um den *Ruf* zu sammeln begonnen hatte. Hans Jürgen Soehring hat an der ersten Tagung von Richters Freunden am sechsten und siebten September 1947 im Haus von Ilse Schneider-Lengyel am Bannwaldsee nicht teilgenommen, obschon sich Nicolaus Sombart, eine Art »homme des lettres«, zunächst genau an ihn zu erinnern meinte, bis er von Richter und seiner Frau Tony energisch korrigiert wurde. Er brauchte Soehrings Präsenz vermutlich, um seinen Lesern einige flotte Halbwahrheiten über die schöne Arletty zu servieren.

Beim zweiten Treffen im November 1947 in Herrlingen bei Ulm war der frisch als Autor gekürte Soehring dabei, und er sah sich aufmerksam im Heimatstädtchen des Feldmarschalls Rommel um, der hier nach dem 20. Juli den Tod gewählt hatte, statt ein entwürdigendes Verfahren vor dem Volksgerichtshof auf sich zu nehmen. Es ist anzunehmen, dass er seine ersten Erzählungen, die eben im Kurt Desch Verlag in München erschienen waren, Hans Werner Richter zur Lektüre gegeben hatte. Der erfahrene Redakteur schien vom herben Geruch der Wirklichkeit und der robusten Sprache einiger der Geschichten beeindruckt zu sein. Die exakt geschilderte Kastration eines Ebers, an der Friedrich Sieburg in seiner Kritik Anstoß nahm, die Untat des Sohnes, der seine Megären-Mutter in einer Waschschüssel ertränkte, oder die Sektion einer ermordeten jungen Frau: das fügte sich auf makabre Weise in den (angeblichen) Hemingway-Realismus, der unter den deutschen Schreibern in jenen Jahren *en vogue* war. Sprachlich geschlossen und konzentriert die Erzählung von dem deutschen Kriegspiloten – das beste Stück des Bandes –, der sich und seine hilflosen Mitflieger weit hinaus aufs Meer steuert, zu weit, um eine Umkehr und die Landung auf einer soliden Piste zu erlauben. Flog er sich und seine Passagiere bewusst in den Tod? War dies ein Akt des Widerstandes? Selbstmord à la Ernst Udet (wie er in

Zuckmayers *Des Teufels General* geschildert wurde)? Oder eine Anspielung auf den Flug des Führer-Stellvertreters Rudolf Hess nach England? Der Schluss blieb offen. Sieburg gab in seiner Rezension, die in der *Gegenwart* erschien, mit keinem Wort zu erkennen, dass er den Schlüsselfiguren in Paris begegnet war, Arletty ohnedies und Soehring wenigstens flüchtig; über die »Affaire« der beiden sprach ganz Paris.

Die meisten der Geschichten gaben keinen Anlass zu der Hoffnung, der Autor sei auf dem Wege zu einem eigenen Stil. Mit der sprachlichen Sicherheit stand es nicht immer zum Besten. Das berlinernde Jargon-Geschnatter in einigen Erzählungen berührt peinlich. Manche der Bilder waren verunglückt, und manchmal erlaubte sich der Verfasser einen zu heftigen Druck auf die Gefühlsdrüsen. Das verniedlichende Portrait der französischen Geliebten in der Titelstory wurde der Persönlichkeit der Arletty kaum gerecht, nicht ihrer hohen Intelligenz, ihrer seelischen Energie, nicht ihrer schauspielerischen Professionalität, nicht ihrem Witz, nicht ihrer Bildung, nicht ihrer Vitalität, auch nicht ihrem erotischen Zauber. Das konnte sie nicht ahnen, da sie kein Deutsch las und lange Jahre vergingen, bis sich ein hilfreicher Freund fand, der des Deutschen mächtig genug war, die Erzählung halbwegs getreu zu übersetzen. Auf die französische Widmung war sie stolz: »Pour celle qui m'a dit d'écrire«.

Sehr rasch nach der Aufhebung der »überwachten Residenz« schien sich für Arletty eine Möglichkeit zu ergeben, mit der alten Ideal-Equipe Carné-Prévert einen Film zu drehen, der den Titel *Das Schwert des Damokles* tragen sollte – ein Stoff, mit dem sich Prévert schon vor dem Krieg beschäftigt hatte. Die weibliche Hauptrolle sollte mit zwei Millionen und zweihunderttausend Francs honoriert werden; das war eine höhere Gage, als ihr jemals zuvor gezahlt worden war (freilich hatte das Geld nicht mehr die gleiche Kaufkraft wie früher). Sie jubelte. Endlich schien sich der Sternenhimmel ihres Berufs wieder zu öffnen. Doch das Projekt scheiterte an der Finanzierung. Der Ersatzfilm, den ihr Marcel Carné und Jacques Prévert anboten – ohne Zweifel auch aus Gründen der Fairness – war ein schwacher Trost. Auch dies ein altes Projekt, das schon 1937 unter dem Titel *L'ile des enfants perdus* mit Danielle Darrieux produziert werden sollte. Nun fiel der blutjungen Anouk Aimée die tragende Rolle zu. Für Arletty blieb die zweite weibliche Hauptfigur. Wenigstens würde sie beim ersten Film ihres »come back« die bewährte und vertraute Crew an ihrer Seite finden. Freilich schien, wie sie *faune* am 29. April 1947 schrieb, ihre Rolle nicht allzu interessant zu sein. Sie stöhnte auch über die »Schmierenkomödianten«, die mit ihr auftraten, zu denen immerhin Martine Carol (die später zum französischen Pendent Maryline Monroes stilisiert wurde) und Serge Reggioni zählten.

Der Film sollte von der Rebellion in einer Strafkolonie handeln – sie würde einen flüchtigen Häftling aufnehmen, der sich prompt in sie verliebte, Beginn der Aufnahmen im Mai 1947 auf der Belle l'Ile, die ihr eine zweite Heimat werden sollte. Indes, die Arbeit stand unter keinem guten Stern. Wegen eines orkanartigen Sturmes konnte die Fähre vom Festland herüber im kleinen Hafen der Insel nicht anlegen. Die gesamte Filmcrew war seekrank – außer Arletty und dem fünfzehnjährigen Mädchen, das zum ersten Mal vor der Kamera agieren sollte: Anouk Aimée. Kostbare Zeit ging verloren. Nicht lange danach blockierte eine finanzielle Krise den Fortgang der Dreharbeiten. Warten. An den Abenden las sie in einer Ausgabe von 1795 *La Philosophie dans le Boudoir ou les Instituteurs libertins par le marquis de Sade*, und sie fand, es wurde erwähnt, das illustrierte Buch ihres Fauns »Wollust sehr nahe«. Sie las freilich auch die *Bekenntnisse* von Rousseau, das *Satiricon* von Petronius (beides keine völlig unerotische Lektüre), doch außerdem – ein schroffer Gegensatz – die *Sonnenfinsternis* von Arthur Koestler, das hellseherische Buch über die Schauprozesse der stalinistischen »Säuberer« in den dreißiger Jahren – vielleicht das eindringlichste Portrait des sowjetischen Totalstaates, das jemals in einem Buch gelang. Natürlich zog der Autor den Hass der Kommunisten auf sich, die damals Frankreichs stärkste Partei waren und bei den Wahlen weit mehr als ein Viertel der Stimmen eroberten. (Arletty aber schickte den Roman sofort an Soehring weiter.) Schließlich starb das Filmprojekt. Wenigstens hatte sie in den langen Drehpausen das Fischerhäuschen entdeckt, das ein freundliches Liebesnest für sie und ihren Faun sein könnte.

Sie hatte nun an die vier Jahre keinen Film gedreht und keine Bühne betreten. Im Oktober 1947 war sie für einige Tage nach London gereist, um zu erkunden, ob ihr die britischen Filmagenturen nicht interessante Rollen bieten könnten. Sie schaute jeden Abend ein Theaterstück an, das sich vielleicht nach Paris transportieren ließe, doch sie fand nichts, das für sie geeignet war. Manchmal wurde sie nun von der Angst heimgesucht, ihre Ersparnisse neigten sich dem Ende. Dramatisch war ihre Lage nicht. Aber vielleicht würde sie bald für einen anderen mitsorgen müssen, jedenfalls für geraume Zeit … Es beruhigte sie nicht, dass sich die Polizei in Lyon endlich bereit zeigte, ihren Packard zurückzugeben, das amerikanische Luxusgefährt, das 1940 beschlagnahmt worden war. Sie stellte allerdings die Bedingung, dass Arletty amtlich nachweisen lasse, ihr Eigentum sei nicht wegen Kollaboration mit dem Feind konfisziert, ferner bestanden die Sicherheitschefs der Stadt darauf, dass die Polizei für keinen Schaden haftbar gemacht werde, den der Wagen in den vergangenen Jahren erlitten haben könnte und dass er in dem Zustand akzeptiert werde, in dem er sich jetzt befinde. Dieser Zustand war nicht gut. Arletty ließ sich nicht auf teure Reparaturen ein. Was sollte sie mit dem riesigen Monster? Sie verkaufte es kurzerhand für eine sehr bescheidene Summe an einen Kollegen, der Autonarr war.

Eine weitere Änderung ihres Daseins, die sie nicht erheiterte (und die sie dennoch mit bewundernswertem Gleichmut hinnahm): Nach einem Jahr im *Plaza Athenée* quartierte ihr Gastgeber Dupré sie kurzerhand um in sein anderes Luxus-Hotel *George V*, in ein geräumiges, fast allzu großes Gelass, erträglich möbliert, mit kleiner Küche und mit Bad, doch hoch droben in der Mansarde. Der Blick aus den Fenstern zeigte ihr nicht viel mehr als tausend grau-schwarze Kamine. Mit einiger Mühe konnte sie den Eiffelturm ausmachen, und sie sah die Fassade der amerikanischen Kirche am anderen Ufer der Seine.

Jeder Tag machte ihr deutlich, dass sie jede vernünftige Chance nutzen musste, sei es beim Film, sei es beim Theater, um das Publikum daran zu erinnern, dass sie mit den *Kindern des Olymp* – die überall in der Welt die Kinos eroberten – nicht ihren Abschied von der Leinwand genommen hatte. Schließlich, nach langer Geduldsprobe, bot man ihr eine tragende Rolle in einem Zirkusfilm an: *Portrait d'un assasin* (Portrait eines Mörders), der nicht zu den Meisterwerken des französischen Kinos zählt. Aber die männliche Hauptrolle übernahm Erich von Stroheim, der kurz vor dem Krieg schon einmal in einem ihrer Filme mitgewirkt hatte – *La Tempête,* der letzten Produktion vor der deutschen Invasion, bei der er sich – sie vergaß das nicht – in Dollar hatte honorieren lassen. Seine Lage hatte sich nicht gebessert. Dem Regisseur Stroheim kehrte Hollywood noch immer den Rücken, als Schauspieler wurde er drüben nicht zu oft engagiert, also musste er sein Brot partiell in Europa verdienen. Arletty registrierte seine ungewöhnlich intelligenten Augen, seinen kahl geschorenen Charakterkopf, sein »preußisches Offiziersprofil« (das ihm seit Renoirs Meisterwerk *La Grande Illusion* nachgesagt wurde – vielleicht als eine ironische Strafe für den falschen Adelsnamen, den er sich angeeignet hatte). Er wiederum betrachtete sie mit eher misstrauischen Blicken »wie ein Weibsstück, das sein Land verraten hat« (wie sie sagte). Dank seines Auftritts fand sie den Film am Ende keineswegs so dümmlich, wie ihr das Drehbuch auf den ersten Blick erschienen war. Das Werk wurde zwischen Februar und Mai 1949 gedreht. Seit Ostern 1949 aber war ihr Faun in der Stadt.

Alle ihre Versuche, die Genehmigung für eine zweite Reise nach Bayern zu erhalten, waren gescheitert. Also konzentrierten sich ihre Bemühungen darauf, eine Aufenthaltsgenehmigung für Hans Jürgen Soehring in Paris zu erkämpfen. Sie selber durfte dabei nicht in Erscheinung treten. Damit hätte sie sich nur eine Ablehnung eingehandelt – und im Übrigen hätte der Versuch, wäre er bekannt geworden, nach dem Urteil des Biographen Denis Demonpion manche ihrer Bemühungen um eine berufliche Re-Etablierung zunichte gemacht. Frankreich war in jenen Jahren keine Freistatt der Toleranz. So bemühten sich zwei Freundinnen um die »Erledigung der Formalitäten«, die in diesem Fall einer langwierigen und unendlich komplizierten Operation gleichkamen. Die Hauptarbeit übernahm Éliane Soutat, die Generalsekretärin einer internationalen Versicherungsgesellschaft, die oft nach Deutschland reiste – zusammen mit der Anwältin Simone Feissolle, die in München sogar den britischen Konsul ins Spiel zu bringen verstand: Philippe Rosenthal, aus der Emigration zurückgekehrt und im Begriff, die berühmte Porzellan-Manufaktur seiner Familie zu übernehmen. (Später sollte er als Bundestagsabgeordneter der Sozialdemokraten und Freund von Willy Brandt politische Prominenz gewinnen.)

Für Soehring musste, wenn es denn anging, eine Beschäftigung in Paris gefunden werden, denn er würde kaum bereit sein, sich von Arletty aushalten zu lassen – und sie glaubte nicht, dass sie zu lange Zeit imstande sein würde, ihren Liebhaber zu ernähren, zu kleiden, für seine Miete aufzukommen. Immerhin, sie bezahlte das Eisenbahnticket, denn er hatte, wie bei einem Literaten üblich, keinen Pfennig, keinen Sous in der Tasche. Doch in seinen Briefen versicherte er, dass er zu allem bereit sei: Automechaniker, Hausmeister, Taxichauffeur, Gärtner in La Houssaye; schreiben könne er nebenher. Keine Lösung, die dauern konnte. Wo sollte er in Paris wohnen? Sie konnte ihn unmöglich in der *George V*–Mansarde unterbringen. Eine Kollegin erklärte sich bereit, für seine Unterkunft zu sorgen – die hübsche Christiane Néré, von der man sagte, dass sie die heimliche Geliebte des Gesandten Rudolf Schleier gewesen sei, der Otto Abetz in der Botschaft vertrat. Die praktische Lösung bot schließlich Yvonne Sériès, die Direktionssekretärin des Juwelierhauses Cartier. Bei ihr, in einem bescheidenen Appartement im Quartier Denfert-Rochereau, stieg Soehring nach seiner Ankunft am Vorabend des Osterfestes 1949 ab. Freilich fuhren die beiden – wie Demonpion berichtet – in einem Wagen vor, der in der kleinbürgerlichen Nachbarschaft Aufsehen erregen musste: Arlettys Fehler, die ihm einen standesgemäßen Empfang bereiten wollte, selber mit einem schwarzen Cape angetan, das ihr Biograph majestätisch nannte. Auch diesen Anblick einer offensichtlich »großen Dame« war man in dem Viertel nicht gewohnt. Soehring ließ sich bei der Concierge als »Monsieur Faune« registrieren. Sein Visum erlaubte ihm einen Aufenthalt von zwei Monaten. Während der ersten Wochen blieb er so diskret wie nur möglich in der Wohnung im vierten Stock, die er kaum je verließ. Seine Gastgeberin sagte später, er habe wie »ein Grandseigneur« gewirkt, »sehr freundlich, sehr offen im Umgang, sehr elegant und sehr strikt«. Für die Stunden der Gemeinsamkeit mussten sich *biche* und ihr *faune* mit jenen vier Wänden begnügen. Blieb sie manchmal über Nacht? Man weiß es nicht. Es stand fest: die beiden durften nicht zusammen gesehen werden.

Hatte der elegante, korrekte Herr in der vierten Etage dennoch bei den Nachbarn einen Verdacht geweckt? Der lokale Polizeikommissar schickte ihm eine Vorladung. Eine Erkundung bei der Präfektur ergab, dass alles seine Ordnung habe. Dennoch machte sich Soehring auf den Weg nach La Houssaye. Die Bellangers nahmen ihn voller Herzlichkeit auf. Der Park in der Maisonne – ein Paradies. Arletty kam, wenn immer es die Dreharbeiten erlaubten. Sie liebten sich, und sie sprachen von ihrer Liebe.

Dennoch, eine leise Spannung hob sich nicht auf. Eine Spur der Distanz wollte sich nicht schließen. In ihren Unterhaltungen sprangen, für andere Augen kaum wahrnehmbar, winzige Risse auf. Für Hans Jürgen Soehring, der sich einst mit so ruhigem Selbstbewusstsein in Paris gezeigt hatte, war es bedrückend, dass er sich verborgen halten musste. Dass er in Paris kaum eine Aufgabe finden würde, die ihn erfüllte. Dass er in Frankreich nicht für seinen Lebensunterhalt sorgen konnte (was ihm auch nur mühsam in Deutschland gelang). Vielleicht verstand er erst jetzt, was seine *biche* seit dem Sommer 1944 auf sich genommen hatte.

Und Arletty? Sie schämte sich insgeheim, dass sie mit ihrem Faun nicht Arm in Arm durch Paris wandeln, ins Theater gehen, Konzerte besuchen, in den gewohnten Restaurants speisen konnte – wie es ihre Liebe und ihr Stolz geboten. Dass ihre Karriere noch immer blockiert zu sein schien. Dass sie noch immer mit Anfeindungen zu rechnen hatte. (*L'Humanité*, das kommunistische Hauptblatt, hatte ihr Anfang Dezember 1948 gedroht, sie gehöre geschoren wie die Frauen bei der Befreiung.) Dass sie oft deprimiert war und sich kraftlos fühlte.

Sie beide spürten, ob sie es sich gestanden oder nicht, dass die Passion zu verlöschen begann. Nicht die Liebe. Doch die Leidenschaft. Das Begehren. Vielleicht zog es ihn – sie brauchten darüber nicht zu sprechen – zu der jungen Frau in Marquartstein, die (dessen konnte er gewiss sein) ungeduldig seine Rückkehr erwartete.

Nach seiner Abreise schrieb ihm Arletty einen langen Brief (den längsten, den wir kennen): »Ich wandere allein durch den Park und denke über unser Nicht-Verstehen nach. Über diese Reise, die ich so lange vorbereitet, die ich so ersehnt hatte, und über die Haltung, der ich mich ausgesetzt sah … Und dann endete alles in jener Kühle, jenem Misstrauen … Übermittle der zarten Hansi meine Liebe. Ich weiss nicht, wie man ihren Namen buchstabiert … Ja, bleiben wir Komplizen. Ich werde Dich sehen – Du weißt es – und ich lache über all die Hanswurste, denn trotz allem und gegen alles liebe ich Dich. Simplement Biche.«

Sie hatte recht. Die Liebe blieb. Die Freundschaft. Bis zu seinem Tod im Oktober 1960. Wohl auch darüber hinaus, bis sie zweiunddreißig Jahre später starb.

Epilog I – Eine späte Karriere und ihr dramatisches Ende

Hans Jürgen Soehring war traurig, als er am 29. Mai 1949 aus Paris davonfuhr, und er mag sich zugleich freier als bei der Ankunft gefühlt haben. Es war ein Versuch, ein letzter, ihrer beider Leben zusammenzuführen, nicht in einer Ehe (das erhoffte er nicht mehr, er wünschte es womöglich auch nicht), doch zu einem liebenden Mit- und Nebeneinander. Er hatte vermutlich geahnt, als er vor Ostern am Gare de l'Est aus dem Zug stieg, dass dieses Experiment scheitern würde. Arletty kämpfte gegen die Schatten von gestern um ihre professionelle Existenz – und er hatte in Wahrheit keine Existenz, ganz gewiss keine gefestigte und klare. Es war ihm bisher nicht gelungen, sich als Schriftsteller zu etablieren. Er hatte Arletty bitten müssen, seine Fahrtkosten zu übernehmen. Peinlichkeit und Scham wollen der Liebe nicht wohl.

Was mag er auf ihren Brief geantwortet haben, in dem sie von der plötzlichen Kühle und vom Misstrauen sprach? Keine Zeile, die *faune* an *biche* schrieb, blieb erhalten. Hat Arletty seine Briefe irgendwann an die Witwe Soehring geschickt, die ihr die eigenen Briefe nach seinem Tod übergeben hat – eine altmodisch noble Geste. Anna Soehring hat, man weiß nicht warum, viele der Papiere ihres Mannes verbrannt, vielleicht auch die Briefe an Arletty. Wenn sie nach Arlettys Tod noch bei ihr in einer Schublade lagen, wurden sie vielleicht, als man die Wohnung ausräumte, einem Altpapierhändler überlassen. Vielleicht nahm sie einer ihrer Freunde an sich, und sie wurden einfach verschlampt. Die uralte Arletty hatte in Frankreich, ja in Europa noch immer einen Namen. Er nicht – nicht in Deutschland, auch nicht in Frankreich. Sie war eine Legende, ihre Briefe waren Geld wert – man weiß nicht wie viel –, sie gelangten auf den Markt und fanden Eingang in die illustre Autographen-Sammlung von Anne-Marie Springer.

Arletty gab sich, als sie ihren Faun wiedersah, kaum mehr einer Illusion hin. Vielleicht hoffte sie in einem Winkel ihres Herzens, dass die Passion noch einmal aufflammen würde. Doch sie wusste, dass er eines nicht zu fernen Tages »Hansi« heiraten werde (die in Wirklichkeit Analisa Pistor hieß). Sie fand das frische, gescheite und hübsche Mädchen sympathisch. Sie hätte freilich ein wenig überrascht gelächelt, hätte sie Soehrings Jubelruf im Brief an eine Redakteurin des Berliner *Kurier* gehört, der er schrieb, er habe in seinem neuen Roman versucht, »etwas von diesen herrlichen jungen deutschen Frauen unserer Zeit« zu sagen, »die uns kein Volk der Welt nachmacht …« Mit einer Neigung zum erotischen Chauvinismus hätte sie bei ihrem Faun nicht gerechnet.

Wieder zu Hause in Marquartstein nahm er einen zaghaften Anlauf, aus der Reise wenigstens journalistischen Gewinn zu ziehen. Er entwarf einen *Kleinen Pariser Bilderbogen,* der freilich schon auf der sechsten Seite endet. Die Skizzen zeichnete er mit dem Pseudonym Hansjürgen Hanuman, und er nannte sich in seinem Bericht nach etwas abgestandener Kaberettistenmanier einen »Trizonesier«, obschon der Zusammenschluss der drei westlichen Besatzungszonen zur Bundesrepublik Deutschland drei Tage vor seiner Rückkehr de facto vollzogen worden war. In der französischen Hauptstadt konstatierte er die bunte Überfülle der Märkte, notierte die Preise, dann fragte er eine freundliche Stenotypistin, was sie im Monat verdiene. Fünfzehntausend Francs. »Hundert Franken ist eine Mark …«, rechnete er ihr vor. »›Was‹, sagte das intelligente Mädchen mit runden Augen: ›dazu haben wir den Krieg gewonnen?‹« Wenn sie Essen und Trinken kaufe, ihre Miete zahle, ihre Wäsche selber wasche, das Gas und das Licht und die Metro ins Büro bezahle, dann komme sie mit ihrem Gehalt etwa vierzehn Tage aus. »›Und für den Rest des Monats? Was machst du da?‹ Das gescheite Mädchen zuckte die Achseln.« Der Autor notierte einige Bemerkungen über Sacha Guitry, über die zwanzigtausend Autos, die am Abend über die Champs-Élysées rollen, über den Graumarkt für Benzin und eine internationale Kundgebung der (kommunistisch inspirierten) Friedensbewegung mit der Inflation von Picassos Taube. Das war alles. Mehr fiel ihm nicht ein. Oder er hatte die Lust an Paris verloren.

Einige Anekdoten, die wohl früher auf einem gesonderten Blatt festgehalten wurden, fielen pointierter aus. Bei einer Tischgesellschaft im besetzten Paris wurde darüber gesprochen, wie berühmte Leute schwere Zeiten überlebten. »›Wenn mich einmal‹, sagte die B., weit über Frankreichs Grenzen hinaus berühmt wegen ihrer Affären, und gerade damals in eine solche mit einem deutschen Offizier heftigst verstrickt, ›… wenn mich jemand später fragt, was haben Sie während der Okkupation gemacht? – dann kann ich antworten: Ich war okkupiert …‹« Hätte Arletty gelacht? Vielleicht. Sicher ist es nicht.

Die Blätter wurden nicht gedruckt. Mit seinen Erzählungen hatte er mehr Glück. Sie standen in *Westermanns Monatsheften*, in der deutsch-amerikanischen Illustrierten *Heute*, in Wochen- und in

Tageszeitungen. Manche zeigten sein Talent, Charaktere zu zeichnen und seine Geschichte konzentriert und mit Elan an die Zielpointe zu befördern; dann und wann gelangte er auch auf gut bedachten Umwegen und mit einer reizvollen, ins Detail verliebten Langsamkeit ans Ende, das nicht immer eines war. Die besten Erzählungen, die sich im Nachlass fanden, schrieb er im Sommer 1946. Sie handeln von der Pariser Résistance, für die das Herz des Autors damals zu schlagen schien. Beide wurden, soweit festzustellen, niemals gedruckt. Hatte er Arletty bei ihrem Weihnachtsbesuch von dem Experiment berichtet? War sie nicht erstaunt? Ihre Erfahrungen mit dem Widerstand, wenigstens mit dem behaupteten, waren nicht ganz so edel …

Beim Bayerischen Rundfunk brachte er mit einiger Mühe das pazifistische Hörspiel des französischen Autors Jacques Constant unter, das er übersetzt und bearbeitet hatte. Sein Anteil an der langwierigen Arbeit: 750 D-Mark. Im Münchener Funkhaus lief er von Tür zu Tür, um einen »zuständigen Herrn« zu finden, der veranlassen könnte, ihm das Geld für die Rückfahrkarte nach Garmisch auszuzahlen. Einem Redakteur rechnete er vor, dass er 36 Mark in der Tasche habe, die von Weihnachten bis Ostern reichen müssten, wenn ihm einige säumige Redaktionen nicht sein Honorar überwiesen. Er lernte die

Härten, die Demütigungen, die bescheidenen Genugtuungen kennen, die den Alltag des »freien Autors« bestimmen. Auch die Armut, in die er freilich nicht zu tief abstürzen konnte, da er unterdessen – lange vor der Heirat – zur Familie Pistor zählte, die nicht ganz unvermögend war. Als die künftige Schwiegermutter nach Argentinien reiste, um auf dem Besitz dort drüben nach dem Rechten zu sehen, wurde Soehring gebeten, die Verwaltung der deutschen Liegenschaften zu übernehmen, zu denen ein zerbombtes Haus in Darmstadt, ein intaktes in Wiesbaden und das Haus in Marquartstein gehörten, dessen vordere Hälfte vermietet war. Im hinteren Teil, in dem Soehring wohnte, ging es ein bisschen eng zu. Als ein Verwandter der Pistors (der an den Mieteinnahmen in Wiesbaden partizipierte) ein Urlaubszimmer für sich erbat, musste er abgewiesen werden – kein Platz: im ersten Jahrzehnt nach dem Krieg ein deutscher Normalzustand.

Die schönste Entschädigung für die professionellen Zumutungen und Niederlagen (die er nicht immer mit stoischer Ruhe hinnahm) war die Kameraderie im Kreise der Gruppe 47, zu deren Kern ihn der strenge Hans Werner Richter zählte. Er gehörte zu der handverlesenen Jury, die von 1950 an den »Preis der Gruppe 47« verleihen durfte, tausend Deutsche Mark immerhin, von der amerikanischen

McCann Corporation gestiftet. Zu den Wahlberechtigten gehörten Alfred Andersch, Günter Eich, Heinz Friedrich (der spätere dtv-Verleger), Jürgen von Hollander, Wolfdietrich Schnurre, Ernst Schnabel und Nicolaus Sombart. Walter Jens war damals noch nicht auf den Plan getreten. Vielleicht begegnete er Soehring bei der zweiten Tagung im Jahre 1949 in Utting am Ammersee. Jens meinte hernach, der »korrekte und ein wenig flotte Offizierstyp« habe in der entspannten Versammlung der Autoren denn doch ein wenig exotisch gewirkt – obschon die Teilnehmer damals fast ausnahmslos eine Krawatte umgebunden hatten und meist Hüte trugen: eine konservative Reaktion auf die Jahre der verluderten Armut in Kriegsgefangenschaft oder auf der Flucht, in den zerbombten Städten oder einer Ländlichkeit, die nicht immer idyllisch war. Vielleicht ging es auf dem deutsch-französischen Treffen am Schluchsee im Schwarzwald, das von Soehring moderiert wurde, etwas lässiger zu. Als Teilnehmer von französischer Seite wurden freilich nur Louis Clappier und Wiss-Verdier genannt, die Kulturoffiziere und Redakteure der *Documents,* jener kleinen Zeitschrift, die auch heute noch, mehr als ein halbes Jahrhundert später, ganz der französisch-deutschen Verständigung gewidmet ist. Der kleine Kreis bemühte sich, ein Forum für den regelmäßigen und intensiven

Austausch zu schaffen, doch das Unternehmen entschlief sanft und unbemerkt nach wenigen Monaten.

Die Damen, die sich bei den Tagungen der (ausschließlich männlichen) Gruppe 47 einfanden – Autorinnen, Journalistinnen, Gefährtinnen –, machten sich so chic, wie es anging. Soehring zog ihre Blicke auf sich, wie er es gewohnt war. Mit Luise Rinser, die damals einen weltfrohen Katholizismus lebte, noch weit davon entfernt, in dem Diktator Kim Il-Sung ihren fernöstlich-kommunistischen Ersatzheiland zu erkennen, geriet er rasch zum Du. Er las, nur ein paar Zimmer von ihr entfernt, des nachts ihre Erzählung *Jan Lobel aus Warschau,* zu Recht beeindruckt, denn Besseres hat sie niemals geschrieben: eine respektable Leistung der Anpassung, da es mit ihrem Widerstand gegen die Nazis nicht so weit her war, wie sie mit Emphase vorgab.

Auch mit Tutti Fischer, der Tochter des Verlagsgründers Samuel Fischer, die zusammen mit ihrem Mann Gottfried Bermann, den heimgekehrten Verlag in Frankfurt dirigierte, fand Soehring einen vertrauten Ton. Die elegante Erbin, temperamentvoll und von einer nervösen Energie getrieben (manchmal auch ein bisschen launisch), spürte mit Passion neue Talente auf – umso lieber, wenn sie sich als prächtige Mannsbilder vom Schlage Soehring präsentierten. Man darf sie wohl dafür verantwortlich machen, dass sich Bermann-Fischer gutmütig entschloss, Soehrings Roman *Casaducale* zu drucken. Der Verlag nahm damit einigen Ärger auf sich, denn Kurt Desch in München, der von *Cordelia* nicht viel mehr als 1500 Exemplare verkauft hatte (und den Band danach verramschen ließ, auch weil er auf miserablem Nachkriegspapier gedruckt und schlecht gebunden war), legte ein donnerndes Veto ein, als er vom Abschluss Soehrings mit Fischer hörte. Er selber und sein Lektorat hatten *Casaducale* nach der ersten Lektüre abgelehnt. Trotzdem behauptete Desch, er besitze eine Option auf die gesamte literarische Produktion Soehrings – was keineswegs zutraf. Für die Anwälte gab es Arbeit, zumal für den Großadvokaten und Urheberrechtsspezialisten Dr. Sieger, der eine Schlüsselfigur der deutschen Verlagsgeschichte nach 1945 war. »Einfache Fälle« existierten für ihn nicht; stets entdeckte er verborgene Tücken, die ein komplexes Verfahren rechtfertigten. Bermann-Fischer hatte Soehring immerhin einen Vorschuss von 2500 Mark gewährt, in jenen kargen Zeiten eine stattliche Summe.

Arletty war auch in *Casaducale* zugegen, einer Erzählung von einhundertachtzig Seiten, doch sie hieß nun Wally, hatte sich in eine Italienerin aristokratischen Geblütes verwandelt und residierte in einem toskanischen Schloss, wenn sie sich nicht in allen möglichen Winkeln des Erdkreises oder in den Zentren der Eleganz herumtrieb. Es gab auch »Hansi« (die er selber Hanni nannte) – im Roman präsentierte er sie als Aarge, eine nordisch-handfeste Schönheit, auf jener friesischen Insel zu Hause, auf die es ihn, den Ex-Piloten der Luftwaffe, verschlagen hatte. Natürlich spürte ihn Wally auf, er malte, weil es nichts anderes zu tun gab und wurde dennoch, es versteht sich, als Genie entdeckt, von einem Galeristen mit allem versorgt, was er brauchte, denn er konnte sich, ein armer Tropf, »das Öl (zum Malen) nicht aus den Rippen schneiden«, wie er sich bildhaft ausdrückte. Von Wally ließ er sich nach Casaducale holen, um dort zu malen, in dem Licht »das Leonardo geschienen hat und Fra Angelico und ... diesem Botticelli mit seinen unverschämt süßen Modellen«. Es wurde nichts aus der toskanischen Malerei, er sagte Wally adieu und floh nach Norden, in Aarges Arme.

Mit dem Roman hatte er bei den Kritikern, sofern sie das Buch zur Kenntnis nahmen, nicht allzu viel Glück. Karl Korn schrieb in der *Frankfurter Allgemeinen Zeitung* eine moderate Würdigung, kein Verriss, aber auch kein Lob. Wohl auch den Fischers zuliebe hielt er an sich. In Wahrheit hätten die Rezensenten des dünnen Romans Wort für Wort abschreiben können, was Friedrich Sieburg über die *Cordelia* gesagt hatte: durch die robusten Auftritte des Autors werde »aus einer schönen Liebesgeschichte immer wieder ein Auftrumpfen der Männlichkeit des Erzählenden, von dem man schließlich – wie der Wirt in Kleists Anekdote – ausruft: ›So einen Kerl hab ich zeit meines Lebens nicht gesehen!‹« Auch die aufgesetzte Schnoddrigkeit des Tones hatte Sieburg mit der resignierten Anmerkung zur Kenntnis genommen, dass »der deutschen Sprechweise nichts schwerer« falle »als die Natürlichkeit«.

Trotzdem setzten Tutti und Gottfried Bermann-Fischer unverdrossen auf ein drittes Buch, das Soehring angekündigt hatte: *Adjema* – so der Arbeitstitel –, die Geschichte einer Frau, die er durch den Ersten Weltkrieg, die Weimarer Republik, die Nazi-Diktatur und den Zweiten Weltkrieg begleiten wollte. Er schreibe beharrlich und mache Fortschritte, versicherte er den Fischers in seinen Briefen, obschon sich sein Leben in jenen Monaten entscheidend veränderte, was der schriftstellerischen Konzentration nicht zuträglich war. Nicht lange nach seiner Rückkehr aus Paris heiratete er, wie vorauszusehen, Analisa Pistor, die sich später schlicht Anna Soehring nannte. Als sie im September, ihrer Mutter folgend, nach Argentinien aufbrach, war sie schwanger. Vielmehr: Sie reiste nach Argentinien, weil das Kind drüben zur Welt kommen und das Recht auf einen argentinischen Pass haben sollte. Dieser Entschluss war ohne Zweifel nach dem Einfall der kommunistischen Truppen in Südkorea getroffen worden. Soehring fürchtete, wie so viele, dass der Konflikt zwischen den beiden Großideologien und den Weltmächten, die von ihnen geprägt waren, auf Europa übergreifen müsse und Deutschland damit zum Schlachtfeld werde, zumal die Sowjetunion ihren Vasallenstaat DDR schon im März jenes Jahres formal in die Souveränität entlassen hatte und so den Druck auf West-Berlin von neuem verstärkte.

Hans Jürgen Soehring harrte fürs erste in Bayern aus. Er hatte, dank der Vermittlung Richters, eine reizvolle Aufgabe übernommen: Er durfte seine juristischen Kenntnisse nutzen, um für die Ulmer Hochschule für Gestaltung, die unter der Leitung von Inge Scholl heranwuchs, ein Statut entwerfen, das im Wesentlichen bestätigt wurde, als dieses ungewöhnliche Bildungsinstitut seine endgültige Formung erfuhr. Zugleich übernahm er eine Vorlesungsreihe, die schon bei der Ouvertüre mit einem Eclat zu enden drohte: In seinem Vortrag schockierte er das bieder-bürgerliche Publikum mit einer Passage, die als gotteslästerlich empfunden wurde. Die Mehrheit der Zuhörer stampfte aus dem Saal und setzte hernach einen geharnischten Protest auf. Inge Scholl verzieh ihm den Skandal, der ihr in jener Lage ganz und gar unwillkommen sein musste, denn ihr Projekt würde zunächst im Wesentlichen von Spenden und geringen öffentlichen Zuschüssen leben müssen.

Soehring entging der Bewährungsprobe eines zweiten Auftritts. Unterdessen war in Argentinien sein Sohn Oliver zur Welt gekommen. Die junge Mama entschied kurzerhand, dass es besser sei, wenn ihr Mann dem gefährdeten Deutschland für eine Weile adieu sage. Schreiben könne er auch in dem Haus der Pistors, das den Namen »Querenoia« trug und unter der Adresse Estafeta El Sauce de Calamuchita in Cordoba zu erreichen war. Außerdem las sie, dass die alliierten Reisebeschränkungen für Bundesbürger aufgehoben seien, und so buchte sie kurzerhand eine Passage auf einem modernen argentinischen Schiff. Sie hatte sich getäuscht. Es wurde noch immer ein Exitvisum gefordert. Soehring hatte nur vier Tage Zeit bis zur Abreise aus Genua, um alle Papiere zu beschaffen, die er für einen legalen Aufenthalt seiner Familie dort drüben brauchte. Hätte er das Schiff versäumt, wäre das halbe Geld, das die Passage kostete, beim Teufel gewesen. Der Kampf mit der bayerischen Bürokratie war hart, aber er gewann ihn und bestieg den Turbinenkreuzer am sechsten August 1950. Las Palmas, Rio de Janeiro, Santos waren die Stationen. »Die ganze Reise hatte etwas Märchenhaftes«, schrieb er im September an Hans Werner Richter. Die junge Frau, die ihn an der Pier erwartete, habe sich durch »die Geburt physisch erstaunlich verändert: sie ist so schlank geworden, dass ihr sie wahrscheinlich nicht wieder erkennen würdet«. Sie erinnere ihn an Marianne Hoppe, ein Theater- und Filmidol jener Epoche (überdies die Frau von Gustaf Gründgens), so schlank und zierlich wirke sie, mit dem kurzen Haarschnitt und »ihren erst jetzt voll zur Geltung kommenden hochanständigen langen Beinen«.

Indes, die schriftstellerische Arbeit ging ihm in Argentinien nicht leichter von der Hand als in Deutschland. Die Fischers bewiesen eine erstaunliche Geduld, und sie erhielten ihm ihre Freundschaft, trotz der Verzögerungen, die in Wirklichkeit anzeigten, dass der Fortgang des Romans stockte. Er schlug eine Biographie des Flugzeugkonstrukteurs Kurt Tank vor, der nach Argentinien emigriert war, aber das konnte kein Buch für Fischer sein, er wusste es selbst. Schließlich übernahm er die Übersetzung des Berichtes von Charles Lindbergh, der 1927 den ersten Alleinflug über den Atlantik gewagt hatte, in Europa wie zu Hause in Amerika stürmisch gefeiert. Sein Buch trug den Titel *The Spirit of St. Louis*, den

Namen seiner kleinen Maschine. Es hatte sich in den Vereinigten Staaten als ein Superbestseller erwiesen. Vermutlich zögerten die deutschen Verlage mit einer Ausgabe, weil Lindbergh – nach der Entführung und Ermordung seines Kindes – zur Symbolgestalt der Anti-Roosevelt-Bewegung geworden war, die den Kriegseintritt der Vereinigten Staaten an der Seite Großbritanniens mit allen Mitteln zu verhindern versucht hatte, auch weil sich Lindbergh auf eine freundschaftliche Beziehung mit Hermann Göring und seinem Clan eingelassen, überdies öffentlich seine Sympathie für das Dritte Reich samt Antisemitismus bekundet hatte. Fischer konnte es sich leisten, das Werk des problematischen Autors zu drucken, ohne sich zu kompromittieren.

Die kleine Familie Soehring übersiedelte bald aus Cordoba in einen Vorort von Buenos Aires, weil der Autor meinte, die Anregungen der Großstadt würden ihn beflügeln. In der Tat ergab sich ein schöner Kontakt mit Carlos Hirsch, der es als blutjunger Emigrant zuwege gebracht hatte, durch sein Engagement im Management der südamerikanischen Erzförderung sehr rasch soliden Reichtum zu gewinnen. Sein Vermögen erlaubte es ihm, in Buenos Aires die Künste zu fördern und dem geistigen Leben der exilierten Deutschen eine neue Vitalität zu vermitteln, genauer: der liberalen und zum guten Teil jüdischen Gemeinde, die in der Zeit der nazistischen Gleichschaltung ihre eigene Schule gegründet und ihre eigene Tageszeitung geschaffen hatte, in schroffem Gegensatz zu der konservativ-deutschnationalen Immigration, die prominenten Nazis, unter ihnen Massenmörder wie Eichmann und Mengele, aber auch hohen Beamten aus dem Goebbels-Ministerium Unterschlupf bot. Hirsch, den man den guten Geist der Argentinien-Deutschen nennen konnte, organisierte für Soehring einen Leseabend, zu dem offiziell der Fischer Verlag einlud. Dies war ein Lichtblick. Versuche indes, neue Möglichkeiten des Imports deutscher Bücher zu entwickeln (und damit die eigene Kasse aufzufüllen) führten nicht weit. Soehrings Talente zum »homme d'affaires«, zum Unternehmer waren offensichtlich noch geringer entwickelt als die Befähigung zum freien Schriftsteller, der nicht nur sich selbst, sondern eine Familie unterhalten musste. 1953 kam der zweite Sohn Jan Claudio in Buenos Aires zur Welt.

In seinem »ersten Leben« (wenn davon die Rede sein kann) war er zweimal zum »Beamten auf Lebenszeit« ernannt worden. Es fiel ihm gewiss nicht leicht, doch die Verhältnisse rieten ihm, in den deutschen Staatsdienst zurückzukehren. Er sah sich nicht als Ministerialrat im bayerischen oder nordrhein-westfälischen Justizdienst. Auch nicht als Landgerichtsdirektor in Ansbach oder Jülich. Ein Kompromiss mit sich selber: Er nahm einen dritten Anlauf, Einlass in den diplomatischen Dienst Deutschlands zu finden. Um seine Bewerbung voranzutreiben, reiste er in die Heimat zurück, obwohl die Herren der Personalabteilung andeuteten, seine Chancen für eine Anstellung lohnten den Aufwand nicht. Er reiste trotzdem. Die Personalregenten empfingen ihn nicht unfreundlich, das nicht, aber man durfte ihre Haltung zögerlich nennen, obschon Soehring alle Voraussetzungen für den Dienst im Auswärtigen Amt bot, die man sich wünschen konnte: examinierter Jurist, ein halbes Jahrzehnt als Richter der Luftwaffe tätig, Frontbewährung mit Auszeichnung, meisterte drei Fremdsprachen in Wort und Schrift, Auslanderfahrung, nicht nur er selbst, sondern auch die untadelige Frau in Diplomatenfamilien aufgewachsen; er war sogar – das gehörte sich in jenen Kreisen fast – Mitglied der NSDAP gewesen. Auf ihren Schreibtischen stapelten sich die Gutachten. Sie waren sämtlich positiv, mit einer Ausnahme.

Warum ließen sie sich so viel Zeit? Zogen sie das Verfahren in die Länge, weil er – trotz des Vaters – als Außenseiter betrachtet wurde? Weil er keinen Hauch des (parfümierten) Stallgeruchs der »Wilhelm-Straße« aufwies? Vielleicht hatte er die schließliche Aufnahme einem Wechsel in der Leitung der Personalabteilung zu verdanken, der mit der Wilhelm-Straßen-Inzucht ein (vorläufiges) Ende machte und die Tür für Außenseiter aufsperrte: Josef Loens, ein Vertrauter Konrad Adenauers, übernahm die Kontrolle des Personalwesens; das Amt des Amtschefs wurde mit dem Staatssekretär Hallstein besetzt, der mit dem alten »AA« nichts zu schaffen hatte.

Im Januar 1954 wurde Hans Jürgen Soehring Mitglied des Auswärtigen Amtes. Rasch entschieden seine neuen Chefs, dass Soehring ohne lange Einübung im Ministerium sofort im Ausland eingesetzt werden sollte. Es empfahl sich ein spanisch- oder französischsprachiges Land. Da sich die Mentalität der Personalbeamten gern den naheliegenden, von normaler Logik und schlichter Vernunft empfohlenen Lösungen widersetzte, wählte man für den Neuling eine portugiesisch sprechende Region: Er wurde zum Konsul in Luanda ernannt, der Hauptstadt der portugiesischen Kolonie, die 1951 den Status einer Überseeprovinz gewonnen hatte – ein Versuch der Regierung, das Gebiet dauerhaft an das Mutterland zu binden. Soehring wurde zunächst nach Lissabon geschickt, um sich mit den Besonderheiten des portugiesischen Imperiums vertraut zu machen. Der deutsche Gesandte war freilich nicht der sachkundigste Ratgeber: Leo Wohleb, der sich als Präsident des Rumpflandes Süd-Baden beharrlich der Gründung des Südweststaates Baden-Württemberg widersetzt hatte und nach seiner Niederlage 1951 mit der Vertretung der Bundesrepublik in einem erzkatholischen Land getröstet wurde – in der deutschen Diplomatie der »Quereinsteiger« schlechthin.

Im Juli 1954 trat Soehring sein Amt an. Die Familie kam direkt aus Argentinien herüber. Der Konsul bereiste das Land, um es so gründlich wie möglich kennenzulernen. Strapazen scheute er nicht, auch keine Gefahren. Seine Erfahrungen und Einsichten formulierte er in ausführlichen Berichten, die sich vom stilistischen Niveau der Routine-Diplomaten deutlich unterschieden. Im August 1956 wurde er, immerhin schon 48 Jahre alt, zum dritten Mal zum Beamten auf Lebenszeit ernannt. Acht Monate später, im April 1956, übertrug man ihm die Leitung des Konsulats in Léopoldville, noch immer die Hauptstadt der belgischen Kongo-Kolonie, von der freilich schon damals anzunehmen war, dass sie in nicht zu ferner Zeit in die Unabhängigkeit entlassen würde. Im Jahre 1957 wurde ihm der Rang eines Generalkonsuls verliehen. Im Jahre 1959 besuchte die ganze Familie – wohl auf dem Rückweg von einem deutschen Urlaub – Arletty in Paris. Die letzte Begegnung. Unruhen in Léopoldville, bei denen Soehring mit Umsicht das Mögliche und Notwendige zum Schutz der deutschen Bürger unternahm, zwangen Brüssel zu raschen Reformen, die im Juni 1960 mit der Verabschiedung einer Verfassung ihren Abschluss fanden: Die »Demokratische Republik Kongo« begann ihre Geschichte, die von Beginn an immer wieder von Bürgerkriegen erschüttert wurde. In Bonn wurde der junge Staat ohne Aufenthalt anerkannt, und Soehring, der beste Kenner der Verhältnisse, zum Botschafter ernannt. Am 27. Juli 1960 fuhr er, nach Vorschrift mit dem Frack bekleidet, im Wagen des Präsidenten zum Palast des neuen Staatsoberhauptes. Nach der Übergabe des Beglaubigungsschreibens hielt er die obligate Rede, in der er unterstrich, dass die deutsche Regierung die Erklärung der Unabhängigkeit des größten afrikanischen Staates als »einen Triumph des Selbstbestimmungsrechtes der Völker« betrachte.

Noch nicht einmal drei Monate später unternahm Soehring mit seiner Familie am Sonntag dem neunten Oktober, begleitet von einigen Motorbooten des Yachtclubs, einen Ausflug auf dem Kongo-Fluss stromaufwärts zur *Île aux contrebandiers*. Vor der Insel ankerte das Boot. Soehring und seine beiden kleinen Söhne badeten an einer etwa zwei Meter tiefen Stelle nahe dem Ufer, die als völlig sicher galt. Sie hielten sich an einem Schleppseil für Wasserskies fest. Plötzlich entdeckte der ältere Sohn Oliver, dass der Vater verschwunden war; nur sein Strohhut schwamm auf den Wellen. Die Suchaktion mit vielen Booten der Hafenbehörden, aber auch der Freunde des Botschafters, der Helikopter, die der Kommandeur der im Land stationierten Truppen der Vereinten Nationen zur Verfügung stellte, blieben ohne Ergebnis. Die Leiche Soehrings wurde nie gefunden. Natürlich kamen sofort Gerüchte auf, ein Krokodil habe den Botschafter in die Tiefe gerissen. Das ist unwahrscheinlich. Ein Angriff von Krokodilen verursacht üblicherweise heftige Wirbel im Wasser. Es ist auch anzunehmen, dass Soehring aufgeschrien hätte. Vermutlich erlag er einem Herzinfarkt und starb den sogenannten Sekundentod. Sein Körper scheint von der relativ starken Strömung sofort weggetragen worden zu sein.

Anna Soehring entschloss sich, nach dem ersten Schock, dass sie nicht sofort nach Deutschland heimkehren wolle, da sie den europäischen Winter fürchte. Sie blieb noch einige Monate, zuerst in der Botschaftervilla, dann in einer angemieteten kleineren Wohnung. Sie wollte, vor der Rückkehr, ihren Söhnen noch ein Stück Afrika zeigen, und machte sich, von einem Hausboy begleitet, mit den Jungen in einem Volkswagen auf den Weg. Nach einem Unfall auf einer wenig befahrenen Strecke, bei dem nur sie selber, freilich nicht erheblich, verletzt wurde, flog sie mit den beiden Kindern nach Bonn. Die Familie fand 1967 in einem Häuschen nicht weit von der Bundeshauptstadt eine Heimat. Nur wenige Jahre nach ihrer Rückkehr entdeckte Anna Soehring ihr Talent, mit einer Filmkamera umzugehen. Sie drehte fortan regelmäßig Reisefilme für den Südwestfunk, die meist in der Sendereihe »Länder, Menschen, Abenteuer« gezeigt wurden, in der Regel afrikanische oder südamerikanische Impressionen; der letzte Film lief 2008, zwei Jahre vor ihrem Tod. Mit Arletty, die sie 1962 in Bonn besucht hatte, um ihr Mitgefühl und ihre Hilfsbereitschaft zu bekunden, blieb sie lange Jahre verbunden.

Epilog II –
Die lange Reise durch die Nacht

Es traf sich glücklich, dass Arletty kurz nach der Abreise ihres Faun das Manuskript eines Schauspiels aus der Feder des amerikanischen Dramatikers Tennessee Williams in die Hand gedrückt wurde. Die Chefin des Théâtre Édouard-VII bat, sie möge ihr rasch sagen, was sie davon halte. Sie fügte hinzu: »Das ist kein Stück für dich. Es ist eine Tragödie«. Tragödien hatte Arletty so gut wie nie gespielt. Sie galt als die Meisterin der Komödie – der Komödie *de la condition humaine,* der Komödie mit Tiefgang, auch der Tragikomödie, von der das Stück, das sie prüfen sollte, soweit nicht entfernt war. Jean Cocteau hatte die Übersetzung übernommen – ein gutes Vorzeichen. Arletty las, und sie war elektrisiert. Der Theater-Direktorin sagte sie anderntags am Telefon, dass sie das Stück sehr gut finde. Sie sei bereit, die Rolle der Blanche zu übernehmen, der nicht mehr ganz jungen, hochnervösen, ja hysterischen Schwägerin, die bei ihrer Schwester Stella Zuflucht sucht, in dem bescheidenen engen Häuschen in einem Vorort von New Orleans, Stella verheiratet mit dem Arbeiter Kowalski, einem Mann von animalischer Erotik, die Blanche trotz ihrer stilisierten Empfindsamkeit mehr anzieht als abstößt – in der Filmfassung von Marlon Brando im primitiven Sinn des Wortes völlig verkörpert. *Endstation Sehnsucht* heißt das Stück im Deutschen, *A Streetcar named Desire*« im amerikanischen Original, im Französischen *Un tramway nommé Désir* – eine Straßenbahn, die es in New Orleans tatsächlich gab, Verbindungslinie zu den »Elysischen Feldern«, dem Hauptfriedhof der Stadt. Der Biograph Denis Demonpion machte seine Leser darauf aufmerksam, dass die Assoziation »Straßenbahn« in Arletty Erinnerungen an das Geschick des Vaters weckte, der sein Lebtag lang in einem Straßenbahndepot gearbeitet hatte und nach einem Straßenbahnunfall elend starb. Umso stärker war ihr Wunsch, in dem genialen Stück mitzuwirken. Die Produzenten und Financiers begrüßten die Bereitschaft der einstigen Diva, mit diesem Stück auf die Bühne zurückzukehren – zum ersten Mal seit dem Debakel von 1943. Bei den Proben – so berichtet Demonpion – hielt sie sich an dem Satz auf: »Ich war immer auf die Gnade von Fremden angewiesen.« Sie fürchtete, das Publikum könnte eine Anspielung auf ihre Affaire mit dem Besatzungsoffizier wittern und mit lautem Spott oder ärgerlichen Zwischenrufen reagieren. Sie sei immer von Unbekannten abhängig gewesen, wollte sie lieber sagen. Cocteau, der Übersetzer, war damit einverstanden.

Ihre Mitspieler lobten die Sensibilität, mit der sie jeden Wink des Regisseurs aufnahm, ihren ansteckenden Enthusiasmus, ihre Kunst, die Reaktionen der anderen Akteure zu steigern, ihre Generosität, die dafür sorgte, dass sie alle »auf gleicher Höhe« spielten. Sie selbst bewegte sich traumwandlerisch zwischen hochmütiger Entrückung und lockendem Begehren, der Arroganz der Lehrerin gegen den ungebildeten Mannskerl und ihrer Schwäche für die Flasche, zwischen Kalkül und Demenz – sparsam in allen Gesten, nuanciert, niemals übertreibend. In einer Szene, schrieb Demonpion, seien mit ihr und durch sie zwei Bilder zugleich ins Leben getreten: die »Odaliske« von Manet und »Die Badende« von Ingres.

Die Premiere war ein Triumph. Schöner hätte sie ihr Comeback nicht erträumen können. Die Kritiken – ausgenommen die unerbittlichen Kommunisten der *Humanité* – feierten ihre Auferstehung. (Sie wurde wenig später dennoch Mitglied der kommunistisch gelenkten Gewerkschaft CGT – eine Konzession, die notwendig war, um die unbehinderte Produktion eines Filmes zu garantieren.) Das große Stück von Tennessee Williams beherrschte, stets ausverkauft, die Saison. Der Autor selber beglückwünschte sie, und Marlon Brando, der die *Kinder des Olymp* als den besten Film bezeichnete, den er je gesehen habe, bestaunte sie auf der Bühne mit großen Augen, hernach war er enttäuscht von dem kühlen Empfang in ihrer Garderobe. Sie zeigte nicht die geringste Bereitschaft, sich von dem kraftstrotzenden Mannsbild (im obligaten T-shirt) erobern zu lassen, wie er es wohl erhofft hatte.

Endstation Sehnsucht war, kein Zweifel, ein neuer Höhepunkt ihrer Karriere. Steigerungen gab es keine. *Gigi* von Anita Loos nach dem gefeierten Roman der Colette war eher ein Achtungserfolg, immerhin populär genug, eine ausführliche Tournee zu riskieren. Zum ersten Mal trat sie in sämtlichen großen Provinz-Metropolen Frankreichs auf. Im Jahre 1959 ließ sie sich noch einmal für ein Stück von Tennessee Williams engagieren, das aber nicht die gleiche Aufmerksamkeit von Kritik und Öffentlichkeit gewann wie seine Vorläufer (*Die Katze auf dem heißen Blechdach* oder *Die tätowierte Rose*). *La Descente d'Orphée* (*Orpheus descending* – Orpheus steigt herab), ein poetisches Drama, konnte die Stille nicht durchbrechen, die sich über das Werk des großen Autors noch zu seinen Lebzeiten zu legen schien, obwohl kein kompetenter Kritiker daran zweifelte, dass Williams ein Meister des Theaters im zwanzigsten Jahrhunderts sei.

Nach dem Triumph mit ihrer Charakterrolle in *Endstation Sehnsucht* – der ersten Tragödie, die sie je gespielt hatte –, war es schwer zu verstehen, warum sich Arletty dazu überreden ließ, in einer Revue aufzutreten, obschon dieser Typ der Show, der in den zwanziger und dreißiger Jahren florierte, im Begriff war, aus den Repertoires zu verschwinden. Sie habe mit der Exkursion in die Vergangenheit nichts beweisen wollen, sie habe nur Lust gehabt, sich selbst ein kleines Vergnügen zu bereiten, sagte sie. Vielleicht lockte die Gage. Vielleicht gab sie der Nostalgie nach. Sie konnte noch immer ein schmissiges Couplet schmettern, sie beherrschte nach wie vor die Kunst der Imitation. Das eine Opfer ihrer Parodien war Edith Piaf, die sie mit *La vie en rose* karikierte, das andere Ingrid Bergman als Jeanne d'Arc.

Nur noch einmal spielte sie ein Stück, das den Namen verdiente: *Un otage* (Die Geisel), eine »dramatische Komödie« des hochtalentierten und leider permanent betrunkenen Iren Brendan Behan, von dem sie erzählte, dass er während der Proben ein Fässchen Bier in seiner Loge installieren ließ, von dem er ihr generös ein Glas angeboten habe. Der barocke Wirbel im Stück, das den bizarren Religionskrieg im Norden der Insel ausleuchtete – Arletty spielte die Chefin des Puffs, in dem die Geisel festgehalten wurde –, entsprach der genialen und ziemlich verwilderten Phantasie des Poeten. Jean-Louis Barrault, inzwischen zum Direktor des Théâtre de France avanciert, hatte ihr die Rolle angeboten, und sie war ihm dafür dankbar. Noch einmal wurde sie von der Kritik in den Himmel gehoben. Der strenge Essayist Bertrand Poirot-Delpech rang sich in *Le Monde* zu der Eloge durch, Arletty habe zum ersten Mal seit *Hotel du Nord* ihren »imperialen Spott« wiedergefunden. Roger Nimier schrieb im *Candide* voller Entzücken, die Schönheit der Arletty lasse »die Sterne erbleichen«. Sie überstrahle die Monroe, die Bardot, selbst Sarah Bernhardt (der sich Arletty nahe fühlte, seit sie entdeckt hatte, dass auch die klassisch-große Kollegin einst auf der Belle-Île ihre Ruhe gesucht hatte).

Ihren Freunden wäre es lieber gewesen, sie hätte sich vor den Filmkameras etwas rarer gemacht. Doch sie nahm fast jedes honorige Angebot an. »Die Steuer!«, stöhnte sie gern. Dem luxuriösen *George V*-Hotel hatte sie längst adieu gesagt und eine großräumige Wohnung nicht weit vom Trocadéro gemietet. Sie lebte sparsam, wenn auch nicht knauserig. Stets war sie elegant gekleidet, doch sie fühlte sich nicht verpflichtet, außerhalb der Filmstudios die Kreationen der großen und sündhaft teuren Couturiers vorzuführen.

Für den Film *L'Amour, Madame* hatte immerhin die begabte und attraktive Françoise Giroud das

Drehbuch und die Dialoge geschrieben. Die Produzenten entschlossen sich (vermutlich von der Regierung auch finanziell ermutigt), die Autorin und die wichtigsten Akteure, mit ihnen auch den hübschen, jungen, aufstrebenden Daniel Gélin, auf eine Werbetour nach Südamerika zu schicken. Arletty lernte in Brasilien die Pracht der Tropen kennen (ohne vor ihrem Elend und ihrer Armut die Augen zu verschließen). Gélin schien in Rio außer Rand und Band zu sein. Er ließ kein Abenteuer aus und fiel die Schönen, auch wenn er sie nicht kannte, schon in der Hotelhalle mit leidenschaftlichen Küssen an. Arletty beobachtete ihn belustigt. »Komm und erzähl, kleiner Schwanz«, rief sie ihm zu, wenn sie sich in der Halle begegneten. *L'Amour, Madame* wurde auf dem Festival von Punta del Este gezeigt, dem mondänen Badeort in Uruguay. Arletty teilte sechs Tage lang einen Hotel-Bungalow mit Françoise Giroud, die wenig später zusammen mit Jean-Jacques Servan-Schreiber den »Express« gründete und schließlich, unter der Präsidentschaft von Giscard d'Estaing, Staatssekretärin für Frauenfragen und danach für Kultur wurde. Die ebenso kluge wie schöne und scharfzüngige Dame prüfte ihre Hauspartnerin Arletty mit gespitzten Ohren und kritischen Augen, ob sich die Vermutung der »Säuberer« von 1944 am Ende nicht doch bestätige, dass die große Schauspielerin nicht nur im Bett mit den Deutschen kollaboriert, sondern womöglich den Antisemitismus der Okkupanten geteilt habe. Sie wurde nicht fündig.

Von Punta del Este oder Montevideo herüber nach Buenos Aires sind es per Schiff nur einige Stunden. Gern hätte Arletty die legendäre Evita Peron kennengelernt, doch die Heldin der »descamisados« (der »hemdlosen« Proletarier, die sie für den »Peronismus« gewann) war damals schon zu krank, um noch Gäste empfangen zu können. Für Arletty zählte die Chance eines Wiedersehens mit Faun freilich mehr als jede Attraktion der großen Reise. Sie trafen sich in ihrem Hotel. Die Stunden waren bewegt. Sie sprachen unbefangener miteinander, als es vier Jahre zuvor in Paris möglich war. Soehrings Existenz – er war erst kurz zuvor in Argentinien angelangt – hatte sich noch keineswegs gefestigt, aber sie war von einer neuen Verantwortung geprägt, die er ernst nahm: seine kleine Familie, die sympathische junge Frau, der Sohn Oliver, ein zweites Kind unterwegs. Er hatte sich entschlossen, das Experiment der freien Schriftstellerei abzubrechen und sich um die Aufnahme in den diplomatischen Dienst zu bemühen. Wie nahe waren sie einander in den wenigen Stunden? Wurde die Passion für einen Augenblick aus der »Sackgasse« (Demonpion) befreit, in die sie im Pariser Mai des Jahres 1949 geraten war? War dies die letzte Begegnung? Oder klopfte er auf dem Wege zu seinen afrikanischen Stationen in Paris noch einmal bei ihr an? Einmal schien er sie – auf einer Urlaubsreise – mit der ganzen Familie besucht zu haben. Sie schrieben kleine Briefe und sprachen gelegentlich am Telefon. Sie blieben der Freundschaft, in gewisser Weise auch ihrer Liebe treu.

Im gleichen Jahr reiste Arletty nach New York; sie war zum großen Ball im *Waldorf-Astoria* Hotel eingeladen, dem Juliane, die Königin der Niederlande, präsidierte. Frankreich war überdies durch Juliette Gréco vertreten, die stets schwarz gewandete Muse der Existentialisten, durch Maurice Chevalier, den unverwüstlichen Charmeur des Boulevards (der seinen Rivalen Sacha Guitry um fünfzehn Jahre überlebte). Die Modeindustrie hatte Pierre Balmain nach New York beordert. Auch der Graf Chambrun fand sich ein, als Nachkomme Lafayettes Ehrengast bei (fast) jedem französisch-amerikanischen Ereignis; zur Freude Arlettys kam er mit seiner Frau Josée, der Laval-Tochter, die noch immer eine enge Freundin war. Arletty schwatzte mit der dicken Elsa Maxwell, der gefürchteten Klatschkolumnistin und Branchenkontrolleurin in Hollywood, vor der sie sich nicht zu ängstigen brauchte, denn sie hatte so spät in ihrer Karriere keine amerikanischen Engagements mehr im Sinn. Umso neugieriger war sie auf Greta Garbo, die man die »göttliche« nannte: eine in der Tat ungewöhnlich schöne, ungewöhnlich große Frau (sie maß einen Meter und achtzig), sie bewunderte den Schwanenhals und starrte auf die langen Füße der Kollegin (sie trug Größe 42). Die Verständigung mit ihr wurde ein wenig mühsam, denn die Garbo war eine beinahe pathologisch schüchterne Frau.

Als habe sie geahnt, dass ihr der Blick auf die Welt bald verstellt sein würde, reiste Arletty in jenen Jahren ungewöhnlich viel. Sie akzeptierte eine ziemlich läppische Rolle in einem Filmchen, das ihr Gelegenheit bot, nach Tahiti zu fliegen, das schönste Stück Erde, das Frankreich zu seinen Besitztümern zählte. Es wurde zwar von dem Engländer Samuel Wallis entdeckt, doch erst dank der Jubelschrift des Capitain de Bougainville gewann es seinen Platz in der Phantasie der Europäer. »Ile de Cythère« hatte der Namensgeber der prächtig blühenden Busch- und Kletterpflanze das Eiland getauft, nach der Insel der Aphrodite, der südlichsten der ionischen Inseln. Mit anderen Worten: für den französischen Seefahrer war es die Liebesinsel, denn die üppig-schönen Mädchen, die Gauguin eineinhalb Jahrhunderte später mit solcher Hingabe gemalt hat, genossen dank ihrer erotischen Generosität einen legendären Ruf bei den Matrosen (der ihnen leider den Import der Syphilis bescherte). Die adretten Polynesierinnen waren in den Zeiten der Visite Arlettys noch anzutreffen, aber schon damals gab es auf der Insel vermutlich kein einziges Bild von Gauguin – es sei denn, sein Sohn, den Arletty in der Hauptstadt Papeete kennenlernte, besaß noch das eine oder andere Gemälde des Vaters. Sie nahm die Bilder der Landschaften, der Menschen, der Tempel, der Paläste und Hütten mit aller Intensität in sich auf, als müsse sie den bunten Reichtum des Lebens als Vorrat für die langen Jahre der Dunkelheit sammeln, die auf sie warteten.

Niemand hatte so recht wahrgenommen, dass Arletty seit dem Dezember 1953 auf einem Auge fast blind war. Vier Tage vor Weihnachten war sie damals, wie Demonpion berichtet, in einer Pariser Spezialklinik im sechzehnten Arrondissement am linken Auge wegen des »grünen Stars« operiert worden, mit geringem Erfolg. Dem Auge merkte man die radikale Minderung der Sehkraft nicht an. Arlettys Bewegungen waren keineswegs reduziert, ihre Energie schien nicht geringer geworden zu sein. Im Jahre 1953 hatte sie noch *Le Grand Jeu* von Robert Siodmak gedreht, ein großer Name in Hollywood, doch in Frankreich hatte sich der Regisseur auf ein mittelmäßiges Drehbuch eingelassen. Immerhin standen Gina Lollobrigida und Peter van Eyck neben Arletty vor der Kamera. Im Jahr darauf – als sei nichts geschehen – noch einmal ein Film in der Regie von

Marcel Carné: *L'Air de Paris.* Der Chefkameramann war Roger Hubert, dessen Objektive noch immer in die Arletty verliebt zu sein schienen. Das Drehbuch und die Dialoge hatte leider nicht Jacques Prévert geschrieben. Aber sie spielte wieder mit Jean Gabin – die Geschichte eines ehemaligen Boxchampions, die seinem Image entsprach (das er in seinen späteren Filmen noch erstaunlich zu verändern vermochte). Fünfzehn Jahre waren seit ihrem ersten und einzigen gemeinsamen Film *Le Jour se lève* vergangen. Die Vertrautheit hatte sich nicht verloren. Die Chansons sang Yves Montand, den sie später liebevoll-spöttisch den »Staatsmann« oder »Präsidenten« nannte, weil er nach seiner Trennung von der kommunistischen Partei auf seine Weise versuchte, die Franzosen politische Vernunft zu lehren (was ihn leider nicht dazu anhielt, den martialischen *Chant du Partisan* aus dem Verkehr zu ziehen: auf dem Tonhintergrund knallender Knobelbecher und gellender Nachtpfiffe trug er den recht blutrünstigen und pathetisch-verlogenen Text mit sonorem Heroismus vor, eine Aufnahme, die bei patriotischen Feierstunden in der Regel als eine Art zweiter Nationalhymne vom Band gespielt wird, manches Greisenauge nässend).

Im selben Jahr 1954 ein Experiment: Arletty drehte die Filmfassung von Sartres Stück *Huis clos* (Hinter geschlossenen Türen). Sie übernahm die Rolle der lesbischen Inés. Die Regisseurin Jacqueline Audry schien der schwierigen Aufgabe, für ein Dreipersonen-Stück, das fast ganz vom Wort lebt, ein optisches Spannungsfeld zu schaffen, nicht ganz gewachsen zu sein. Das Ergebnis ihrer Bemühungen ist eher langweilig, und dem Film blieb darum auch der Erfolg versagt. Arletty hatte Sartre schon 1948 kennengelernt – zusammen mit Jean Genet, den sie als eine bizarre Erscheinung wahrnahm, den homosexuellen Poeten und Dramatiker (mit einer sacht kriminellen Vergangenheit), der von Sartre zum Existenzialismus-Heiligen stilisiert wurde. (Für Arletty erwies er sich als ein guter und verlässlicher Freund.) Sartre sei so klein gewesen, erzählte sie später, dass sie ihn in dem Restaurant, in dem sie verabredet waren, zunächst gar nicht wahrgenommen habe. Der Philosoph schien ihr, trotz der Überhöhung seiner Résistance-Legende, die Passion mit dem deutschen Offizier nicht nachzutragen (sowenig wie Simone de Beauvoir). Der schlimmste Krampf des Widerstandsheroismus lag hinter ihm – und die Stürme von Achtundsechzig, von denen der alte Herr mitgerissen wurde, waren noch fern. Über sein problematisches Verhältnis zur Sowjetunion, der er Stalin, den Gulag, die blutige Niederschlagung der ungarischen Revolution trotz lascher Proteste immer wieder verzieh, wird er sich mit Arletty kaum unterhalten haben. Sie hatte das Gespräch mit ihm gesucht, weil sie hoffte, Soehring könne die Übersetzung seiner Stücke versuchen (der Rowohlt Verlag indes hatte die Aufträge längst vergeben). Vielleicht hatte der große Vermittler Jean Paulhan das Rendezvous vermittelt; der Mann mit den tausend Antennen, den man den guten Geist des Hauses Gallimard nennen konnte. Er gehörte – wie der linksliberale Soziologe Raymond Aron (laut Altweggs Studie *Die langen Schatten von Vichy*) – zum ersten Herausgeber-Komitee von Sartres Zeitschrift *Les Temps modernes*, die linke Konkurrenz der *Nouvelle Revue Française*, deren Chefredaktion von neuem Paulhan zufiel, der die Zeitschrift bis zu der Ablösung durch die Okkupationsmacht geleitet und in Wahrheit auch für den neuen Direktor, den unglücklichen Drieu de la Rochelle, aus dem Hintergrund gesteuert hatte. Seine und Jean-Paul Sartres Wege trennten sich bald. Jean Paulhan, an dessen Engagement im Widerstand so wenig Zweifel erlaubt sind wie an seinen klugen Versuchen, die Besatzungsautoritäten, zumal den Literaturoffizier Gerhard Heller, in den Dienst der französischen Interessen zu stellen – dieser weltkluge und dennoch charakterstarke Autor und Redakteur deklarierte nach 1944 unerschrocken »Das Recht auf Irrtum«, das auch für die Intellektuellen gelte. Dem rabiaten Widerspruch der Kommunisten setzte er die These entgegen, sie machten sich ihrerseits der »Kollaboration« schuldig: nämlich mit dem Regime Stalins, dessen Verbrechen er nicht übersehen konnte und wollte. Das trug ihm den tödlichen Hass der Kollegen vom Schlage Aragons und Elsa Triolets oder Eluards ein, die er während der deutschen Okkupation zu schützen bemüht war, ja deren Texte auch dank seiner Autorität gedruckt werden durften. Er fragte schon 1947, warum den Ingenieuren, die für die Deutschen den »Atlantikwall« gebaut hätten, kein Haar gekrümmt worden sei, aber Schriftsteller, die das Bauwerk als Schutz vor dem Einbruch der Alliierten gepriesen hätten, vor den Säuberungsgerichten standen? Er unterschied zwischen der »Legalität« des Regimes Pétain und der »Legitimität« des politischen Willens von General de Gaulle, die er beide anerkenne. Später dachte er öffentlich darüber nach, ob es nicht beide gebraucht habe, den alten Marschall und den jungen General, um Frankreich zu retten. Vermutlich hätte ihm Arletty Recht gegeben. Wer immer der These zustimmte, konnte es nur schweren Herzens tun: denn die »legale« Regierung Pétains erließ die Gesetze, die den jüdischen Bürgern die Zugehörigkeit zur Gemeinschaft der Franzosen aufgekündigt und die Vorarbeit zur Deportation, das heißt aber: zur Ermordung der Juden geleistet hatte – eine Schuld, die nicht völlig auf die Deutschen abgewälzt werden konnte, was freilich erst Präsident Chirac anerkannte (im Gegensatz zu seinem Vorgänger Mitterrand, der dafür in aller Heimlichkeit einen Strauß am Geburtstag Pétains an seinem Grab niederlegen ließ).

Die Debatte, die Frankreich mit sich selber führte, hat ein halbes Jahrhundert später kein Ende gefunden (so wenig wie das hadernde Selbstgespräch der Deutschen). Weder die Rückkehr von Charles de Gaulle an die Macht im Jahre 1958 noch sein brüsker Abschied im April 1969 löschten den historisch-moralischen Konflikt völlig aus. Er erledigt sich auch nicht im Zeichen der Europäischen Gemeinschaft und der noch enger verknüpften Europäischen Union – vor allem nicht in den beiden Kernländern, von denen die Einheit des Kontinentes getragen wird, nicht im Frankreich der IV. und der V. Republik, nicht in der Bundesrepublik, nicht im vereinigten Deutschland.

Arletty hat gewiss die Symbiose zwischen ihrem Land und dem ihres Fauns begrüßt. Doch es ist keine Äußerung überliefert, die ihre Anteilnahme am Zusammenschluss der beiden Völker zu erkennen gibt – vielleicht weil er für sie selbstverständlich war. Hätte sie nicht sagen können, dass sie und ihr deutscher Offizier den geschichtlichen Prozess vorauszuleben versuchten? Ihre öffentlichen Kommentare mieden die Politik, wie sie es immer getan hatten; sie beschränkten sich in der Regel auf die Welt des Filmes und des Theaters, in der sie zu Hause war. Sie arbeitete, trotz der Behinderung ihrer Sehkraft, mit unverminderter Energie. Insgesamt drehte sich nach dem Ende des Auftrittsverbotes 1944 neunzehn Filme, zum Teil mit bedeutenden Regisseuren wie Henri Verneuil oder Marc Allégret, oft in Besetzungen, deren sie sich wahrhaftig nicht zu schämen brauchte: mit Serge Reggiani und Karl-Heinz Böhm (dem Sohn des Dirigenten, dessen karikatives Engagement in Afrika sie stolz gemacht hätte), mit der unglücklich-schönen Martine Carol, mit Pierre Fresnay, mit Michèle Morgan und Charles Boyer, mit Danielle Darrieux, Michel Serrault und Françoise Dorléac (der so früh verstorbenen Schwester von Catherine Deneuve), mit Lino Ventura, Robert Hossein, Bernard Blier, bei ihrem amerikanischen Intermezzo mit Curd Jürgens und Gert Froebe … Die Liste liest sich wie ein »Who is who« der europäischen Nachkriegskinos. Dennoch: keiner dieser Auftritte ist in der Filmgeschichte verzeichnet. Ihre großen, ihre klassischen Filme hatte sie sämtlich in den Vorkriegsjahren und während der Okkupation gedreht. Die Zäsur der Bußjahre war tiefer, als sie es gefürchtet hatte. Sie machte sie nur auf der Bühne vergessen.

Das hielt sie nicht davon ab – »für die Haushaltskasse und die Steuer«, wie sie regelmäßig sagte –,

Film um Film zu drehen. Allein im Jahr 1962 trat sie in vier Filmen auf, keiner bedeutend, ausgenommen die amerikanische Riesenproduktion über die Landung in der Normandie im Juni 1944: *The longest day – Le Jour le plus long*, in der sie zusammen mit Jean-Louis Barrault in einer knappen Szene die Befreier begrüßen durfte – eine Aufgabe, die sie gewiss mit Hingabe, doch vermutlich nicht ohne eine Regung der Ironie erfüllte, denn die Libération, obschon auch von ihr ersehnt, war der Beginn ihrer Heimsuchungen. Sie drehte 1962 in Italien *Tempo di Roma* (mit dem begnadeten Armenier Charles Aznavour, aber auch dem k. u. k-deutschen Universaltalent Gregor von Rezzori). Sie nahm die Gelegenheit des Aufenthaltes in der Ewigen Stadt wahr, um amüsiert und voller Sympathie die Garde der Stars von Cinecittà zu bestaunen: Gina Lollobrigida und ihre fulminante Konkurrentin Sophia Loren, vor allem Marcello Mastroianni, dessen lethargische Klugheit und dessen elegischer Witz sie gewiss mehr berührten als seine perfekte Parodie des »latin lovers« – eine Typisierung, die er von ganzem Herzen hasste.

Der Sommer danach versprach einige Wochen der Erholung in der atlantischen Brise, die sie auf ihrer bretonischen Insel immer erfrischte. Ihr Bruder Pierrot hauste in dem kleinen Anbau, den sie für ihn und andere Gäste hatte errichten lassen. Am Abend ein kleines Fest unter Einheimischen. Die Inseladvokaten feierten (laut Demonpion) den Arbeitsbeginn einer neuen Sekretärin. Sie war müde. Ehe sie sich schlafen legen wollte, behandelte sie, wie sie es gewohnt war, die beiden Augen. Doch sie verwechselte die Medikamente: die fürs schlechte vorgesehenen Tropfen gab sie ins gesunde Auge ein, die fürs gute in das schlechte. Sie hatte höllische Schmerzen, und sie sah nichts mehr. Gelang es ihr nicht, Pierrot zu wecken? Fand sie den Weg zum Telefon nicht? Begriffen die einheimischen Ärzte den Ernst ihrer Lage nicht? Konnte sie ihnen nicht deutlich machen, dass ihr die völlige Erblindung drohte? Hielt sie der verzweifelte Wunsch, dieses Unglück nicht zu überleben, davon ab, das Nötige zu unternehmen, zu rufen, zu telefonieren, durchs Fenster zu brüllen in der Hoffnung, irgendein Passant würde sie hören? Sie erwog, wie sie später einräumte, den Suizid, vielleicht auch von der schmerzlichen Einsicht berührt, dass ihr Faun, Hans Jürgen Soehring schon vor zwei Jahren den Tod gefunden hatte, 52 Jahre alt (sie zählte 62). Schließlich siegte ihr Lebenswille. Vielmehr, wie sie sagte, die Neugier, das Ende ihrer Welt zu erleben.

Was immer die Gründe waren: Es vergingen sechzig kostbare Stunden, bis sie mit einer kleinen Maschine nach Nantes transportiert wurde. Die Notoperationen gaben ihr ein Minimum der Sehkraft zurück. Dennoch wollte sie ihre Filmpflichten erfüllen. Im Oktober 1962 drehte sie *Le Voyage à Biarritz*, eine Komödie mit Fernandel, dem pferdegesichtigen Kollegen, den sie so lange Jahre kannte. Er führte sie, für niemanden sichtbar, bei jedem ihrer Schritte. Alle Mitglieder des Teams nahmen jede nur mögliche Rücksicht. Die Beleuchter waren angewiesen, sie niemals einem direkten Lichtstrahl auszusetzen. Die Kameraleute korrigierten ihre Einstellungen, um es Fernadel zu erlauben, ihre Bewegungen mit sachter Hand zu lenken. Sie spielte die Wirtin eines Bistros. Es war ihre letzte Rolle. Marcel Carné lud sie herzlich ein, an einem neuen Film mitzuwirken: Es werde alles getan, um sie zu schonen, und er werde von ihr nichts verlangen, was ihr schaden könne. Sie antwortete ihm mit einigen bewegenden Sätzen: Vielleicht würde sie sich auf den Versuch mit einem fremden Regisseur einlassen – doch nicht mit ihm, denn er sei ein Freund, und sie könne ihm nicht garantieren, dass sein Mut belohnt werde.

Vier Jahre ließ sie sich Zeit, den Zustand zur Gewohnheit werden zu lassen. Sie konnte nicht mehr lesen. Doch jeden Tag stellten sich Freunde und Freundinnen und unbekannte Verehrerinnen und Verehrer ein, um ihr vorzulesen, um sie bei Besorgungen oder ins Restaurant zu begleiten. Sie traf sich mit Kollegen, die ihr lieb waren. Von einer vagen Hoffnung auf eine mirakulöse Besserung ihres Zustandes überredet, ließ sie sich auf die damals modische Behandlung durch den Schweizer Arzt Dr. Niehans ein, der seinen Patienten für teures Geld Zellen ungeborener Lämmer spritzte. Konrad Adenauer hatte bei ihm eine Erfrischung seiner Lebensgeister gesucht. Niehans hatte – wie die Recherchen von Denis Demonpion ergaben – mit Erfolg Papst Pius XII. behandelt, der an einem chronischen Schluckauf litt. Die Kosten der ersten Behandlung Arlettys übernahm ihre Freundin Josée de Chambrun, die sie womöglich auf den Schweizer Wunderdoktor aufmerksam gemacht hatte (der ein alter eidgenössischer Nazi war). Josée de Chambrun kam auch für die zweite Behandlung auf. Die dritte übernahm der Partner von Niehans, stolz auf die berühmte Patientin, von der er wohl annahm, sie sei – da sie sich mit einem deutschen Offizier eingelassen hatte – für nazistisch eingefärbte Sympathien empfänglich (was weiß Gott nicht zutraf).

Vier Jahre nach dem Unfall fühlte sie sich kräftig genug, sich wieder auf die Bühne zu wagen. Sie konnte Silhouetten erkennen, auch starke Farben. Man hatte ihr angetragen, ihrem Freund Jean Cocteau getreu (der drei Jahre zuvor gestorben war) eine tragende Rolle in dem dramatischen Bilderbogen *Les Monstres sacrés* zu übernehmen. Sie gab eine alternde Schauspielerin, die von einer jüngeren Konkurrenten ruchlos verdrängt wird. Beim Publikum setzte sich rasch die Vermutung fest, die Rolle sei ihr auf den Leib geschrieben worden. So war es nicht – doch es hätte so sein können. Nach einer Tournee durch die Provinz die krönende Aufführung am Pariser Théâtre des Ambassadeurs. Sie wurde ihr letzter Triumph. Der junge Yves Saint-Laurent hatte ihr ein Kleid entworfen, das als ein »Traum in Weiß« bejubelt wurde. Im *Figaro* schrieb Jean-Jacques Gautier vom »mystère Arletty«. Der Kritiker des *Nouveau Candide* nahm in paradoxen Formulierungen den Faden auf: »Das ist eine Schauspielerin, die so transparent ist, dass ihr Geheimnis in eben dieser Transparenz gesucht werden muss. Wir wussten nicht, dass sie eine solche Klarheit verbirgt.« Er fuhr fort: »Man hat von ihr gesagt, sie sei ›Volk‹. Das ist sie. Aber aus dem Stoff der Nobilität des Volkes: ohne Pose, ohne Vulgarität. Ohne eine Spur der Bourgeoisie« – oder, wie vielleicht übersetzt werden könnte: Ohne jedes Element der Spießigkeit. »Sie macht keine Geste zuviel. Sie nimmt sich zurück. In der Phantasie wie in der Emotion: sie ist von einer quasi klassischen Strenge.«

Nach der (letzten) Vorstellung nahm sie das Nachtmahl mit einer Kollegin. Dann fuhr sie allein nach Hause, schminkte sich ab und las – sie konnte mit einiger Mühe wieder lesen – noch einige Seiten in Shakespeares *Kaufmann von Venedig*. Als sie aufwachte blieb es dunkel. Von neuem überfiel sie die Furcht, dass sie nie mehr sehen, nie mehr lesen werde. Lange mühselige Operationen, von denen keine ihre Hoffnung auf eine Wiederkehr des Lichtes erfüllten. Sie erlitt einen Herzanfall – war es ein Infarkt? –, verlor das Bewusstsein, schwebte einige Tage und Nächte zwischen Leben und Tod. Laut Demonpion entschloss sie sich nach dieser Erfahrung, sich verbrennen zu lassen. Sie wollte des Todes sicher sein.

Als sie das Hospital endlich verlassen konnte, durfte sie eine leichte Besserung registrieren, doch keine entscheidende Veränderung. Für sie stand fest, dass sie nicht mehr spielen könne. Man habe Schauspielerinnen mit einem Holzbein gesehen, sagte sie – gewiss dachte sie an Sarah Bernhardt –, doch keine blinde. Zum andern bemerkte sie, kranke Augen seien ein edles Übel – das des Ödipus. Am Anfang ihrer Blindheit, berichtet Demonpion, sei sie manchmal noch in den Louvre gegangen, weil sie vor jedem Bild genau ins Gedächtnis rufen konnte, was sie nicht länger sah, die Konturen, die Farben, die Linien der Gesichtszüge bei Portraits.

Dennoch, sie war nun im Wesentlichen auf eine akustische Existenz reduziert – die freilich ihren eigenen Reichtum hatte. Sie wurde eine Virtuosin am Radio, die auf jeder noch so entlegenen Station interessante Programme aufspürte. Sie hörte viel Musik. Von sich selber sagte sie, sie sei nicht eigentlich »musikalisch«, sondern eine »Melomanin«. Dank »Edelweiß«, ihrer ersten (oder zweiten) Liebe, hatte sie Geschmack an der Oper gefunden. Nicht an jeder. Sie erinnerte sich, dass sie nach fünf Stunden *Meistersinger* in der Berliner Staatsoper auf dem Pariser Platz vor dem Brandenburger Tor im Zustand völliger Erschöpfung auf einer Bank zusammengesunken sei. Mozart, Richard Strauß, Rossini, Verdi, Puccini, auch Strawinsky (der sie zu Proben eingeladen hatte) – das wohl. Wagner niemals wieder, oder doch nur einige Arien und Chöre aus den frühen Werken. Sie hatte durch Soehring Mozart und Beethoven kennen- und liebengelernt. Sie hörte Schumann und Chopin. Unter ihren Landsleuten Ravel und Poulenc. Und natürlich waren ihr die Operetten-Schlager ihrer Epoche gegenwärtig, die sie selber gesungen hatte (oder auch nicht). Und sie hörte die Musik der Worte, die eine sensiblere Resonanz in ihrer Seele fanden als jemals zuvor.

Im Jahre 1967 starb der Urfreund Jean-Pierre Dubost an den Folgen einer Diabetes, von ihr lange betrauert. Er war ihrem Herzen am nächsten, nach dem Tod ihres Fauns, an den die Erinnerung vielleicht weniger tief in ihrer Seele, dafür umso wacher in ihren Sinnen, in den Nerven, in den Träumen präsent war, in denen die Passionen hausen. Einer um den anderen, eine um die andere ihrer Freunde und Freundinnen gingen davon. Der Raum der lebenden Partner wurde leerer. Vielleicht empfand sie darum die Wohnung beim Trocadéro als zu groß. Vielleicht fürchtete sie, sich in den weiten Zimmern zu verlieren. Im Jahre 1969 entschloss sie sich zum Umzug, dem letzten, in das bescheidene Appartement Nummer 14 in der rue de Rémusat im Süden des sechzehnten Arrondissements, einer kleinen Straße, die vor dem Pont Mirabeau in die Avenue de Versailles mündet. (Der Name erinnert an den Sinologen Jean-Pierre Abel-Rémusat, für den im Jahre 1814 am Collège de France der erste Lehrstuhl für die chinesische Sprache geschaffen worden war.)

Es fehlte nicht an Besuchen. Immer öfter klopften nun die erwachsenen Söhne und Töchter ihrer Freunde, ihrer Kollegen, ihrer Liebhaber an. Sie selber bediente sich ergebener junger Männer, die ihr vorlasen, diese und jene Dienste verrichteten, die sie zum Essen in nicht zu ferne Restaurants ausführten, in denen man sie kannte, Arletty stets im makellos weißen Hosenanzug. Junge Schauspieler, angehende Schriftsteller (wie sie meinten), denen sie Geschichten von früher erzählte – und die hernach – mit der einen rühmenswerten Ausnahme des jungen Reporters von

Le Point – großgedruckte Bücher zusammenbastelten, in denen sich gelegentlich amüsante Anekdoten finden, selten solide Informationen. Manchmal beredete sie mit ihnen auch die Aktualitäten. Sie schwatzten über die Herren und Damen im Elysée oder im Hotel Matignon, dem Sitz der Premierminister, auf die sie in der Regel nicht allzu gut zu sprechen war. Ausgenommen Giscard d'Estaing, der nach einer Wiedergabe des Filmes *Le Jour se lève* im Fernsehen den Regisseur und die prominenten Schauspieler gern bei sich zu Tisch gesehen hätte. Arletty hatte sich durch die freundliche Geste nicht verführen lassen. Aber sie rechnete es Giscard hoch an, dass er auf die allzu übliche Frage, welchen Film er auf eine verlassene Insel mitnehmen würde, ohne zu zögern antwortete: *Les Enfants du paradis*. Zu ihrem achtzigsten Geburtstag schrieb er: »… es ist wahr, dass ein Talent wie das Ihre kein Alter kennt«. Sie wusste die Worte zu schätzen. Von Mitterrand niemals eine Silbe. Vermutlich hatte er die kühle Begegnung bei den Filmfestspielen in Cannes im Jahre 1953 nicht vergessen. Von seiner Premierministerin Edith Cresson bemerkte sie nach der ersten Rede: »Ein Zimmermädchen«. Jacques Chirac, achtzehn Jahre Bürgermeister von Paris, ließ ihr an Weihnachten stets das Paket mit (nicht zu teurer) Schokolade schicken, das allen Senioren in Paris zusteht.

Sie ließ sich schließlich überreden, ihren neunzigsten Geburtstag öffentlich zu feiern. Das Radio und das Fernsehen widmeten ihr üppige Programme. In einer schweren Limousine wurde sie nach Courbevoie chauffiert. Auf dem Wege hielt die Kolonne vor dem Hotel du Nord, das Arletty – und Carné-Enthusiasten vor dem Abriss gerettet hatten. Man sagte ihr, ein großer Couturier habe eine Ausstellung unter dem Namen des Hotels eröffnet. In Courbevoie preisende Reden vor zweitausend geladenen Gästen. Sie behauptete hinterher, alle Welt habe mit offenen Augen geschlafen. Eine Anthologie aus ihren Filmen, auch den frühen. (Sie hatte im Gang der Jahrzehnte etwa sechzig Filme gedreht.) Schließlich wurde eine Straße auf ihren Namen getauft – die rue des Anciens Combattants ausgerechnet, was sie vermutlich mit einer Regung der Ironie zur Kenntnis nahm.

Eine Gesellschaft von Wohltätern, die sich »L'atmosphère« nannte (nach ihrer großen Szene in *Hotel du Nord*) machte ihr durch taktvolle Unterhändler deutlich, sie dürfe in der Wohnung nicht länger allein bleiben. Von nun an lösten sich vier Damen in der Wache ab. Dennoch, für einen Augenblick ohne Aufsicht in ihrem Zimmer, wollte sie das Bett verlassen, stürzte und brach sich das Handgelenk, das in einer nahen Klinik zusammengeflickt wurde. Bald nach der Rückkehr in die Wohnung quälte sie eine

Entzündung im linken Bein. Laut Demonpion murrte sie, entgegen ihrer sprichwörtlichen Diszipliniertheit: »Das habe ich nicht verdient, in meinem Alter noch am Leben zu sein. Ich wollte einen plötzlichen Tod sterben. Das hier ist meiner nicht würdig. Welche Mediokrität!«

Sie sprach, als das Ende näher kam, nur noch selten. Manchmal rief sie die Namen der Menschen, die ihr Leben bestimmten. Pierrot, den Bruder. Jean-Pierre. Tristan Bernard. Aber sie fragte auch nach Sacha Guitry. Nannte sie Faun? Die Zeuginnen erwähnten ihn nicht, aber das besagt nicht viel.

Irgendwann forderte sie, man möge sie aus dem Fenster werfen. Sie war des Lebens überdrüssig. Es war genug. Schließlich wollte sie nicht mehr essen, nicht mehr trinken. Auch keinen Champagner und keinen Kaviar. Zuletzt verweigerte sie den Morgenkaffee. Manchmal rief sie nach ihrer Mutter. Sie starb am 23. Juli 1992 kurz nach siebzehn Uhr, vierundneunzig Jahre alt, nach mehr als zweieinhalb Jahrzehnten Blindheit, die sie fast klaglos ertragen hatte, zweiunddreißig Jahre nach dem Tod von Hans Jürgen Soehring, der Passion ihres Lebens.

Der Trauerzug auf dem Weg zum Friedhof von Courbevoie hielt am Hotel du Nord, wo sich an die eintausendfünfhundert Menschen versammelt hatten, um von ihr Abschied zu nehmen.

Literaturhinweise

Abetz, Otto: *Das offene Problem.* Köln 1951

Akademie der Künste: *Dichter und Richter – Die Gruppe 47 und die deutsche Nachkriegsliteratur.* Ausstellungskatalog, Berlin, 27.10. bis 07. 12. 1988

Altwegg, Jürg: *Die langen Schatten von Vichy – Frankreich, Deutschland und die Rückkehr des Verdrängten.* München, 1998

Altwegg, Jürg: *Die Republik des Geistes – Frankreichs Intellektuelle zwischen Revolution und Reaktion.* München, 1986

Amouroux, Henri: *La Vie des Français sous l'Occupation.* Paris, 1961

Anouilh, Jean: *Das Leben ist unerhört.* München, 1987

Arletty und Souvais, Michel: *Je suis comme je suis …* Paris, 1987

Arletty: *La Défense.* Paris, 1971

Assouline, Pierre: *L'Epuration des Intellectuels.* Brüssel 1985

Assouline, Pierre: *Lutetia.* Paris, 2005

Bair, Deirdre: *Simone de Beauvoir – Eine Biographie.* München, 1999

Bargatzky, Walter: *Hotel Majestic. Ein Deutscher im besetzten Frankreich.* Freiburg, 1987

Baruch, Marc Olivier (Hrg.): *Une poignée de misérables.* Paris, 2003

Baruch, Marc Olivier: *Das Vichy-Regime* – Frankreich 1940 – 1944. Stuttgart, 1999

Baudoin-Rouzeau, Stéphane: *L'Enfant de l'Ennemi – 1914 – 1918*. Paris, 1995
Beevor, Antony und Cooper, Artemis: *Paris after the liberation 1944 – 1949*. New York 1994
Benz, Wigbert: *Paul Carell – Ribbentrops Pressechef Paul Karl Schmidt vor und nach 1945*. Berlin, 2005
Bertaux, Pierre: *Mémoires interrompus*. Paris, 2000
Bertin, Célia: *Femmes sous l'Occupation*. Paris, 2000
Bertin-Maghit, Jean-Pierre: *Le Cinéma Français sous l'Occupation*. Paris, 2002
Buddenbrock, Cecilia von: *Friedrich Sieburg 1893 – 1964*. Frankfurt, 2007
Buisson, Patrick: *1940 – 1945 Années érotiques – De la Grande Prostituée à la revanche des mâles*. Paris, 2009
Buisson, Patrick: *1940 – 1945 Années érotiques – Vichy au les infortunes de la vertu*. Paris, 2008
Buisson, Patrick: *Sacha Guitry et ses femme*. Paris, 1996
Burrin, Philippe: *La France à l'heure Allemande*. Paris 1995
Carné, Marcel: *La vie à belles dents – Souvenirs*. Paris, 1989
Clerc, Christine: *De Gaulle – Malraux – Une histoire d'Amour*. Paris, 2008
Cofalla, Sabine (Hg): *Hans Werner Richter*. München, 1997
Cohen-Solal, Anne: *Sartre 1905 – 1980*. Reinbek, 1988
Cointet, Michèle und Jean-Paul (Hrsg.): *Dictionnaire historique de la France sous l'Occupation*. Paris, 2000
Corcy, Stéphanie: *La Vie Culturelle sous l'Occupation*. Paris, 2005
Dank, Milton: *The French against the French*. London, 1978
Demonpion, Denis: *Arletty*. Paris, 1996

Destouches, Lucette mit Robert, Veronique: *Mein Leben mit Céline.* München, 2003
Drieu la Rochelle, Pierre: *Geheimer Bericht.* München, 1986
Drolshagen, Ebba D.: *Wehrmachtskinder – Auf der Suche nach dem nie gekannten Vater.* München, 2005
Dufay, François: *Die Herbstreise – Französische Schriftsteller im Oktober 1941 in Deutschland.* Berlin, 2001
Durand-Boubal, Christophe: *Café de Flore – mémoire d'un siècle.* Paris, 1993
Duras, Marguerite: *Hefte aus Kriegszeiten.* Frankfurt, 2007
Ehrlich, Evelyn: *Cinema of Paradox – French Film making under the German Occupation*: New York, 1985
Engel, Kathrin: *Deutsche Kulturpolitik im besetzten Paris 1940 – 1944.* München, 2003
Epting Carl: *Das französische Sendungsbewusstsein im 19. und 20. Jahrhundert.* Heidelberg, 1952
Epting, Karl: *Aus dem Cherchemidi – Pariser Aufzeichnungen 1947 – 1949.* Bonn, 1953
Epting, Karl: *Generation der Mitte.* Bonn, 1953
Epting-Kullmann, Alice: *Pariser Begegnungen.* Hänner über Säckingen, 1972
Fallaci, Oriana: *Ab- und Beifälliges über Prominente.* Düsseldorf / Wien, 1965
Franck, Dan: *Minuit.* Paris, 2010
Franke, Julia: *Paris – eine neue Heimat? Jüdische Emigranten aus Deutschland 1933 – 1939.* Berlin, 2000
Geyersbach, Ulf: *Louis-Ferdinand Céline.* Reinbek, 2008
Gildea, Robert: *Marianne in chains.* New York, 2003
Gilles, Christian: *Arletty ou la liberté d'être.* Paris, 2000

Gordon, Bertram W.: *Collaborationism in France during the Second World War.* London, 1980
Heller, Gerhard: *In einem besetzten Land.* Hamburg, 1982
Heller, Gerhard: *Un Allemand à Paris.* Paris, 1981
Jäckel, Eberhard: *Frankreich in Hitlers Europa: Die deutsche Frankreichpolitik im Zweiten Weltkrieg.* Stuttgart, 1966
Jackson, Julian: *France the Dark Years 1940–1944.* Oxford, 2001
Jamet, Dominique: *Notre après-guerre – comment notre père nous a tués.* Paris, 2003
Joly, Laurent: *Vichy dans la solution finale.* Paris, 2000
Joseph, Gilbert: *Une si douce Occupation – Simone de Beauvoir et Jean-Paul Sartre 1940–1944.* Paris, 1991
Julliar, Jacques, Winock, Michel: *Dictionnaire des intellectuels français.* Paris, 1996
Jünger, Ernst (kommentiert von Pascal Mercier und François Poncet): *Journaux de guerre 1939–1948.* Paris, 2008
Jünger, Ernst: *Tagebücher* II – *Strahlungen I Teil.* Stuttgart, 1981
Jünger, Ernst: *Tagebücher* III, *Strahlungen* II. *Teil.* Stuttgart, 1993
Kaplan, Alice: *The Collaborator.* Chicago, 2000
Karnow, Stanley: *Paris in the Fifties.* New York, 1997
Kertész, Imre: *Detektivgeschichte.* Reinbek, 2004
Laborie, Pierre: *L'opinion française sous Vichy – Les Français et la crise d'identité nationale 1936–1944.* Paris, 2001
Lambauer, Barbara: *Otto Abetz et les Français ou l'envers de la Collaboration.* Paris, 2001
Loiseaux, Gérard: *La littérature de la défaite et de la collaboration.* Paris, 1995

Lottmann, Herbert R.: *Der Fall von Paris 1940.* München 1994

Luchaire, Corinne: *Ma drôle de vie.* Coulommiers, 2002

Madsen, Axel: *Chanel – Die Geschichte einer einzigartigen Frau.* Bergisch-Gladbach, 1995

Margueritte, Victor: *La garçonne – Pièce en trois actes suivie de quelques documents.* Paris, 1927

May, Ernest R.: *Strange Victory – Hitlers Conquest of France.* New York, 2000

Meinen, Insa: *Wehrmacht und Prostitution im besetzten Frankreich.* Bremen, 2002

Meyer, Ahlrich: *Die deutsche Besatzung in Frankreich 1940–1944.* Darmstadt, 2000

Mitchell, Allan: *Nazi Paris – The History of an Occupation 1940–1944.* London, 2008

Moisel, Claudia: *Frankreich und die deutschen Kriegsverbrecher.* Göttingen, 2004

Monnier, Pierre: *Arletty.* Paris, 1984

Münchhausen, Thankmar von: *Paris – Geschichte einer Stadt. Von 1800 bis heute.* München, 2007

Némirovsky, Irène: *Suite française.* München, 2009

Paulhan, Jean: *Autour de la Lettre aux directeurs de la Résistance.* Exeter und Bordeaux, 2003

Paxton, Robert O.: *Vichy, France Old Guard and New Order.* New York, 1972

Perrault, Gilles: *Paris sous l'occupation.* Paris, 1987

Perrin, Michel: *Arletty.* Paris, 1952

Picaper, Jean-Paul und Norz, Ludwig: *Die Kinder der Schande – Das tragische Schicksal deutscher Besatzungskinder in Frankreich.* München, 2005

Pontaut, Jean-Marie und Pelletier, Eric: *Chronique d'une France Occupée 1940–1945 – Les Rapports confidentiels de la Gendarmerie.* Neuilly-sur-Seine, 2008

Randa, Philippe: *Dictionnaire commenté de la Collaboration française.* Paris, 1997

Ray, Roland: *Annäherung an Frankreich im Dienste Hitlers? Otto Abetz und die deutsche Frankreichpolitik 1930–1942.* München, 2000

Riding, Alan: *And the Show went on – Cultural life in Nazi-occupied Paris.* New York, 2010

Robert, Véronique und Destouches, Lucette: *Céline Secret.* Paris, 2001

Rousso, Henry: *Vichy – Frankreich unter deutscher Besatzung 1940–1944.* München, 2009

Sartre, Jean-Paul: *Paris unter der Besatzung.* Reinbek, 1997

Schmidt, Doll, Fekl, Loewe, Taubert: *Frankreich Lexikon.* Berlin, 1983

Siess, Jürgen (Hg.): *Widerstand, Flucht, Kollaboration – Literarische Intelligenz und Politik in Frankreich.* Frankfurt/New York, 1984

Signoret, Simone: *La nostalgie n'est plus ce qu'elle était.* Paris, 2010

Simonin, Anne: *Le Déshonneur dans la République.* Paris, 2008

Soehring, Hans Jürgen: *Casaducale.* Frankfurt, 1950

Soehring, Hans Jürgen: *Cordelia.* München, 1947

Souvais, Michel: *Arletty de Frédérick Lemaître aux Enfants du Paradis.* Paris, 1999

Souvais, Michel: *Arletty, confidences à son secrétaire.* Paris, 2006

Springer, Anne-Marie: *Amoureuse et rebelle – Histoires d'Amour et lettres inédites d'Arletty, Edith Piaf, Albertine Sarrazin.* Paris, 2008

Taureck, Margot: *Friedrich Sieburg in Frankreich.* Heidelberg, 1987

Taylor, Lynne: *Between Resistance and Collaboration.* New York, 2002

Tewes, Ludger: *Frankreich in der Besatzungszeit 1940–1943.* Bonn, 1998

Todd, Olivier: *Albert Camus – Ein Leben.* Reinbek, 1999

Verges-Chaignon, Bénédicte: *Vichy en prison – Les épurés Fresnes après la Libération.* Paris, 2006

Virgili, Fabrice: *Naître ennemi – Les enfants de couples franco-allemands né pendant la Seconde Guerre mondiale.* Paris, 2009

Winock, Michel: *Das Jahrhundert der Intellektuellen.* Konstanz, 2003

DVDs und CDs

Carné, Marcel: Kinder des Olymp, UFA Klassiker Edition. DVD
Lehmann, Maurice: Fric-Frac. Mes classiques français. DVD
Sartre, Jean-Paul: Huis-Clos. TF1 Video. DVD
Carné, Marcel: Les visiteurs du soir. 2 DVD
Arletty: Les grandes chansons. Warnermusic 2002. CD
Arletty: Mon homme. Le chant du Monde, Paris, 2005. CD
Arletty: Interview mit Marc Laudelout. Paris, 1982. CD

Abbildungsnachweis

René Baïl, collection André Bernard, Yves Bérard, Maurice Bessy, Agence Bernand, Agence Nicolas Treatt, Bibliothèque de l'Arsenal, Cinémathèque de Toulouse, Librairie Atmosphère.

S. 10, oben: Deutsches Literaturarchiv Marbach
S. 8, unten: ullstein bild – Roger Viollet
S. 9, oben: Akademie der Künste, Berlin, Hans-Werner-Richter-Archiv, Nr. 703, Foto: Antonie Richter, © Hans-Werner-Richter-Stiftung

Da einige Rechteinhaber trotz aller Bemühungen nicht erreichbar waren, verpflichtet sich der Verlag, nachträglich geltend gemachte rechtmäßige Ansprüche nach den üblichen Honorarsätzen zu vergüten.

Dank

Das erste Dankeswort gilt dem Pariser Kollegen Denis Demonpion, Autor der einzigen Biographie der Arletty, die den Namen verdient – ein glänzend geschriebenes, überaus sorgsam recherchiertes Werk von fast fünfhundert Seiten, das von vielen Stunden der Gespräche bestimmt ist, die der sehr junge Reporter des Wochenmagazins *Le Point* mit der sehr alten Dame Arletty führen konnte. Man spürt auf jeder Seite, dass zwischen den beiden ein ungewöhnliches Vertrauensverhältnis gewachsen ist. Indes, die Grundsympathie und Bewunderung legte die wache Kritik des Journalisten nicht still. So musste es sein. Mein Buch hätte ohne das seine nicht geschrieben werden können, und meine Dankesschuld wäre keineswegs abgetragen, hätte ich ihm – im Austausch – einige Beobachtungen über Hans Jürgen Soehring anbieten können, aber dazu war es zu spät.

Dank gleichermaßen an Madame Anne-Marie Springer, aus deren kostbarer Autographen-Sammlung fast alle zitierten Briefe der Arletty stammen, die sie (zusammen mit Briefen von Édith Piaf und Albertine Sarrazin) in dem wunderschön gestalteten Faksimile-Band *Amoureuse et rebelle* des Pariser

Verlages »textuel« publizieren ließ. Dank ihrer Generosität war es möglich, dass Madame Barter-Hemmerich Einblick in die unveröffentlichten Briefe nehmen konnte. Dank Frau Karolin Steinke in Berlin, die mit freundlichem Beharren Quellen in deutschen Archiven aufspürte, im Auswärtigen Amt und im Bundesarchiv, Abteilung Militärarchiv, wo auch ihre Kollegin Dr. Claudia Bade hilfreich einsprang. Dank dem Archiv der Berliner Akademie der Künste, das den Nachlass von Hans Werner Richter in seine Obhut genommen hat, für den Einblick in Materialien zur Gruppe 47. Dank schulde ich dem Literaturarchiv Marbach für die Einsicht in Briefe von Hans Jürgen Soehring und dem Auswärtigen Amt für die Einsicht in die Parteikorrespondenz. Dieser Dank schließt die Damen und Herren in den jeweiligen Instituten ein, die unsere Wünsche nicht nur »ordnungsgemäß«, sondern mit einer keineswegs selbstverständlichen Hilfsbereitschaft erfüllten. Sie alle sollten hier beim Namen genannt werden. Aber damit würde, leider, der für diese Rubrik gesetzte Rahmen gesprengt. Doch ein Name darf nicht fehlen: Frau Ulrike Koennecke-Bennett hat in einer sehr frühen Vorbereitungsphase – dieses Buch musste Marion Gräfin Dönhoff den Vorrang lassen – nicht nur die Pariser, sondern auch manche deutsche Quellen erschlossen hat. Sie leistete Pionierarbeit.

Besonders herzlichen Dank meiner Assistentin und unserer Freundin Stephanie Ferri, die bei der Beschaffung und der Sichtung des gedruckten Materials – mehr als ein halbes Hundert Bücher –, dazu der Berge von Akten und Notizen ihre kritische Umsicht bewies. Sie prüfte den Text, der auf dem Laptop des Verfassers entstand, versah ihn mit Fragen und kritischen Anmerkungen, sie korrigierte und sie gab dem Ganzen eine gute Form. Ihr Mann, unser Freund Sandro Ferri, war dank seines ungewöhnlichen Sprachtalentes und seiner Bildung dazu fähig, manche Rätsel zu lösen, die uns der Wunsch nach einer korrekten Übersetzung aufgab.

Last, not least: Dank meiner Lektorin Barbara Hoffmeister, die Strenge und Charme auf eine ebenso seltene wie eindrucksvolle Weise zu vereinen versteht. Sie hat den Autor nicht nur vor manchen Fehlern und Irrtümern bewahrt, sondern sie hat mit ihren Vorschlägen für Ergänzungen, Umstellungen, Klärungen, Streichungen den Verfasser veranlasst, eine zweite Version des Buches zu schreiben – eine Aufgabe, der er sich nicht immer mit einem ergebenen Lächeln unterzog. Das beirrte die Frau Lektorin nicht über Gebühr. (Die Freundschaft hat nicht darunter gelitten.) Wenn nun ein besseres Buch vorliegt, als es die erste Fassung vermuten ließ, dann ist das Barbara Hoffmeisters Verdienst. Dafür gebührt ihr nicht nur der Dank des Autors, sondern auch der seiner Leser. Und nicht weniger wichtig: der des Verlages, dessen Pforten sich dem Endunterfertigten nach mehr als vier Jahrzehnten wieder öffnen. Damals durfte er als Geschäftsführer zeichnen, nun fand er bei der Nachfolgerin Einlass als Autor: eine späte, umso schönere Premiere.

Renate H. hat auch dieses Exerzitium mit Geduld und Nachsicht, mit ihrer segensreichen Heiterkeit und ihrer Liebe auf sich genommen. Es sind allemal die Frauen, denen ein Orden verliehen werden sollte, wenn der Mann ein Buch schreibt – umgekehrt wäre es vermutlich nicht anders.

Klaus Harpprecht

La Croix-Valmer, im Januar 2011

Barbara Hoffmeister

S. Fischer, der Verleger

Eine Lebensbeschreibung

496 Seiten. Gebunden

»S.Fischer, Verlag« firmiert er seit 1886. Der deutschsprachige Jude aus Ungarn wird innerhalb weniger Jahre der gesuchteste deutsche Verleger der Moderne an der Wende zum 20. Jahrhundert. Sein Unternehmen macht Literaturgeschichte. Doch von seiner Person weiß man kaum mehr als die Lebensdaten: 1859 bis 1934. Wer war dieser geschickte Geschäftsmann mit dem vielzitierten Gespür für literarische Qualität? Wie reagierte jemand wie er auf die antisemitischen Anfeindungen im Kaiserreich, in der Weimarer Republik und noch im »Dritten Reich«? Barbara Hoffmeister ist diesen Fragen mit reicher Kenntnis und wachem Spürsinn nachgegangen und hat ein lebendiges Bild von Samuel Fischer entworfen.

»Vieles ist also zu rühmen an dieser Biographie, nicht zuletzt ein zupackender, gleichwohl nie nassforscher Stil.«
Frankfurter Allgemeine Zeitung

Mirjam Pressler
Gerti Elias
Grüße und Küsse an alle
Die Geschichte der Familie von Anne Frank
432 Seiten. Gebunden

Wie durch ein Wunder haben zahllose Briefe, Dokumente und Fotos auf dem Dachboden des Hauses der Familie Frank in der Baseler Herbstgasse überlebt und wurden dort vor einiger Zeit entdeckt – ein Sensationsfund. Die wunderbare Erzählerin Mirjam Pressler hat daraus die so einzigartige wie exemplarische Geschichte der deutsch-jüdischen Familie Frank zusammengefügt.

»Dieses Buch porträtiert Anne Franks Vorfahren und ist dabei so reich an schillernden Figuren, dass man meint, man stecke mitten in einem packenden Familienroman.«
Brigitte

Marilyn Monroe
Tapfer lieben
Ihre persönlichen Aufzeichnungen,
Gedichte und Briefe
Aus dem Amerikanischen von Uda Strätling
272 Seiten. Gebunden

Ein sensationeller Zufallsfund brachte einmalige Aufzeichnungen ans Licht: die Notizhefte, Briefe und Gedichte von Marilyn Monroe aus den Jahren 1943 bis 1962.

Sie zeigen uns das Bild einer belesenen, warmherzigen, klugen und sehr witzigen Frau, die vor allem eins wollte: geliebt werden. Marilyn schreibt leidenschaftlich und verzweifelt, selbstironisch und literarisch. In diesem Buch kommt der Mensch hinter dem Ruhm zum Vorschein, die innere Biographie der Norma Jeane Mortenson.

»Notizen, Gedichte, Briefe, Tagebücher, intime Aufzeichnungen. Diese unveröffentlichten Schriftstücke wurden nun in einem äußerst bewegenden Buch zusammengetragen.«
Elle

»[…] uns tritt in diesen (nie zur Veröffentlichung bestimmten) Briefen, Gedichten und Aufzeichnungen eine Frau entgegen, die erhebliche Fähigkeiten zur Selbstreflexion hat. Die ihre Ängste kennt. Und die auf eine Weise darüber schreiben kann, wie sehr sie zu versagen fürchtet, dass es einem beim Lesen das Herz zusammenzieht.«
Frankfurter Allgemeine Zeitung

S. Fischer

fi 1-043702 / 1

Günter Busch
Liselotte von Reinken
Paula Modersohn-Becker in Briefen und Tagebüchern
720 Seiten. Gebunden

Ein wahres Volksbuch sind sie geworden, die Briefe und Tagebücher Paula Modersohn-Beckers, seit sie zehn Jahre nach ihrem frühen Tod erstmals erschienen. Lang und sehnlich wurde eine Neuausgabe erwartet: Zum 100. Todestag der großen Künstlerin liegt sie nun endlich vor, aktualisiert, erweitert und vervollständigt, üppig ausgestattet und illustriert mit zahlreichen Abbildungen und Farbtafeln.

»Schöne, ergreifende Lebenszeugnisse,
der Weg einer zu früh Vollendeten zur Kunst.
Ein grundlegendes Opus mirabilis.«
Süddeutsche Zeitung

S. Fischer

fi 1-050609 / 1

Marilyn Monroe

Tapfer lieben

Ihre persönlichen Aufzeichnungen,
Gedichte und Briefe

Aus dem Amerikanischen von Uda Strätling

272 Seiten. Gebunden

Ein sensationeller Zufallsfund brachte einmalige Aufzeichnungen ans Licht: die Notizhefte, Briefe und Gedichte von Marilyn Monroe aus den Jahren 1943 bis 1962.

Sie zeigen uns das Bild einer belesenen, warmherzigen, klugen und sehr witzigen Frau, die vor allem eins wollte: geliebt werden. Marilyn schreibt leidenschaftlich und verzweifelt, selbstironisch und literarisch. In diesem Buch kommt der Mensch hinter dem Ruhm zum Vorschein, die innere Biographie der Norma Jeane Mortenson.

»Notizen, Gedichte, Briefe, Tagebücher, intime Aufzeichnungen. Diese unveröffentlichten Schriftstücke wurden nun in einem äußerst bewegenden Buch zusammengetragen.«

Elle

»[…] uns tritt in diesen (nie zur Veröffentlichung bestimmten) Briefen, Gedichten und Aufzeichnungen eine Frau entgegen, die erhebliche Fähigkeiten zur Selbstreflexion hat. Die ihre Ängste kennt. Und die auf eine Weise darüber schreiben kann, wie sehr sie zu versagen fürchtet, dass es einem beim Lesen das Herz zusammenzieht.«

Frankfurter Allgemeine Zeitung

S. Fischer

fi 1-043702 / 1

Günter Busch
Liselotte von Reinken
Paula Modersohn-Becker in Briefen und Tagebüchern
720 Seiten. Gebunden

Ein wahres Volksbuch sind sie geworden, die Briefe und Tagebücher Paula Modersohn-Beckers, seit sie zehn Jahre nach ihrem frühen Tod erstmals erschienen. Lang und sehnlich wurde eine Neuausgabe erwartet: Zum 100. Todestag der großen Künstlerin liegt sie nun endlich vor, aktualisiert, erweitert und vervollständigt, üppig ausgestattet und illustriert mit zahlreichen Abbildungen und Farbtafeln.

»Schöne, ergreifende Lebenszeugnisse,
der Weg einer zu früh Vollendeten zur Kunst.
Ein grundlegendes Opus mirabilis.«
Süddeutsche Zeitung

Simon Sebag Montefiore

Katharina die Große und Fürst Potemkin

Eine kaiserliche Affäre

Aus dem Englischen von Bernd Rullkötter und Sabine Baumann

800 Seiten. Gebunden

Katharina die Große war eine Frau von berüchtigter Leidenschaft, politischer Brillanz und faszinierendem Charme. Fürst Potemkin – ein gut aussehender Lebemann und äußerst gewandter Politiker – war die Liebe ihres Lebens, heimlicher Gemahl und Mitherrscher. Kein anderer nahm so großen Einfluss auf ihre politischen Entscheidungen wie er. Obgleich es nicht an Differenzen zwischen Katharina und Potemkin mangelte, er Affären mit seinen hübschen Nichten hatte und sie mit ihren Günstlingen, hörten sie nie auf, einander zu lieben. Simon Sebag Montefiore hat Zugang zu bisher unbekannten und unveröffentlichten Dokumenten gefunden, er hat die intimen Briefe der Kaiserin und des Fürsten gelesen. Nur so konnte er diese faszinierende Geschichte von Liebe und Macht in all ihren Dimensionen ans Licht bringen und Potemkin den zentralen Platz in der russischen Geschichte zuweisen, der ihm zusteht. Eine wundervolle Biographie voller Details und literarischem Flair.

»Anschaulich und ausführlich erzählt Montefiore vom unfasslichen Luxus der Mächtigen, dem Elend im Lande und präsentiert eine oft tolldreiste Heerschar von Glücksrittern und lebensbegierigen Damen.«

Die Welt

S. Fischer

fi 1-050613 / 1